JN246518

ライフステージの 発達障害論

インクルーシブ教育と支援の実際

冨田久枝・松浦俊弥 編著

北樹出版

執筆者紹介

冨田久枝（編者、第1・4・8章）千葉大学教育学部
松浦俊弥（編者、第2・10・11・13・14・15・16・17章）淑徳大学総合福祉学部
中村晋（第3・9・12章）筑波大学附属大塚特別支援学校
松川節理子（第5、7章）富里市保健センター
広瀬由紀（第6章）植草学園大学発達教育学部

はじめに

　ある教育委員会に勤める指導主事が酒席でぽつりと漏らした。「車のエア
バッグはその昔『特別装備』だった。今はすべての新車でエアバッグは『標準
装備』になっている。『特別支援』も早く特別ではない『標準支援』になって
ほしい」。普段、自らの意見を言いづらい職種であるがゆえに、アルコールの
勢いを借りて呟いた本心の一言に共感したことを思い出す。特別支援教育誕生
の背景には、通常学校などにいる発達障害児への対応がその一因にあったこ
とはいうまでもない。2003 年の文部科学省の調査では、発達障害かもしれな
い子どもたちが通常学級に 6.3％いるという衝撃的な事実が明らかとなり、も
はや「場所を変える教育」ではなく、すべての学校種で「一人一人に応じた教
育」を行わなければならないことが明白となり、2007（平成 19）年に特別支援
教育が登場した。特別支援教育体制のスタートから間もなく 10 年が経つが、
保育や教育の現場で充実した対応がなされているとはいいがたい状況のようで
ある。むしろ LD（学習障害）、ADHD（注意欠陥・多動性障害）などという字義
に惑わされ、観念的に方法論から入ろうとする傾向が感じられて仕方がない。
教育委員会等からはよく「通常学級にいる発達障害児へのアプローチ」「指導
方法」「指導技術」を教えてほしいといった講演の要望が多い。保育や教育現
場の「どうやって教えたらよいかわからない」という切実さが伝わってくる。
　では、発達障害があるといわれている人々は、ある日突然、この社会に登場
したのだろうか。ジェニファー・エルダー著『みんなとは違った人々──自閉症
の英雄たち』（スペクトラム出版社、2006）という絵本では、アインシュタイン
など何人かの過去の偉人たちには発達上の課題があったと推測している。それ
でも世界を変えるような発見や発明、優れた芸術を生み出したのである。だか
らあなたも前向きに生きようと当事者を啓発する内容になっている。
　「発達障害への特別支援教育」という言葉が本質を外れ、「異質なものたちに
特化された教育」と理解されているような気がしてならない。「障害」の 2 文字
に惑わされ、「ものすごく特別なことをしないとわかってもらえないのだろう」

と考えすぎてはいないだろうか。

　小中学校の授業を拝見させていただくと、指導方法が円熟している教員の授業ほど、発達障害傾向をもつ子どもたちが目立たないことに感銘を受ける。そのほとんどの教員が何らかの特別な支援を心がけているらしいのだが、何ら特別な点が見いだせない。いわば当たり前の「さりげない」支援なのである。究極の特別支援教育とは実は「円熟した通常教育」なのかもしれない。しかし、そうはいっても円熟期に至るにはもう少し時間が必要な若い保育士や教員も多いだろうし、それ以前に多様化、多忙化した職場の現状もある。「ありのままで」子どもと触れ合いながらさりげない「特別な支援」を心がける余裕はないかもしれない。

　本書ではあえて特別ではない「インクルーシブ教育と支援の実際」というタイトルを用いている。それは「特別でなくてもよい」が本人にとってできる限りわかりやすく安心できる支援について、忙しくも前向きな保育者、教育者の皆さんと一緒に考えていきたいとする願いからである。発達障害がある各年齢層の子どもたち（一部成人も含む）に対して必要な理解と対応を、保育・教育現場の内情を前提としながら各分野の専門家諸氏に解説してもらう形式をとっている。ほんの少しの工夫で子どもたちの笑顔を引き出せるような実践例、アプローチの数々を紹介していきたい。

　なお、アメリカ精神医学会の診断基準、DSM-5（2013 年）では自閉症やアスペルガー症候群などを自閉症スペクトラム障害（ASD）と称するようになり、また国内でも LD を限局性学習症、ADHD を注意欠如多動症などと改称しているが、文部科学省が発達障害定義の根拠としている発達障害支援法ではいまだ名称変更は行われていないので、本書では旧称のまま表記するものとする。

　特別支援教育が特別でない「支援教育」としてすべての保育・教育現場で「標準装備」される時代の一刻も早い到来を願い、各執筆者が渾身を振るう。子どもや保護者だけでなく、読者である指導者、支援者の皆さんにも職場で笑顔が広がることを願っている。

松浦　俊弥

第2部　就学前の発達障害児支援

ライフステージの
発達障害論
インクルーシブ教育と支援の実際

Chapter 1　インクルーシブ教育とは？

　これまで、日本においては長い間、障害をもった子どもたちの教育は「特殊教育」として位置づけられていた。しかし、世界的なノーマライゼーションの動きの影響により「サラマンカ宣言」「障害のある人の権利に関する条約」など障害のある人への社会や教育の在り方に対しての観点が変わり、新しい波が起こったのである。その1つが「特別支援教育」のスタートである。この「新しい教育理念」に基づいて現在推進されようとしているのがインクルーシブ教育である。

　発達障害の子どもがいる教育・保育現場での子どもに寄り添った心の通う支援を実践するためにも、これから求められる「新しい教育理念」について学んでいただきたい。

第1節　障害児の教育の現状と課題

1. 日本における障害児の実態

　国際的に障害者人口はおおむね10％といわれている。つまり、10人の子どもがいれば、そのうちの1人は障害があると考えられる。しかし、文部科学省初等中等教育局特別支援教育課「通級による指導実施状況調査（図1-1）」によると小学校の場合、平成5年の時点で通級による指導を受けている児童生徒数は11,963名であったのに対し、平成23年度では60,164名とおおよそ5倍に増加していることがわかる。

　また、日本における障害児の中でも「発達障害児」のとらえ方が教育現場と

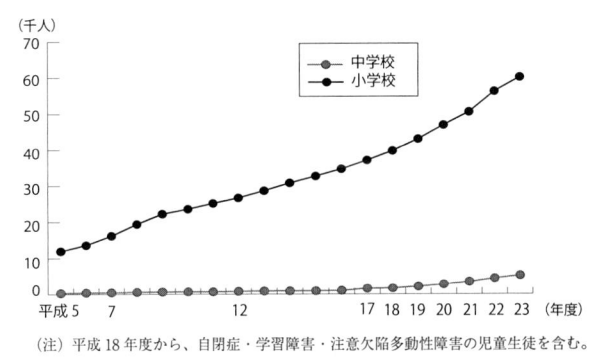

区分	小学校	中学校
平成 5	11,963	296
7	16,207	493
8	19,424	582
12	26,718	829
17	37,134	1,604
18	39,764	1,684
19	43,078	2,162
20	46,956	2,729
21	50,569	3,452
22	56,254	4,383
23 年度	60,164	5,196

（注）平成 18 年度から、自閉症・学習障害・注意欠陥多動性障害の児童生徒を含む。

図 1-1　通級による指導を受けている児童生徒の推移（2015）

（出典：文部科学省初等中等教育局特別支援教育課「通級による指導実施状況」をもとに作成）

医療現場ではズレが生じている。その原因となったのが、精神遅滞や盲・聾唖児といったこれまで特殊教育の対象で何らかの支援を受けている子どもたちは除外した、いわゆる学習障害（LD）、注意欠陥・多動性障害（ADHD）、広汎性発達障害（診断名が現在新しいものに移行中）と呼ばれた「発達障害」の子どもたちへの支援を対象に、「発達障害者支援法：2005（平成 17）年」が施行され「障害のある子どもたち」のとらえ方の範囲と支援が二重構造になってしまったことである。

2.　日本における特殊教育から特別支援教育への道のり

　日本は長い間、障害がある子どもたちの教育を「特殊教育」という位置づけで行ってきた。表 1-1 に特殊教育から特別支援教育までの道のりを年表で示したが、小学校・中学校の義務化及び盲・聾児学校の義務化は戦後いち早く着手されたことがわかる。しかし、知的障害児のための養護学校が義務化されたのは 30 年も遅れてのことであった。さらに、発達障害児に関しては学習障害（LD）や注意欠陥・多動性障害（ADHD）といった学習上の困難さや不適応が学校教育現場において問題視されたのを契機に、特別支援教育がスタートした。しかし、小学校・中学校の義務化から見れば 60 年の遅れと長きにわたり発達障害児のための支援が立ち遅れていたのがわかる。

表 1-1　学校教育現場における特別支援教育までの道のり

昭和 22（1947）年	小学校・中学校の義務化
〃　23（1948）年	盲・聾児学校の義務化（昭和 39 年完成）
〃　53（1978）年	知的障害児のための養護学校義務化（30 年の遅れ）
平成　2（1990）年	進路指導に関する調査研究協力者会議開催
〃　4（1992）年	LD（学習障害）に関する調査研究協力者会議開催
〃　8（1996）年	LD 巡回指導事業の開始
〃　11（1999）年	LD 児に対する指導について（報告）
〃　13（2001）年	21 世紀の特殊教育の在り方（最終報告）
〃　14（2002）年	LD・ADHD・高機能自閉症に関する全国調査
〃　15（2003）年	今後の特別支援教育の在り方について（最終報告）
〃　16（2004）年	LD・ADHD 等教育支援体制整備ガイドラインの作成
〃　17（2005）年	発達障害者支援法の施行
〃　18（2006）年	学校教育法施行規則改正・施行
〃　19（2007）年	学校教育法改正・施行

3．日本の障害児保育における課題

　特殊教育から特別支援教育への道のりは長く、自閉症という障害名を聞いても一般には理解できない、支援できないといった状況が現場にはあり、最前線で子どもと向き合う実践現場が一番苦労をしてきたと思う。しかし、年月が長くかかっても、世界と同じ足並みになり発達障害の子どもたちへの支援の仕組みがスタートしたことは画期的な変革と考える。

　とはいえ、仕組みができても、それが十分に機能するまでには、まだまだ時間を要する。学校教育法の一部改正が 2007（平成 19）年に実施され、幼稚園は学校の仲間入りを果たし、特別支援教育への第一歩を踏み出すことができた。しかし、特別支援教育を推進するための特別支援教育コーディネーターなどの専門家が育っておらず、十分に機能していない現状と課題がある。

第2節　ノーマライゼーションと障害のある子どもの教育

1．ノーマライゼーションとは

　ノーマライゼーション（normalization）とは、障害のある子ども・人々に対

して、障害のない子ども・人々と同等な機会が保障された生活、社会的サービスを保障する理念や運動をいう。

この理念が唱えられる前は、障害のある人たちが、一般の社会から隔離され、家族と離れた居住施設での生活を余儀なくされている実態があった。1959年デンマークのバンク・ミケルセン（Bank Mikkelsen, N.E.）により、できるだけ「ノーマルな生活」への転換という提言が、実践の中での保護者の声に動かされ主張されたのである。障害のある子ども・人々も障害のない子ども・人々と同じように、自分の生まれ育った地域で、当たり前の生活ができるための支援の在り方や、教育の在り方、それを支える関連制度の改革についての主張であった。

1960年代には、スウェーデンのニイリエ（Nirge, B.）により、ノーマライゼーションの理念はすべての障害のある子どもの日常の生活様式や条件を「社会一般の環境や生活様式に可能な限り近づけること」と定義された。つまり、障害のある人の社会における人としての尊厳と権利が尊重され、地域の中で障害のない人々と同じように支援やサポートを受けて同等な生活ができることを強調したのである。

この主張は、デンマークから始まり50年以上の歳月をかけて野火のように世界中に広がったのである。

2. 日本におけるノーマライゼーションの広がり

日本においても知的障害児・者の施設をはじめ福祉・教育といった様々な分野から見直しがされた。生活における個人の尊重や、プライバシーや金銭管理のあり方など、人権に配慮した支援が検討され徐々に改善されていった。このノーマライゼーションの影響から「同じ場所で教育されるべき」といった考えが生まれ、「インテグレーション教育：統合教育・保育」も主張されるようになったのである。しかし、この統合教育・保育では、健常な子どもと障害の子どもが共にというところまでで、同じ人間であるという人間観にまで踏み込んだものではなかった。

第**3**節 インクルーシブ教育とは

1. インクルージョンとは

　インテグレーション：統合教育・保育でとらえていた人間観をさらに一歩進めた「人はみな平等」という考え方から進められたのがインクルーシブ教育といえる。このインクルーシブ教育について考えるためには、その語源となった「インクルージョン」について知っておく必要がある。インクルージョンの反対語でエクスクルージョンという概念があるが、これは「排斥」という意味をもつ。したがって、インクルージョンはその反対で「排斥をせず、どの人も受け入れる」という意味である。これは、排斥といった差別を受けるリスクの高い子ども、女性、高齢者、障害者、慢性疾患のある者といった「社会的弱者」への社会的排斥の解消と機会均等の保障に向けた取り組みを指している（エリクソン、2007）。

2. サラマンカ宣言とインクルーシブ教育

　インクルージョン、そしてその理念を活かしたインクルーシブ教育はどのように世界で広まり、浸透していったのだろうか。

　この理念が広まる大きなきっかけとなったのが、1994 年 6 月、スペインのサラマンカ市でユネスコ（UNESCO：国連教育科学文化機関）とスペイン政府が開催した「特別なニーズ教育に関する世界会議」で採択された「サラマンカ宣言」である。この宣言により、特別なニーズのある子どもたちの教育をインクルージョンの理念を活かした教育、インクルーシブ教育を刷新するための世界各国の基本的な政策の転換への道筋がつくられたのである。特にこの声明の中のインクルージョンの原則（万人のための学校（Education for All：EFA））は、すべての人を対象にし、個々のニーズに対応するための施策に向けた活動の必要性が述べられた。

　ユネスコの目指す教育は、障害のあるなしで子どもを分けるのではなく、すべての子どもたちにとって等しく、効果的な教育が行われる学校を目指し、さ

らにすべての子どもが一緒に学ぶことの重要性を示している。そして、そのために必要な多様な教育ニーズの認識や異なる学習スタイルや教育・授業の進め方のスピードへの配慮、教育課程やカリキュラムの柔軟な編成、組織編制などが必要であることを指摘している。

　この宣言は、そののち 2000 年に、同世界会議がセネガル共和国で開催され、インクルージョンの概念（EFA：万人のための学校）の視点を政府や資金供給機関の政策に幅広く影響を及ぽすことを確実にすることが指摘された。

　この一連の流れから、世界各国にインクルージョンの理念に基づいたインクルーシブ教育が浸透していったのである。その結果、国連総会において「障害者の権利に関する条約」が採択されたのである。

〈サラマンカ宣言〉（抜粋）
　①我々は以下を信じ、かつ宣言する。
　すべての子どもは誰であれ、教育を受ける基本的権利をもち、また、受容できる学習レベルに到達し、かつ維持する機会が与えられなければならない。すべての子どもは、ユニークな特性、関心、能力および学習のニーズをもっており、教育システムはきわめて多様なこうした特性やニーズを考慮に入れて計画・立案され、教育計画が実施されなければならない。
　特別な教育的ニーズをもつ子どもたちは、彼らのニーズに合う児童中心の教育学の枠内で調整する、通常の学校にアクセスしなければならず、このインクルーシブ志向をもつ通常の学校こそ、差別的態度と戦い、すべての人を喜んで受け入れる地域社会をつくりあげ、インクルーシブ社会をつくりあげ、万人のための教育を達成するもっとも効果的な手段であり、さらにそれらは、大多数の子どもたちに効果的な教育を提供し、全教育システムの効率をたかめ、ついには費用対効果の高いものにする。
　②我々はすべての政府に対して以下を要求し、勧告する。
　個人差もしくは個別の困難さがあろうとも、すべての子どもたちを含めることを可能にする教育システムを改善することに高度の政治的・予算的優先を与えること。別のように行うといった競合する理由がない限り、通常の学校内にすべての子どもたちを受け入れるというインクルーシブ教育の原則を法的問題、政治的問題として取り上げること。
　デモンストレーション・プロジェクトを開発し、またインクルーシブ教育に関して経験をもっている国々との情報交換を奨励すること、特別な教育的ニーズをもつ児童・成人に対する教育設備を計画・立案し、モニターし、評価するための地方分権化された参加型の機構を確立すること。
　特別な教育的ニーズに対する準備に関する計画立案や決定過程に障害がある人々の両親、地域社会、団体の参加を奨励し、促進すること。
　インクルーシブ教育の職業的側面におけると同じく、早期認定や教育的働きかけの方略に、より大きな努力を傾注すること。
　システムをかえる際に、就任前や就任後の研修を含め、インクルーシブ校内における特別的ニーズ教育の準備を取り行うことを保障すること。

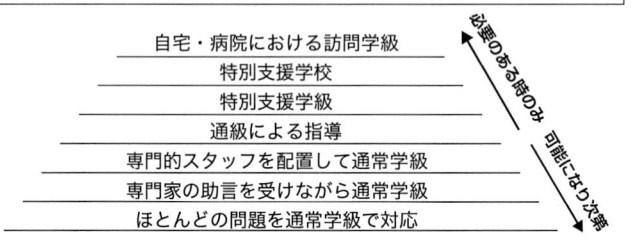

図1-2　日本におけるインクルーシブ教育のモデル
（独立行政法人国立特別支援教育研究所「インクルーシブ教育システム構築支援データベース」をもとに作成）

3.　日本におけるインクルーシブ教育の実際

　先に述べた「障害者の権利に関する条約」は 2006（平成 18）年に国連の総会で採択され、その後、2008（平成 20）年に発効された。日本政府は早期の締結を目指し、障害者基本法の改正、障害者差別解消法の成立など、国内で必要とされる関係法令の整備を行い、2012（平成 24）年 12 月 4 日に国会で承認され、2013（平成 25）年 1 月 20 日に批准された。そして、この条約は 2013（平成 25）年 2 月 19 日からその効力が我が国において生じることとなった。

　本条約の批准は世界各国では 2011 年の時点で EU をはじめオーストラリア、カナダなど先進国を含む 108 ヵ国となっており、世界の動向から見れば日本の批准は、決して早かったとは言い難い。しかし、日本では長年「特殊教育」として精神遅滞や盲・聾唖児を中心とした障害児教育は前掲した年表でも見た通りであり、第二次世界大戦という大きな痛手を乗り越えて近代化日本の教育を作りあげたのは、並み大抵の苦労ではなかったと察する。

　この条約がスムーズに批准されるべく、日本では 2006（平成 18）年の国連総会での採択と同じ年に、「通級による指導の対象障害児の追加等」という法

令の整備を行い、通級による指導の対象となる者として、学習障害（LD）者及び注意欠陥・多動性障害（ADHD）者が追加され、多様なニーズへの対処の幅を広げた。また、その翌年2007（平成19）年4月には特別支援教育がスタートした。この特別支援教育をスタートさせるためにいくつもの法令が一部改正されたのである。

　「障害者の権利に関する条約」の中で、教育については第24条に記載されている。そして、この条約が求めている「インクルーシブ教育システム：Inclusive Education System」については、人間の多様性の尊重等の強化、障害者の精神的及び身体的な能力等の可能な最大限までの発達を保障し、自由な社会に効果的に参加することを可能にするという目的のもと、障害のある者とない者とが共に学ぶ仕組みとして機能し、障害がある者が一般的な教育制度（General Education System）から排除されないこと、自己の生活する地域において初等中等教育の機会が与えられること、個人に必要な合理的配慮（Reasonable Accommodation）が提供されること等が必要とされた。

　インクルーシブ教育システムにおいては、同じ場で共に学ぶことを追求するとともに、個別の教育的ニーズのある幼児児童生徒に対して、自立と社会参加を見据え、その時点での教育的ニーズに最も的確に応える指導を提供できる多様で柔軟な仕組みを整備することが重要となってくる。小中学校における通常の学級、通級による指導、特別支援学級、特別支援学校といった、連続性のある「多様な学びの場」を用意することが必要とされている。

【引用文献】
・初等中等教育局特別支援教育課「通級による指導実施状況」文部科学省、2015（日本子ども家庭総合研究所編『日本子ども資料年鑑　2015』KTC中央出版、2015）
・松井剛太「保育実践の原点から未来へ」七木田敦・松井剛太編著『保育・教育実践テキスト障害児保育』樹村房、2011
・インクルーシブ教育システム構築支援データベース（インクルDB）2015（http://inclusive.nise.go.jp//?page_id=48）

Chapter 2　合理的配慮

　中央教育審議会初等中等教育分科会では合理的配慮について「障害のある子どもが他の子どもと平等に『教育を受ける権利』を享有・行使することを確保するために、学校の設置者及び学校が必要かつ適当な変更・調整を行うこと」であり、それは「一人一人の障害の状態や教育的ニーズ等に応じて決定されるもの」と説明している。

　その方向性は理解できても「一人一人に応じた合理的配慮」とは何かを具体的にイメージしていくことは保育・教育現場にとって困難な作業になるだろう。特に発達障害がある子どもたちに対してはどう考えればよいのか。本章では具体例をあげながら合理的配慮の在り方について解説していきたい。

第1節　合理的配慮と基礎的環境整備

1. 合理的配慮とは

　前章でインクルーシブ教育について解説してきたが、インクルーシブ教育を実現する上において重要な合理的配慮とは「障害者が他の者と平等にすべての人権及び基本的自由を享有し、又は行使することを確保するための必要かつ適当な変更及び調整であって、特定の場合において必要とされるものであり、かつ、均衡を失した又は過度の負担を課さないもの」と定義されている。文言だけを見てもわかりづらい。

　日本障害フォーラム（JDS）はこれを「障害者一人一人の必要を考えて、その状況に応じた変更や調整などを、お金や労力などの負担がかかりすぎない範囲で行うこと」と説明している。何も教育現場に限ったことではなく、障害があ

る人たち一人一人の必要性に応じて、その人が社会に参加する際に障壁となるようなものを取り除く努力を「可能な範囲で行うこと」と考えてよいだろう。

2. 基礎的環境整備とは

　合理的配慮と対をなす言葉である基礎的環境整備についても触れておきたい。基礎的環境整備とは「国や都道府県・市町村自治体が責任をもって行う『合理的配慮』の基礎となる環境整備」のことであり、例えば視覚障害がある子どもが地域の小学校に入学を希望するため、当該教育委員会が年度予算から施設整備費を適正使用し、入学する校舎内に点字ブロックを設置する、というような環境整備を指す。

　この環境整備を受け、当該小学校は視覚障害がある児童が通いやすく勉強しやすくなるための変更及び調整（登下校時に通学路に教職員を配置する、周辺住民に協力要請する、他の児童や保護者に説明し理解と協力を得る、拡大教科書を発注するなど）を具体化することが合理的配慮となる。

　これらは学校単位の創意工夫でクリアできるレベルのものであり、「お金や労力などの負担がかかりすぎない」変更及び調整すらしない場合には「合理的配慮をしていない（十分な用意があるのにそれをしない、それをすることが可能な状態であるのにもかかわらずやろうとしない）」と受け取られても仕方がない。

　先のケースに従えば様々な手段（地域向けに回覧を回す、地元の社会福祉協議会と連携するなど）を用いれば十分実現可能な「地域住民への協力要請」を実施しないで、その結果、安心して視覚障害がある子どもが通学できなかったとなれば、それは合理的配慮を行わなかったこととなり、場合によっては2016（平成28）年に施行される障害者差別解消法に触れる可能性が出てくる。

　また都道府県や区市町村の教育委員会が十分な予算を有するのに地域内の学校校舎にスロープやエレベーターをつくらない、その結果、近隣の車いすを利用している児童生徒が通学できないとなれば、それは教育委員会が合理的配慮のための基礎的環境整備を行っていない、という判断になるだろう。

　逆に医療的ケアが必要な障害がある児童が、看護師の常駐を条件として地域

の小学校に入りたいと希望した時、人材不足により地域内での雇用が難しく、やむを得ず週に3日は地元の小学校に通い、残る2日は看護師のいる少し離れた特別支援学校で教育を受ける、ということになっても、看護師雇用のために教育委員会が十分に努力した結果だとしたら、それは必ずしも合理的配慮に反している、とはいえなくなる。

3. インクルーシブ教育を推進する

インクルーシブ教育を実現するためには障害理解や指導方法の工夫だけではなく、合理的配慮を実現するための教材・教具の準備、新たな人員の確保、施設・設備の増改築なども必要である。財政的な負担は少なくない。21世紀初頭の不況期からはやや脱し始めているとはいえ、まだまだ教育や社会保障に向けられる予算は十分な状況にはなく、特に財政力の弱い市町村教育委員会としては「やる気はあっても予算がない」実態はどこも似たり寄ったりだろう。

だからといって学校のバリアフリー化や専門性が高い人員の配置を後手に回してはならない。インクルーシブ教育を推進していく上においては、各教育行政も先を見据えた計画的な予算を組み、少しずつでもよいので前向きに基礎的環境整備を進めていく必要がある。今はまだ法改正後の混沌期であるといってもいいが、5年後、10年後に「予算がありませんからエレベーターは設置できません。だから車いすを利用するお子さんは通えません」といった理屈は通らなくなるだろう。

第2節　合理的配慮・基礎的環境整備の具体例

1. 基礎的環境整備の内容

学校管理職からは「合理的配慮の具体例を教えてほしい」と聞かれることが多い。文部科学省中央教育審議会が出した報告書「共生社会の形成に向けたインクルーシブ教育システム構築のための特別支援教育の推進」（平成24年7月）には、基礎的環境整備の内容として以下のようなことがあげられている。

①ネットワークの形成・連続性のある多様な学びの場の活用

②専門性のある指導体制の確保

③個別の教育支援計画や同指導計画の作成等による指導

④教材の確保

⑤施設・設備の整備

⑥専門性のある教員、支援員等の人的配置

⑦個に応じた指導や学びの場の設定等による特別な指導

⑧交流及び共同学習の推進

これからわかる通り「障害のある者と障害のない者が共に学ぶ仕組み」であるインクルーシブ教育の推進において、学校管理職が念頭においている新たな人員配置や施設・設備の整備は教育行政の基礎的環境整備にあたる。図2-1 は同報告書にある基礎的環境整備と合理的配慮の関係図である。

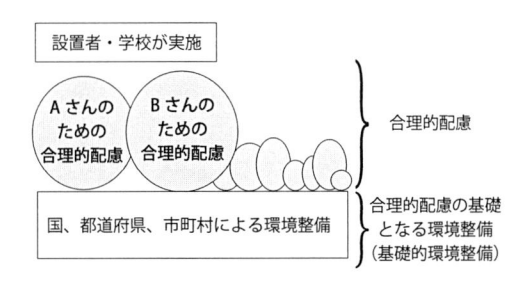

図2-1　基礎的環境整備と合理的配慮の関係図

（出典：文部科学省中央教育審議会「共生社会の形成に向けたインクルーシブ教育システム構築のための特別支援教育の推進（報告）」より作成）

2.　合理的配慮の進め方

　教育行政が人員や施設、設備上の配慮を進めた上で当該校が実施する「変更及び調整」が合理的配慮である。この両者の関係をまずはしっかり理解する必要がある。基礎的環境整備が整い、視覚障害がある子どもが地域の学校に入学してきた。しかし、授業を受ける座席の位置は教室の後方であり黒板が見えない、配布されるプリントの文字は小さく読みづらい、給食を受け取る列がわからず戸惑う、そんな姿を見ても同級生は誰も手を貸さない。これではどう客観的に判断しても学校が合理的配慮を行っているとはいえない。

そう考えてみると学校内における合理的配慮とはいわば当たり前の支援であり、今まで行われてきた特別支援教育を推進するための様々な手立てと同様のものであると解釈できる。合理的配慮などという堅苦しいイメージの専門用語が登場したために戸惑っている学校現場が多いかもしれないが、今以上により一層支援体制を整えていけばよい。

3. 障害者差別解消法

ただし、今までは自治体や学校ごとの特別支援教育体制が推進されなかったことが法的な問題を伴うことはなかったが、障害者差別解消法の施行により、場合によっては体制の遅れに対し何らかの判断が下される可能性が出てくる。先にも触れたように、体制の推進や整備のために前向きに努力を続けているがまだ達成に至っていないということになれば、その判断にも前向きな影響を与えるだろう。しかし、体制の推進に向けて準備が整っているにもかかわらず努力を怠り、その時代の特別支援教育水準を下回った結果、在校している障害がある子どもに不利益が生じた、あるいは通学を希望する障害がある子どもが通学できなかった、となれば当然管理者が責任を問われることとなるだろう。

ただ、実際はさほど難しく考えることはないのかもしれない。何らかの支援が必要な子どもたちに対し、彼らがどうすれば安心して保育所や幼稚園、学校で生活していけるのか、集団に参加し共に楽しく成長していくことができるのかを考えればよいだけの話である。その際、重要になるのは一般的な観点でのバリアフリーも重要だが、一人一人に応じた支援を考えていくことである。エレベーターやスロープを設置したからといってすべてが解決するわけではない。細かな視点での配慮を心がけたい。

また合理的配慮、または基礎的環境整備などという言葉を聞くとつい施設・設備面での物理的な支援を思い起こしてしまいがちだが、心理的・精神的な支えを忘れてはいけない。授業において教材や指導方法の工夫をしても、課題がある幼児児童生徒の特性に応じたわかりやすく具体的な言葉で丁寧に指導しなければならない。

1．就学前の支援

　ここまで合理的配慮と基礎的環境整備について主に学校を中心に説明してきたが、これは何も教育に特化した話ではなく、社会全体に必要な姿勢である。障害者差別解消法はすべての国民に効力があり、それはユニバーサル社会の早期実現を目指して、公共施設、商業施設、交通機関などでも障害者が不利益を被らないような取り組みを積極的にするよう、後押しすることになる。

　保育所、幼稚園、認定こども園における合理的配慮ももちろん重要になってくる。発達課題がある園児たちが安心して過ごせる環境づくり、配慮を心がけなければならない。ただこれらについては学校のような教育的指導の一斉機会（授業などの機会）は多くはない。また障害による発達の差は年齢が進むにつれて顕著になることや、物事への理解力がまだ伴わないことなどから子どもたちが「配慮がないこと」による理不尽さを感じる機会は、学校よりは少ないかもしれない。だからといって「何もしなくていい」わけではなく、就学前ならではの支援の在り方が問われることになる。施設・設備の配慮はもちろん、精神面での支援も大変重要である。

　小中学生でも同様だが、子どもたちは自分なりに一生懸命頑張っているのに周囲の期待に応えられずその小さな胸を痛めてしまうことが多い。このような経験が積み重なると学習性無力感を高め、何事にも前向きに努力しようとする意欲が低下してしまう。保育や教育に携わる支援者は、子どもが「できない」原因を早期にみつけ、頑張っても「できない」ことが何らかの合理的配慮により少しでも「できる」ようになる方法を考えていかなければならない。

2．地域・関係機関と連携した配慮例

　千葉県のある児童デイサービス（児童デイ）事業者は保育所の合理的配慮に画期的な協力をしている。医療的ケアが必要な就学前の幼児が児童デイを利用していたが、保護者からの要望で週に1日だけ、地元の保育所に通園すること

となった。しかし、保育所としては初めての重症心身障害児の入所であり、医療的ケアの実績がない。

そこで保育所を運営する自治体では児童デイの責任者に相談し、児童デイから週に1日だけ、特定研修を受け医療的ケアを実施することができ、しかも当該幼児をよく理解している介護職員を保育所に派遣、形式的には非常勤職員として自治体が雇用する方法を考えた。

医療的ケアを担当できる職員が1日でも児童デイからいなくなるのは事業者にとっては大きな損失に違いないが、それでもこの子どもが安心して地域の保育所に通うために当該自治体に協力することは、基礎的環境整備の責任の一端を地域の福祉施設も担う、という方向性を明確にした。

地域のインクルーシブを推進するこの取り組みは、当該幼児だけではなく、障害のない幼児の人権意識を高め、共に暮らす社会が当たり前の姿であることを小さなうちから胸に刻むことになるだろう。

3. 特別支援学校における合理的配慮

意外に注目されていないのが特別支援学校における合理的配慮である。施設・設備面での基礎的環境整備は十分に整っているはずの特別支援学校だが、一人一人の児童生徒に応じた教育的支援は果たして十分といえるだろうか。特別支援学校自体がインクルーシブな存在ではない、とする指摘があるかもしれないが、子どもの特性から総合的判断をする中で、保護者や本人が特別支援学校への就学を選択するケースは実際に少なくない。

一人一人の課題に応じ、そのもてる力を伸ばす教育を充実させ、児童生徒の社会参加を後押ししていくことがまさに特別支援学校の合理的配慮といえるだろう。交流及び共同学習の機会を通じ、地域の学校等と児童生徒が触れ合う機会をより多く設定してもらいたい。特別支援学校がインクルーシブ教育推進の原動力として主体的に取り組んでいくことを期待したい。

4. 発達障害の合理的配慮

では発達障害への支援に関する合理的配慮とはどのようなものが考えられるだろうか。もちろん一人一人の特性は千差万別であり、個に応じた配慮を考えなければならないが、今すぐできる大まかなものとして以下のような提案をしたい。

①園内、校内、教室内の掲示物を整理する。教室等においては幼児児童生徒の学習効果が高まるよう視覚的な特性に配慮しながら環境を整えていく。

②視覚的コミュニケーション方法を多様化する。校舎内の案内表示や配布するプリントなどの文字を漢字、ふりがな、イラストで表記。または拡大するなど。

③園、学校経営方針に「共生社会の推進」を位置づけ、教育活動全体を通じてインクルーシブ教育推進のための取り組みを進める。

④発達障害理解のための教職員または保護者向け（あるいは合同）研修会を計画的に開催し、園や学校全体の理解を高める。

どれも日本障害フォーラム（JDS）がいう「お金や労力などの負担がかかりすぎない範囲」での取り組みであり管理職のリーダーシップがあれば十分に実現可能である。またすでにこれらに積極的に取り組んでいる、というところも多いだろう。その場合は、さらにユニバーサル授業研究を進めるなどの前進を図ってもらいたい。

【参考文献・資料】
・日本障害フォーラム「みんなちがってみんな一緒！障害者権利条約」日本障害者協議会、2014
・文部科学省中央教育審議会「共生社会の形成に向けたインクルーシブ教育システム構築のための特別支援教育の推進（報告）」2012、http://www.mext.go.jp/b_menu/shingi/chukyo/chukyo3/044/houkoku/1321667.htm.

Chapter 3

発達障害児への
特別支援教育

2014年、わが国は障害者権利条約（「障害者の権利に関する条約」）締結国となり、障害のある人とそうでない人の共生社会の実現に向けた新たな一歩を踏み出した。条約への署名以降、日本は様々な障害者制度の改革に取り組む中で、新たな教育システムを構築するための検討がなされており、小中学校における通常学級、通級による指導、特別支援学級、特別支援学校と連続性ある「多様な学びの場」を提供する方向性が示された。

本章では、特殊教育から特別支援教育へと転換した経過を整理し、特別な教育的ニーズを有する発達障害の子どもたちの定義や特性、さらには学校現場で求められる支援の在り方について紹介する。

第1節　特別支援教育への転換

平成13（2001）年、障害のある子どもへの教育の大きな転換となる「21世紀の特殊教育の在り方について〜一人一人のニーズに応じた特別な支援の在り方について」（21世紀の特殊教育の在り方に関する調査研究協力者会議：文科省設置）の最終報告が取りまとめられた。

この報告書には、①ノーマライゼーションの進展に向け、障害のある児童生徒等の自立と社会参加を社会全体として、生涯にわたって支援すること。②教育、医療、福祉、労働等が一体となって乳幼児期から学校卒業後まで障害のある子ども及びその保護者に対する相談及び支援を行う体制を整備すること。③障害の重度・重複化や多様化を踏まえ、盲・聾・養護学校等における教育を充実させるとともに、通常の学級の特別な教育的支援を必要とする児童生徒等に

積極的に対応すること。④児童生徒の特別な教育的ニーズを把握し、必要な教育的支援を行うため、就学指導の在り方を改善すること。⑤学校や地域における魅力と特色ある教育活動等を促進するため、特殊教育に関する制度を見直し、市町村や学校に対する支援を充実すること。以上の主に5つについて整理されている。

これは、これまでの障害の重い子どもに軸足を置いた教育から、学習障害（LD：Learning Disabilities）、注意欠陥・多動性障害（ADHD：Attention-Deficit Hyperactivity Disorder）や高機能自閉症（HFA：High-Functioning Autism）といわれる知的障害がなく通常の学級の中に在籍している子どもたちにも教育的支援を行うよう明記された報告書である。

これらを背景に平成15（2003）年には中央教育審議会から「今後の特別支援教育の在り方について（最終報告）」の答申が発表され、特別支援教育が「障害のある児童生徒等の自立や社会参加に向けた主体的な取組を支援するという視点に立ち、一人一人の教育的ニーズを把握し、その持てる力を高め、生活上又は学習上の困難を改善または克服するため、適切な指導及び必要な支援を行うものであること、小・中学校においての通常の学級に在籍するLD、ADHD、高機能自閉症等の児童生徒に対しても適切な指導や必要な支援を行うものである」ことが確認された。

このような障害のある児童生徒の教育をめぐる諸情勢の変化を背景に教育制度が転換し、平成17（2005）年の「特別支援教育を推進するための制度の在り方について（答申）」基本的な考えがまとめられ、平成19年4月には学校教育法の改正により特殊教育は特別支援教育となり、"Special Education"は"Special Needs Education"となった。

これまでの「特殊教育」では、障害の種類や程度に応じて盲・聾・養護学校や特殊学級といった特別な場で指導を行うことにより、手厚くきめ細かい教育を行うことに重点が置かれてきた。それに対して「特別支援教育」は、これまでの「特殊教育」の対象だった幼児児童生徒に加え、小・中学校において通常の学級に在籍する特別な教育的ニーズのある児童生徒を含めて支援することが

定義されたことに重要な意味がある。

「発達障害」という概念は、平成 17（2005）年に施行された発達障害者支援法に定義されてから社会的に広く知られるようになった。その本文には、「自閉症、アスペルガー症候群その他の広汎性発達障害、学習障害、注意欠陥・多動性障害その他、これに類する脳機能障害であり、その症状が通常低年齢で発現するもの」と明記されている。

学校教育において発達障害を有する児童生徒を「今後の特別支援教育の在り方について（最終報告）」（平成 15 年）では、次のように定義している。

1.　自閉症の定義

自閉症とは、3 歳位までに現れ、①他人との社会的関係の形成の困難さ、②言葉の遅れ、③興味や関心が狭く特定のものにこだわることを特徴とする行動の障害であり、中枢神経系に何らかの要因による機能不全があると推定される。

2.　高機能自閉症の定義

高機能自閉症とは、3 歳位までに現れ、前述した自閉症のうち、知的な発達の遅れを伴わないものをいう。また、中枢神経系に何らかの要因による機能不全があると推定される。

3.　学習障害（LD）の定義

学習障害（LD）とは、基本的には全般的な知的発達に遅れはないが、聞く、話す、読む、書く、計算する又は推論する能力のうち特定のものの習得と使用に著しい困難を示す様々な状態を指すものである。

学習障害は、その原因として、中枢神経系に何らかの機能障害があると推定

されるが、視覚障害、聴覚障害、知的障害、情緒障害などの障害や、環境的な要因が直接の原因となるものではない。

4. 注意欠陥・多動性障害（ADHD）の定義

注意欠陥・多動性障害（ADHD）とは、年齢あるいは発達に不釣り合いな注意力、及び / 又は衝動性、多動性を特徴とする行動の障害で、社会的な活動や学業の機能に支障をきたすものである。

また、7歳以前に現れ、その状態が継続し、中枢神経系に何らかの要因による機能不全があると推定される。

この他、アスペルガー症候群とは、知的な遅れを伴わず、かつ、自閉症の特徴のうち言葉の発達の遅れを伴わないものである。

日本の「発達障害者支援法」の中で定義されている「発達障害」は、WHOによる ICD-10（国際疾病分類第 10 版）の診断基準が使用されているが、「今後の特別支援教育の在り方について（最終報告）」においては、各障害を米国精神医学会による DSM- Ⅳの定義を参考にしている。

現在は、米国精神医学会による DSM-5（『精神障害の診断と統計マニュアル第 5 版』2013）が発表され、ASD（Autism Spectrum Disorder）自閉症スペクトラム障害としてこれまでの自閉症にアスペルガー症候群を含んだ連続性ある障害特性として新たな診断基準が示された。

一方で学校現場においては、平成 14（2002）年の文科省調査で教育上の配慮を要する児童生徒が通常教育に 6.3%、平成 24（2012）年の調査では 6.5% という数字が示された。多くの発達障害児はこの 6.5% に含まれるであろうが、この調査は、小・中学校の通常学級担任に実施したアンケートによるもので、知的発達に遅れはないものの学習面又は行動面で著しい困難を示すとされた児童生徒の割合を調査したものである。ここでの「学習面で著しい困難を示す」とは、「聞く」「話す」「書く」「計算する」「推論する」の一つあるいは複数で著しく困難を示すケース、「行動面で著しい困難を示す」とは、「不注意」「多動性―衝動性」、あるいは「対人関係やこだわり等」について一つか複数で問

題を著しく示すケースについて実態を把握したものである。6.5% という数字は、40 人学級の中で 2.6 人の児童・生徒が特別なニーズを有していることを示している。この調査は、通常学級の担任によるものであるため、6.5% の数字がイコール発達障害児の割合ではなく、あくまで担任が支援を必要と感じている児童生徒の割合であることを踏まえたい。実際には担任の気づかない範囲で多数いることが想定される。しかし、ここで重要なことはクラスのどの子どもに発達障害があるかという特定ではなく、クラスに特別な教育的ニーズを有し、学習上または生活上、個別の配慮が必要な子どもを把握し、きめ細かな支援をすることに意識を向けることである。

第3節 発達障害の子どもたちの姿とその支援

1. 発達障害児にみられる特性とは

発達障害のある子どもたちは、他の障害に比べるといくつかの特徴があり、それは個性や疾患のいずれにもあてはまらない特性であると市川（2014）は指摘する。文科省の発表（平成 26 年 5 月）では、義務教育段階の全児童生徒数 1,019 万人に対して特別支援学校、特別支援学級、通級による指導を合わせた在籍児の数が 34 万人であるのに対し、通常学級に在籍する発達障害児童生徒は、全体の 6.5%、約 66 万人という数の多さである。

発達障害の場合、外見からの課題のみえにくさが一見問題ないようにみえる利点がある一方で、「怠けている」、「困ったものだ」、「反抗的である」などと誤解を受けやすく、適切な支援の開始が遅れてしまうことにつながる。

発達障害が存在するか否かを明確に示すことは難しく、障害の存在の境界が明確ではない。市川（2014）は、大多数の人に何らかの発達障害的要素は存在しており、一人一人でみれば、その種類と程度が異なっているという連続体（スペクトラム）と濃淡（グラデーション）があると述べている。自分が他者と違っている認識をもたないまま「要領が悪い」、「努力が足りない」などの非難を受けることで「自分は皆と同じようにできない」と自信を失い、心理的に追

い込まれることにつながることを指摘する。

　発達障害の経過については、子どもの置かれた環境や、その対応によって外見上の課題は大きく変化する。例えば、担任が交代するといった子どもにとっての環境変化によって不安定になることもあれば、落ち着くこともあるといわれている。このことは、発達障害のある子どもを取り巻く受け入れ側の理解や対応によって、課題が大きくみえたり、またはみえなかったりすることを意味している。特別支援教育の現場においては、まず発達障害の特性の理解を前提に教師間の共通理解を図り、個別の配慮を必要としない生徒たちへの理解を深める指導も同時に必要になる。

　子どもの発達障害の存在に気づくのが遅れることもよくみられる。特に、欧米を中心に遺伝的背景が指摘されており、家族が子どものつまずきを自分に似た性格としてとらえ、さほど問題としないことも起こりうる。また、発達障害は、一つが単独で存在するのではなく、程度の差はあっても多くが重複して存在するといわれており、特定の特性や疾患にのみ結びつけるのは難しいことが多い。

　発達障害の特性は、生涯を通じて存在するもので、個々による学習上または生活上のつまずきは、それぞれの年齢段階で何らかの不適応を起こしてしまう可能性がある。学校現場においては、教師が発達障害のある子どもを「困った子ども」として問題扱いするということがあってはならない。「困っている」のは子ども自身であって、発達障害の理解に基づいて子どもの「学びにくさ」や「生きにくさ」を少しでも早い段階で把握し、適切な対応をすることが重要である。

2. 一人一人の「個」を大切に「共に学ぶ」場をつくる

　ASD、LD、ADHD などの発達障害は、それぞれに障害特性があり、学習場面のどこでつまずくのか、また生活場面でどのようなことに生きにくさを感じるのか、一人一人その表れ方が違う。彼らのつまずきに対して支援する場合は、本人の主体的な学びや生活を支えることが必要であり、どのようなことが

原因にあるのかを丁寧に実態把握しながら手立てを考えたい。

　例えば、ASD の子どもは、感覚過敏や他者の意図や心的状況を汲み取ることが苦手といった社会的認知の特性などがあったり、LD、ADHD 傾向の子どもは、協調運動の発達に偏りがみられたりする。また、発達障害のある子ども全般で、学習を支える認知特性に偏りがみられたり、教師や周囲の友達から理解されにくい行動上の特性を抱えていたりするため、様々な視点で「生きにくさ」や「困り感」に寄り添った支援の手がかりを検討する必要がある。

　一方で、共生社会（cohesive society）の実現に向けて内閣府が進める政策に応じて、各省庁等が管轄する領域においてバリアフリー化を推進し、国や行政のみならず民間でもユニバーサル社会の実現を目指した取り組みが行われている。こうした近年の動向を背景に、教育の領域にも、「授業におけるユニバーサルデザイン」という考えが提唱されるようになり、教室の中の子どもの多様性が注目され、様々な教育的ニーズのある子どもが在籍していることを前提にした教育が求められている。

　発達障害の児童生徒が通常学級に在籍する場合、学習上のつまずきがある彼らに対して個別に理解をうながす手立てを考えることも重要であるが、それ以前に学級に在籍する一員として多様なニーズを有する子ども全員が理解しやすい指導や授業の展開が求められる。通常学級におけるユニバーサルデザイン化は、そのような児童生徒も一緒に学ぶ場を前提に、誰もが学びやすい授業にするという試みである。柘植（2013）は、「学習のつまずき」には、その確かな理解、実態把握、そして、それらを踏まえた適切な対応が必要であり、さらに、つまずきの状態に気づいてから対応するのではなく、予防的な対応も重要であると述べている。その上で、学校現場における授業づくりは、多様な児童生徒が在籍しているということを前提にすべての子どもたちの主体的な学習を支えるという確固たる意思をもって指導にあたることが重要であると指摘する。

3. 共生社会における子どもの願いを尊重した教育の実現に向けて

中教審が報告した「共生社会の形成に向けたインクルーシブ教育システム構築のための特別支援教育の推進（報告）」の中で、「共生社会」は、誰もが相互に人格と個性を尊重し支え合い、人々の多様な在り方を相互に認め合える全員参加型の社会と明記している。「基礎的環境整備」や「合理的配慮」など、誰もが共に学び合える場や個別の配慮の提供は、主体的な社会参加や学習参加を可能にするための「子どもの願い」を尊重した教育の実現に向けた取り組みととらえたい。

大切なことは、発達障害をはじめ、多様な教育的ニーズのある子どもたち一人一人が望む「学び」と「生活」を最大限に尊重し、互いに多様性ある「個」を認め合う教育を実現することにある。

【引用文献】

・American Psychiatric Association. (2000) *Diagnostic and statistical manual of mental disorders. Fourth ed., Text Revision* ; DSM-IV-TR. Washington, D.C. : American Psychiatric Association. （高橋三郎・大野裕・染矢俊之訳『DSM-IV-TR　精神疾患の診断・統計マニュアル』医学書院、2008）

・American Psychiatric Association. (2013) *Diagnostic and statistical manual of mental disorders. Fifth Edition* : DSM-5. Washington, D.C. : American Psychiatric Association. （高橋三郎・大野裕監訳『DSM-Ⅴ　精神疾患の診断・統計マニュアル』医学書院、2014）

・21世紀の特殊教育の在り方に関する調査研究協力者会議「21世紀の特殊教育の在り方について〜一人一人のニーズに応じた特別な支援の在り方について」文部科学省、2001

・中央教育審議会「今後の特別支援教育の在り方について（最終報告）」文部科学省、2003

・中央教育審議会「共生社会の形成に向けたインクルーシブ教育システム構築のための特別支援教育の推進（報告）」文部科学省、2012

・中央教育審議会「特別支援教育を推進するための制度の在り方について（答申）」文部科学省、2015

・初等中等教育局特別支援教育課「特別支援教育の概念図」文部科学省、2015（http://www.mext.go.jp/a_menu/shotou/tokubetu/ 002/1329076.htm）

・市川宏伸「発達障害の本質とは何か」柘植雅義監修・市川宏伸編『発達障害の「本当の理解」とは』pp.2-12、金子書房、2014

・柘植雅義「学習でつまずく子どもたち―その様相と支援」「実践障害児教育」8月号、学研、2013

Chapter 4　就学前支援の特徴とその重要性

> 　就学前という時期は子どもにとって、親や家族にとってどのような時期なのであろうか。具体的には乳児期から幼児期（0歳〜6歳）7年間という長い時期が就学前、つまり、小学校入学までの時期といえる。
>
> 　それでは、なぜこの時期の発達障害のある子どもたちへの支援が重要なのであろうか。それは、いうまでもなく、この世に生を受け、初めて外界と接する瞬間（出産）から生涯にわたって人間に必要な能力の基礎が培われる時期が就学前（乳幼児期）だからである。人間は、出生当初、養育を受けなければ生きていけない未熟な状態で生まれてくる（生理的早産：ポルトマン）。これは、人間が社会で生きるための他者との社会的な関係の出発点である「親子関係：愛着」を築くために不可欠な時間ともいわれている。高度な知能をもち、道具を使い、自分たちの社会を構築する人類の発達の土台づくりが乳幼児期と考えればその重要性は自ずから理解できると思う。
>
> 　本章では就学前の子どもたちの支援の根本的な考え方とその重要性について、子どもへのまなざしと子ども理解のポイントから考えていく。

第1節　発達に問題を抱える子どもたち（実態と課題）

1．子どもの発達に影響を及ぼす社会的な課題

（1）核家族化・少子化と子どもの発達

　日本の社会の変化の中で、人々の生活に最も大きな影響を与えたのが高度経済成長である。この経済的な発展により、日本も欧米の仲間入りを果たし、豊かでゆとりのある生活を手に入れた。しかし、その代わりに大家族による家父長制度は崩壊し、都市を中心に核家族化や少子化が進行していった。

この核家族化は家族の孤立を生み、両親はもとより子どもたちの社会的なネットワークを狭め、多くの人とのかかわりから学ぶ人間関係の学習機会を減少させた。その結果、「わがままで、自己中心的な子ども」が増加する原因になってしまったともいわれている。

　一方、少子化は 1989 年に出生率が 1.57 まで落ち込んだ現象が「1.57 ショック」と呼ばれ、日本の大きな社会問題としてクローズアップされたのである。核家族化や少子化は家族の風景を大きく変え、一人っ子の占める割合も増加した。その結果、保育現場では一人っ子の特徴として取りざたされる「社会性の未発達」や「自己中心性の高さ」「集団生活への適応の悪さ」といった課題が増加して、個別の対応のために 保育者の負担も増えたのである。

　また、家族における子どもの数の減少（少子化）は、親の養育態度へも影響を及ぼしたといえる。子どもの数が少ないために、よくいえば目が行き届くが、それが過ぎれば「過保護・過干渉」となり「大人の助けを待っている」といった依存性の高い子どもたちを育ててしまっているケースも少なくない。きょうだいの関係を依田（1990）は「縦の関係」と「横の関係」の両方を体験できる関係として「ナナメの関係」と呼び、発達における重要性を述べているが、保育現場でそれを補うような「縦割保育」などの年齢縦断型の保育方法を取り入れているケースもある。

（2）情報化と子どもの発達

　近年、子どもを取り巻く環境で最も大きく変化したのが、情報化、つまりインターネットなどのソーシャルネットワークの広がりであろう。この情報化が子どもの遊びにも様々な影響を及ぼしている。「ごっこ遊び」の会話の道具に、最近ではタブレット型の端末を模した作品を使って遊ぶ姿を見て保育者が驚きを隠せなかった。

　外山・小館・菊池（2009）らはインターネットの接続環境をもつ母親の半数が毎日ネットを利用していることを示し、買い物や授乳・離乳、医療機関に関する情報を集めるなどの情報的サポートとして利用していることを明らかにし

ている。インターネットは核家族には便利なコミュニケーションの道具なのか
もしれない。

　一方で、子どもたちの学びのための教材（主に家庭用）では、DVD やビデ
オなどの視覚的情報がいつでもどこでも手に入る時代となり、自宅での遊び
時間を DVD やビデオを一人で視聴している子どもが増加している。インター
ネットやコンピュータといった情報機器を幼い頃から体験できることが、果た
して子どもの発達にとってよいものなのかという疑問をもつ必要があるかもし
れない。戸外の環境や実際の自然との触れ合いなど「実体験」を減少させてし
まうデメリットがあるのではないだろうか。

2．子どもたちの発達の様相と課題

　子どもたちの発達が阻害されている様相を、特徴的な 3 つ「生活できない」
「遊べない」「生きられない」を取り上げて、子どもたちがいかに劣悪な環境の
影響を受けてその発達が阻害されているかを理解してほしい。

　このような阻害要因は、発達に問題を抱えている子どもが見せる傾向と関連
している可能性が高いことも留意していただきたい。

（1）生活できない

　教育・保育現場で気になる子どもの行動としてあげられるのが「生活できな
い」といった姿である。生活できないとは、これまで一般的な家庭において当
たり前に身につけていた「衣食住」に関する生活習慣やライフスキルがほとん
ど身についていないか、相当の時間的な遅れをみせている現象である。

　近年は働く保護者が増加して、教育・保育現場で食事（昼食や夕食）を提供
する機会が多い。ところが、年々、偏食の激しい子ども、咀嚼力（固いものを
かみ砕く）や嚥下力（飲み込む）が弱いため、食べ応えのある食品が食べられ
ない子ども、自分で食べようとしない子どもの数が増えている。

　また、食事をするための道具（フォークやスプーン、箸）などの使い方が不
器用なため使い分けももちろんできない。

衣服の着脱も大人に脱がせてもらい、着せてもらうのを待っている、着替えずに走り回っているなど、着替え1つでも相当の時間を要し、保育者の負担が増えている。もっと深刻なケースとして「トイレット・トレーニングの遅れ」と「歩行の問題」がある。まず、トイレット・トレーニングの遅れだが、以前は、幼稚園や保育所でも3歳を過ぎればほとんどの子どもがほぼ完全にオムツが外れ、自分でトイレに行って排尿・排便ができるようになるのが常識であった。ところが、ここ10年くらい前から4歳になってもクラスの1割近くの子どものオムツが外れていないという実情がある。

　次に「歩行」の問題である。具体的には「歩行開始の時期も1歳半を過ぎる（やや遅れ気味の子ども）」や、「歩き方が気になる（膝や足首が安定しないなど）」という子どもの相談が急増している。子どもが「歩く」という行動を十分にできない人的・物的環境の要因があるのだろうか。

(2) 遊べない

　「遊べない」子どもの姿は多分、少子化や核家族化といった家庭環境や社会環境が大きく関与していると推測される。一人っ子や二人っ子という子ども数の家庭がほとんどである最近の保育現場では、俗にいう「わがままな子」が増加し、都市部では少子化、核家族化が進行しているため、その傾向はさらに大きくなっている。

　「遊べない」子どもにもいくつか特徴がある。集団の中に全く入れず「黙々と自分の好きなことだけしている」「いくつかのこだわりのある遊び（電車やパズル、ブロック）だけでしか遊ばない」といった「孤立・こだわり型」の子ども、友達の中には入って遊べるが譲ることや分け合って遊ぶことができず、結果、遊具を独り占めしてケンカをしてしまう「自己中心型・トラブル型・攻撃型」の子ども、遊びたいのに保育者の支援を待って自分からは遊びに入れない「内向型」の子ども、などがあるが、これらのいくつかの型が重なりあっているケースも多い。このような現象の背景には協調性・社会性が育っていないことが考えられる。

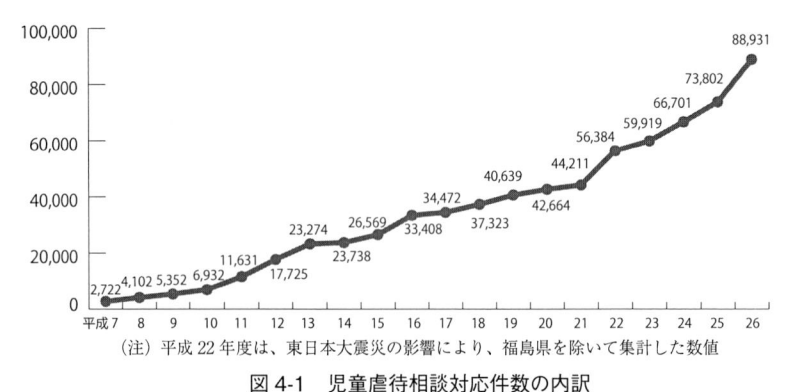

図 4-1　児童虐待相談対応件数の内訳

（出典：厚生労働省「児童相談所の児童虐待の相談対応件数(平成 26 年度)」をもとに作成）

（3）生きられない

　次に、生命の危機にさらされている子どもの数が増加しているという問題がある。児童相談所における虐待相談対応件数の推移では虐待の件数は右肩上がりで、平成 7 年の件数は 2,722 件であったのに比べて、平成 26 年では 88,931 件と約 30 倍の相談件数という深刻な状況にある。死亡した子どもの年齢は平成 15 年から 24 年の 10 年間の累積統計から 0 歳児が 259 人、1 歳児が 86 人、2 歳児が 72 人、3 歳児が 82 人と乳児が最も多く、主たる加害者は第 1 位が実母、2 位が実父である。子どもにとってこれほど悲しくて残酷なことはない。一方、ドメスティックバイオレンス（DV）も子どもの発達に悪影響を与える。配偶者への暴力を子どもが目撃することは虐待であるということがわかっていないケースが増加している。また、虐待とも関連して貧困家庭の増加が子どもの発達に圧迫を与えている。特に、「ひとり親家庭」の貧困が大きな社会問題となっており、OECD の調査によると、日本のひとり親家庭の経済状態は OECD 加盟 34 ヵ国の中で最下位の貧困国である。

3．発達障害の子どもたち

　次に、子どもの発達的な視点として発達障害の子どもたちについて触れておきたい。筆者は、保育現場における発達障害が疑われる子どもたちの実態をこ

ども未来財団の委託調査で検討している。この調査は、平成 20 年に幼稚園の保育者 349 名、保育所の保育者 252 名、幼稚園や保育所で巡回相談を行っているカウンセラー 48 名を対象に、保育現場

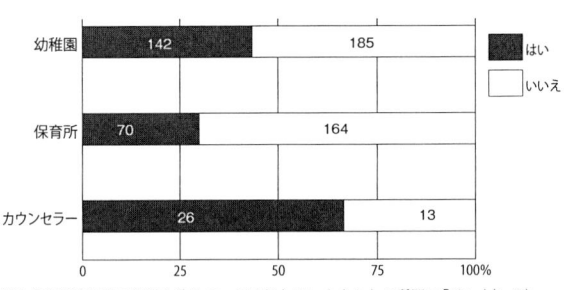

(注)「発達障害等の診断を受けている子どもはいますか」の質問に「はい」(いる)
と「いいえ」(いない)と回答した保育者・カウンセラーの割合

図 4-2　発達障害等の診断を受けているかの有無
(出典：冨田、2009 をもとに作成)

におけるカウンセリングニーズの実態を調査したものである。その結果の一部を紹介するが、図 4-2 に示したのが保育現場における発達障害児の実態である。この調査の結果から、幼稚園では診断を受けている子どもが半数近くおり、保育所では 30% 程度が診断を受けていることがわかる。さらに、診断は 3 歳以上児の多い幼稚園で多くなるといった傾向がわかり、3 歳以上児にならないと診断が難しいのかもしれない。その診断を受けている障害児の幼稚園、保育所の総合内訳は自閉症児が 82 人、アスペルガーが 26 人、高機能自閉症が 30 人、学習障害が 8 人、精神遅滞が 46 人、その他が 106 人であった。この結果から、自閉症という診断が最も多かったことがわかるが、近年では「自閉症スペクトラム障害（アメリカ精神医学会の診断基準 DSM-5）」が主流になりつつある。ここにあげた診断名や特徴は、調査を実施した平成 20 年当時、保育者が保護者から申告を受けた診断名で、あくまで参考としてこの結果をみていただきたい。

第2節　就学前支援の実際（子ども理解の重要性）

1. これまでの就学前支援（変遷と実態）

　これまで、障害のある乳幼児（就学前の子どもたち）の通園施設として厚生労働省が所管（児童福祉法に基づいて設置されている施設）している児童福祉施設（保育所、知的障害児通園施設、肢体不自由児通園施設、難聴幼児通園施設、障

害児通園事業、障害児総合通園センター）と文部科学省が所管している幼稚園と特別支援学校幼稚部がある。双方とも国の管轄で運営されるのは第二次世界大戦以降（1945 年〜）である。

　保育所における障害児保育（当時）は昭和 49（1974）年に「障害児保育事業要綱」が策定されたことで拡大していった。当初の 18 園（159 名の幼児）から平成 19（2007）年には 7,120 園（10,749 名）と急増している。

　幼稚園における障害児保育の本格的な開始は 1970 年代に「私立学校特殊教育費補助」が出された時からその保育が注目されたが、障害児の受け入れ制限のために、実際は補助金を受けることができない幼稚園が多いという現状であった。その後、私立幼稚園特別支援教育補助制度により私立幼稚園においても障害児の支援が徐々に拡大してきている。幼稚園の場合、公立よりも私立幼稚園の方が多く、そのような点からも広がりに時間がかかったのかもしれない。

　具体的な保育の内容は「特殊教育」から「インテグレーション：統合保育」そして「インクルーシブ保育」へと変遷をとげている（第 1 部、第 1 章参照）。表 4-1（日本の統合保育に関わる行政的施策）を参照いただきたい。

2. 発達支援の前提——障害のある子どもをどうみるか

(1)「発達する」存在

　七木田・松井（2011）は「発達」を英語の「development」から「de：開ける」と「envelope：封筒」といった語源からその意味を「封を切るように開け、中身を取り出す」といった状態を指すことを示し、さらに「幼児の発達とは、時間とともに次の状態が「封筒」を破り、這い出してくるようなイメージとなる」とその様相を説明している。つまり、その封筒の封を切る力には差があるものの、子どもたちの中には発達の次の状態が準備されているととらえようとして、誰もが発達の可能性をもっていることを示している。さらに、バウワー（Bower, 1982）の研究を例にあげ、運動をはく奪された子どもも、通常の子育てを受けた子どもも、意外にも「歩きだす」時期に大きな差がないこと

表 4-1　日本の統合保育にかかわる行政的施策

（出典：石井正子『障害のある子どものインクルージョンと保育システム』福村出版、2013 より作成）

1964 年	第 2 次中間報告　中央児童福祉審議会（現：社会保障審議会） 「保育に欠けるという理由で入所する子どもの中には，軽度の心身障害児のいることは避けられない。これら子どものためには治療的な指導を行うことのできる特別保育所を設置するよう検討する必要がある」 →専門施設や特殊保育所の体制を整備することをうたうようになった 　しかし，軽度の障害児に限定されていることや，分離保育の考え方が主流
1972 年	「心身障害児通園事業実施要綱」厚生省（現：厚生労働省） →この中で，障害のある乳幼児の保育が制度化への歩みを開始 「特殊教育諸学校幼稚部学級設置 10 年計画」文部省（現：文部科学省） →盲聾学校を除き，就園率は低くとどまる
1973 年	「当面する保育問題について　第 2 部　東京都における障害児保育のあり方」東京都児童福祉審議会 「当面推進すべき児童福祉対策について―中間答申―」中央児童福祉審議会 （「今後における児童及び精神薄弱児の福祉に関する総合的，基本的方策」厚生労働大臣の諮問に対する答申） ①最近は育児に関する意欲，努力を放棄する親が増加しつつあり，乳幼児保育の社会的需要が増大しているが，両親による家庭保育が最も望ましいという原則を確認する ②人口の過疎，過密地域における小規模保育所の認可，乳児保育特別対策などを推進してきたが，今後もこの施策を拡充し，無認可保育施設を解消する ③最近障害児に対する一般の理解，早期発見・早期指導の施策が向上してきた。一般の児童から隔絶することなく社会の一員として，一般の児童とともに保育することによって障害児自身の発達が促進される面が多く，いくつかの実践例でも示されている。障害児の福祉の増進を図る新しい方策とすべきである
1974 年	「障害児保育事業実施要綱」厚生省 →国として保育に欠ける障害児の保育を事業として開始 指定保育所方式（障害児受け入れ保育所に補助）を実施 「私立幼稚園特殊教育費補助事業」開始 →私立幼稚園において障害児の就園率が向上 →次第に公立幼稚園にも広がり，全体の就園率の向上につながる 精神薄弱児通園施設の入所制限撤廃 → 6 歳未満の幼児が通園施設を利用できるようになる
1978 年	「保育所における障害児の受け入れについて」厚生省 →入所加算方式による人数加算の助成へと改善
1979 年	養護学校の教育が義務制→すべての障害児に教育権が保障された 障害児の福祉施策は学齢期→幼児期へ移行する流れができる
2000 年	障害児保育→特別保育事業 ○障害児を受け入れている保育所 　「障害児保育対策事業」…保育士の加配と処遇の向上をはかる ○障害保育を新規に開始する保育所 　「障害児保育促進事業」…施設・設備，遊具等の整備，保育士に対する研修等に関して助成を行う の 2 事業が実施されている

を示し、発達の柔軟性を強調している。つまり、幼児期は何らかの「障害」または「障害の疑い」が診断されたとしても、可塑性と柔軟性に富み、定型的といった言葉で乳幼児期の発達を確定的なものとしてとらえないといった子どもへのまなざしが重要である。

(2)「学ぶ：学習する」存在

1歳のお誕生日を迎える頃、片言の単語（初語）を発するようになり、歩行の開始（つたい歩き〜一人で歩く）が始まる。このような明らかな変化をみると子どもの発達を実感する。そして、母親や父親、周りの大人の言葉を聞いて真似をしたり、動作の一部を真似したりと、模倣する姿から子どもが「学ぶ存在」であることを実感する。しかし、1歳までは子どもは学ばないのだろうか。子どもは命を授かった時から常に学ぶ存在なのである。教えなくても首をもたげて背中や腰や首の筋肉を鍛え、いつの間にか寝返りのコツを自分で獲得していく。鏡に映った自分を見て、自学自習していることもある。学ぶという行動はすでに遺伝子のプログラムに組み込まれている人間の営みである。しかし、この学ぶ存在としての子どもの力をさらに引き上げるためには良好な人的環境と物的環境が重要なカギとなる。学びを豊かにするためには親からの温かな養育と多様性に富む環境との出会いが不可欠である。障害があるから、何を見ても学べないともし思うのであれば大きな間違いなのである。すべての子どもがもっている人間の生きる力が学ぶ力でもあるということである。

(3)「かかわり合う」存在

それでは、子どもは一人で黙々と環境と出会って学びを高めているのであろうか。人間は人とかかわることで育つ動物である。一生懸命に寝返りに挑戦している5ヵ月の女の子のエピソードを紹介しよう。何度も何度も寝返りに挑戦するがなかなかうまくそのタイミングがつかめずにいた。しかし、ちょっとしたタイミングで偶然、寝返りが成功した。すると、その場面を見ていた筆者に「どう？　すごいでしょ！」と言わんばかりにじっと見つめてくる。筆者も

「できたんだね。嬉しいね」とほほ笑み返すと、「あーあー」と声を出して「そうよ。わかってくれた？」と言わんばかりにこちらに話しかけてくる。この生後5ヵ月の女の子は自分の学びを誰かとのかかわりの中で実感して、さらに、その学びを豊かに確実なものにしている。幼稚園や保育所では、このような子どもと保育者とのかかわり、子どもと子どものかかわりが子どものやる気や学ぶ意欲を引き出していることを理解していくことも重要である。

(4) 発達障害とは

　さて、発達障害と一口にいっても、具体的にどのような症状や状態を示すことなのだろうか。近年、発達障害という言葉はよく耳にするが、この言葉の定義は長い間明確ではなかった。石井（2010）はこの言葉を図4-3にまとめている。一方、学校教育法の改正（平成19（2007）年）により、学習障害（LD）や高機能自閉症、注意欠陥・多動性障害（ADHD）の定義は第3章の第2節（p.30）でも示したが表4-2で再掲する。発達障害については公的な定義があり、その対象の子どもたちを幼稚園や保育所、学校教育現場では特別な支援が必要な子どもたちとして、個別支援と集団の中における支援とを交えながら教育を行っている。しかし、この発達障害も就学前教育の対象者である乳幼児期では単なる発達の偏り（個性）なのか、発達に何らかの支障や問題が潜んでいるのかを見分けるのが難しく、成長発達途上の乳幼児期の子どもたちに関しては診断名がつかない状態の子どもたちの方が多いのが現状なのかもしれない。

```
発達の障害（原因を問わず、発達期に起こる心身の障害
　・視覚障害、聴覚障害、肢体不自由等に伴うもの
　・不適切な養育によるもの
　・環境の不適応によるもの
　・その他

広義の「発達障害」（中枢神経の不調に原因があると、
思われる障害で、児童期までに発症するもの）
　・知的障害
　・脳性まひ等

発達障害者支援法の対象となる狭義の「発達障害」
　・広汎性発達障害（自閉症・アスペルガー症候群等）
　・ADHD
　・LD
　・その他
```

図4-3　発達の障害と「発達障害」の概念

（出典：石井正子『障害のある子どものインクルージョンと保育システム』福村出版、2013より作成）

表 4-2　文部科学省による発達障害の定義（文部科学省の HP より抜粋）

障害名	発表文書・機関	定義
学習障害（LD）	学習障害及びこれに類似する学習上の困難を有する児童生徒の指導方法に関する調査研究協力者会議「学習障害児に対する指導について（報告）」（1997 年 7 月）	学習障害とは、基本的には全般的な知的発達に遅れはないが、聞く、話す、読む、書く、計算する又は推論する能力のうち特定のものの習得と使用に著しい困難を示す様々な状態を指すものである。学習障害は、その原因として、中枢神経系に何らかの機能障害があると推定されるが、視覚障害、聴覚障害、知的障害、情緒障害などの障害、環境的な要因が直接の原因となるものではない。
高機能自閉症	特別支援教育の在り方に関する調査研究者会議「今後の特別支援教育の在り方について（最終報告）」（2003 年 3 月）	高機能自閉症とは、3 歳くらいまでに現れ、①他人との社会的関係の形成の困難さ、②言葉の発達の遅れ、③興味や関心が狭く特定のものにこだわることを特徴とする行動の障害である自閉症のうち、知的発達の遅れを伴わないものをいう。また、中枢神経系に何らかの要因による機能不全があると推定される。　アスペルガー症候群とは、知的発達の遅れを伴わず、かつ自閉症の特徴のうち言葉の発達の遅れを伴わないものである。なお、高機能自閉症やアスペルガー症候群は、広汎性発達障害に分類されるものである。
注意欠陥・多動性障害（ADHD）	同上	ADHD とは、年齢あるいは発達に不釣り合いな注意力、及び／又は衝動性、多動性を特徴とする行動の障害で、社会的な活動や学業の機能に支障をきたすものである。また、7 歳以前に現れ、その状態が持続し、中枢神経に何らかの要因による機能不全があると推定される。

3.　就学前支援の対象とは

　就学前支援の主たる対象はいうまでもなく「乳幼児期の子ども」ということになる。しかし、この時期の子どもたちは児童期や青年期と違って、誕生から小学校入学までと期間はおおむね 7 年間ではあるが、発達の量も質も他の時期に比べ最も急速に発達する時期で、すべての発達の基礎がつくられる。さらに、人間の子どもはポルトマン（Portmann, 1944）も示しているように「生理的早産」という未熟な状態（目もよく見えない、歩けない、授乳を受けなければ食べられない、排泄や衣服の着脱もすべて介助が必要）で生まれてくるために、養育者からの介助（育児）がなければ命は保てないという特別な育ち方をする。そのために、就学前の支援では、その養育にかかわる人の支援も必要になってくるのである。

(1) 支援されるのは

〈子ども〉

就学前支援の対象は子どもである。ただし、個々の子どもの発達には同年代の子どもやきょうだいとの結びつきも大きく関連するため、対象児を取り巻く子どもたちへも共に支援の手を差し伸べていかなければならない。

〈保護者・家族〉

保護者は就学前支援の対象である子どもの最も身近な人的資源である。そして、保護者や家族といった子どもの主たる養育者は子どもの発達の問題とは切り離して考えられない重要な役割を担っている。子どもと養育者は一心同体といっていいほど、結びつきが強いため支援対象となるのである。

〈保育者〉

保育者は本来、支援する立場にある。しかし、発達障害のある子どもをクラス担任として他の子どもたちと一緒に保育するのは、日本の保育現場の現状から考えると保育者一人にかかる負担が大きい（一人で多くの子どもの保育を担っているケースが多い）。そのために、子どもの支援に併せて、その子どもの保育を担っている保育者も共に支援対象として援助することが、子どもの支援をより有効にするためにも重要となる。

(2) 支援するのは

〈保育者〉

就学前支援の主な集団保育施設は幼稚園や保育所であり、家族以外で日常的に子どもの発達を側面的に支援している。

〈特別支援教育コーディネーター〉

特別支援が導入されて以来、幼稚園や保育所でも特別支援教育コーディネーターや保育臨床コーディネーターなど、特別支援教育が保育現場で機能するためのコーディネート役として任命されるようになってきているが、小学校以上の学校教育に比べ、幼稚園や保育所は公立が少なく、人的な配備のゆとりもないため、特別支援教育コーディネーターを配備している園は少ないのが現状である。

〈カウンセラー〉

　カウンセラーとはカウンセリング（心理・教育的援助）を行う専門家の総称である。しかし、実際の教育の場によっては「スクールカウンセラー」が有名である。近年、保育現場でもカウンセラーを導入し、定期的に幼稚園や保育所、療育センターなどで支援を行っている。幼稚園や保育所ではこの専門家を「保育カウンセラー」や「キンダーカウンセラー」などの名称で呼び、スクールカウンセラーと識別している園もある。

〈ケースワーカー〉

　ケースワーカーは主に療育センターや保健所、病院などの施設にいて、支援を必要とする人に対して環境調整を中心にアドバイスをしたり、実際に環境調整を援助する専門家である。

〈医師〉

　医師はいうまでもなく、乳幼児期の発達の医療面での支援者である。

〈保健師・助産師〉

　保健師、助産師は主に、出産から乳児期を中心に、対象者（特に母親や父親などの主たる養育者）の育児に関する助言やアドバイス、養育者の心身の健康管理・維持に関する支援を主に行う。

〈地域の支援者〉

　地域の支援者とは乳幼児が日常的に生活を送っている地域のあらゆる人々である。近年は高齢者の方々が保育ボランティアとして活躍しているケースもあり、地域の人的資源である。

　以上のような就学前支援に関する保育現場における支援（保育カウンセリング）と、関連支援者と保育現場

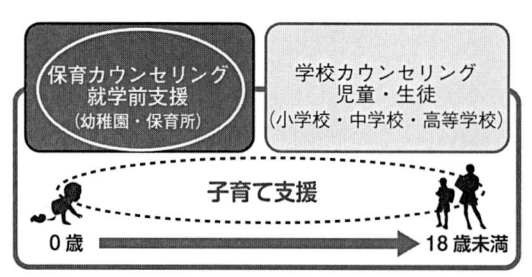

図4-4　保育カウンセリングの守備範囲
（子育て支援との関係）

（出典：冨田・杉原編著『保育カウンセリングへの招待』
北大路書房、2007より作成）

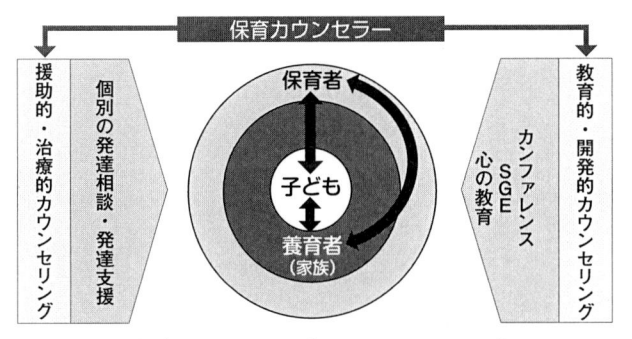

図4-5　保育カウンセリングにおける2つのアプローチ

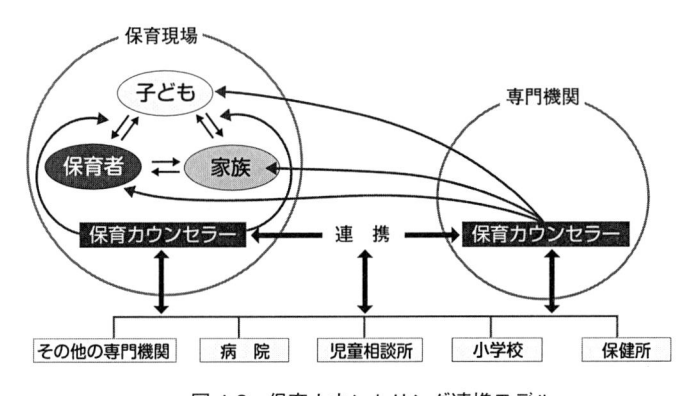

図4-6　保育カウンセリング連携モデル

との連携について図4-4、4-5、4-6に示したので参照いただきたい。

4. 発達障害の子どもたちの理解と支援のために

（1）アセスメントの重要性

　発達障害がある子どもの理解とよりよい支援のためには、個々の子どもの個性や障害の特性等を総合的に評価して、それぞれの子どもの発達に即した支援計画の立案とその実施が求められる。このように、子どものその時の状態を様々な側面と可能性から評価することを「アセスメント（assessment）」という。

　この「アセスメント」とは、一般に「査定、評価、判定、所見」と訳される。カウンセリング場面では「クライエント（患者）の心理面、社会面、教育面、

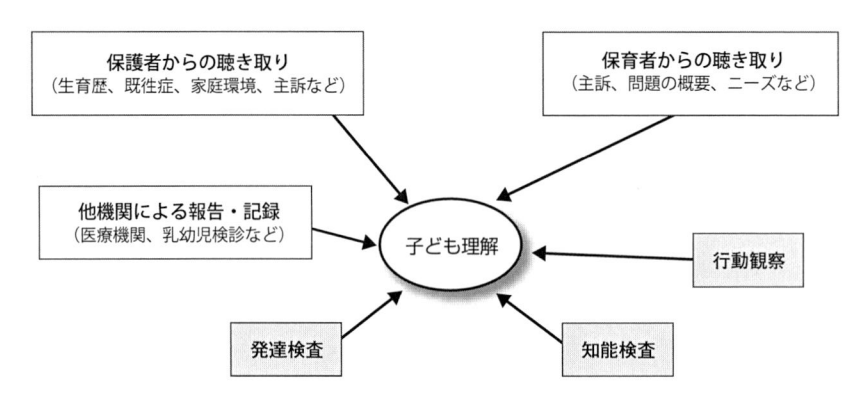

図4-7　様々な側面からのアセスメント

身体面などがどのような状態にあるかを把握すること」を意味する専門用語として使われている。一般的にアセスメントは教育でいうところの（evaluation）という用語と医学における診断（diagnosis）とほぼ同義語として使われている。教育におけるアセスメントも対象者の現在の状態等を総合的・包括的に評価し、その状態を十分に理解して援助の方向性を見いだすことに目的がある。このような丁寧な見立てが、子どもたちの現在の姿に寄り添った支援を実現するために重要となる。

　七木田・松井（2011）は子どもの実態に関するアセスメントとして以下の5つをあげている。

　①様々な状況での行動観察

　②日常的な行動や、性格の特徴に関する保護者からの情報収集

　③生育歴、病歴、家庭環境等に関する保護者からの情報提供

　④標準化された検査やテストの実施

　⑤医療機関、療育機関から提供された情報の活用

　さらに七木田ら（2011）はアセスメントのプロセスについて、そのスタート地点は「支援ニーズ」の把握であるとしている。そして、具体的な支援ニーズをもとに支援に関連する現状等についてアセスメントを行い、総合的に評価する中で「支援目標」や具体的な「支援方法」が選択される。支援はこのプロセ

スが繰り返される。そのために、その状況下で何度もアセスメントが行われるということでもある。そしてアセスメントは支援ができないことやできない理由を探し出すのではなく、「何ができるのか」「どんな時やどのような場合ならできるのか」といった可能性から評価することが求められる。

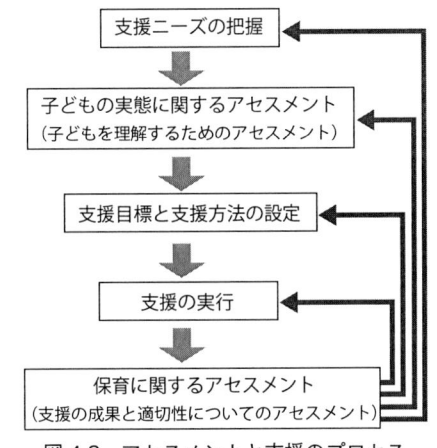

図4-8 アセスメントと支援のプロセス

(2) アセスメントの対象と内容

就学前の支援ではアセスメントの対象が「子ども」は当然であるが、乳幼児期の子どもの発達的特質から、その発達に大きな影響力をもつ母親、父親はもちろん、祖父母、きょうだい、身近な友達、保育者といった人的環境（資源）もアセスメントの対象として考える。

〈子ども〉

乳幼児期の子どもは前述したように心身ともに最も大きな発達をとげる時期である。大人とは違い、たったの1ヵ月でもその発達には目を見張るものがある。このような日進月歩の発達をとげる子どものアセスメントは日常的な姿をきめ細かくとらえることができる保育記録や発達の特徴的な側面をエピソードで記録するなどの観察記録を活用するとよい。また、健康診断や保護者から預かっている個人票などの記録も総合的に活用して、子どもの特徴や状態に関して読み取ることがアセスメントとなる。必要に応じて、これまでの育ちの記録である母子健康手帳などを家庭から借りて活用することも、有益な情報が得られる。

〈保護者〉

乳幼児期の子どもの発達にとっては、言うまでもなく母親・父親といった身

近な養育者の影響が大きい。

　母親・父親のような主たる養育者については「子ども観：子どもをどのような存在としてとらえるか」や「保育観：子どもの成長発達にはどのような養育が必要であるか」といった子育てに関する考え方、「養育態度：子どもを養育する時の行動スタイルの傾向」「親子関係：親子の間に愛着という親子の絆があり、心の通じるコミュニケーションが成り立っているか」といった子育ての傾向を知ることが、親子にとって最も有効なアプローチを検討する上で欠かせない情報となる。加えて、主たる養育者の関係（例えば夫婦関係）や養育者の就労状況（安定した収入が得られる職業でその職業に安定して就いているかといった経済的な基盤）は子どもの養育において重要なファクターである。

〈家族（きょうだい、祖父母）〉

　母親・父親のような主たる養育者以外に、子どもを取り巻く身近な人物はたくさんいる。近年、各家庭の子ども数は減少して、一人っ子の家庭も少なくない。しかし、そのような環境でも適応的にぐんぐん成長をとげる子どもも多くいるのがこの時期である。アセスメントで子どもの発達を理解して、一刻も早くその子どもにとって良質な生育環境を整えるのが支援者の役目であろう。

〈その他の人的環境（資源）〉

　その他の人的環境として大事なのは、幼稚園や保育所、認定こども園などの集団保育施設や、主たる養育者（母親や父親）のネットワーク（趣味や仕事）に登場する、子ども（友達）や対象の子どもに何らかの影響を与える可能性のある人たちである。こうした人的資源を把握しておくと、対象の子どもの行動範囲や得意なことなどの資源を発見することができるからである。

〈保育者〉（援助者：カウンセラーや心理士、ケースワーカーなど）

　子どもの発達を支援する中心的な人物は「自分は支援される子どもにとって支援者として適切であるかどうか」を判断することが支援者としての責務である。子どもによりよい支援をするためには、支援者は自己の力量や特徴を把握するためにセルフチェックをして、ベストコンディションで支援にあたらなければならない。自分の力量を超えて支援することは問題を悪化させ、子どもや

家族に何らかの心的な傷を与えてしまうこともある。

（3）より良い支援のために —— 支援で特に留意すること

① 幼稚園、保育所、認定こども園等の支援体制

　乳幼児を対象とした集団保育・教育施設は多くの同年代の子どもたちを集団で預かり、保育・教育を行うことを目的に運営されている。

　そのために、ほとんどの施設では「クラス」や「担任」という制度を設けてその保育・教育にあたっている。そして、このクラスへの所属や担任との関係（愛着や信頼の形成）が社会の一員の仲間入りにも重要となる。しかし、発達に何らかの障害を有していると、集団への適応に困難や拒否を示す子どもも少なくない。また、クラスという抽象的な概念は理解するのに時間がかかるかもしれない。発達障害を有する子どもたちへの支援は「担任」や「クラス」という枠を超えて、施設の保育者が全員でその子の育ちを見守る体制づくりが重要なポイントである。

②担任との関係づくりから友達との関係へ

　このような、集団の特性をなかなか受け入れられない発達障害の子どもたちの担任としての配慮で最も重要なことは、まず、その子どもの安心できる場所や物へのこだわりを理解して子どもとのリレーション（関係）を深める中で信頼関係を形成することである。担任とのコミュニケーションが成立すれば、その関係を基盤として、仲間との関係づくりへとゆっくりでもよいので支援していかなければならない。なぜならば社会の一員として生涯生活をしていくことが必要だからである。

【引用文献】
・依田明『きょうだい関係の研究』大日本図書、1990
・冨田久枝・杉原一昭　『保育カウンセリングへの招待』北大路書房、2007
・石井正子「障害児理解の方法」七木田敦・松井剛太編著『障害児保育—保育実践の原点から未来へ』樹村房、2011
・石井正子『障害のある子どものインクルージョンと保育システム』福村出版、2013

・外山紀子・小舘亮之・菊池京子「母親における育児サポートとしてのインターネット利用」『人間工学46』一般社団法人日本人間工学会、pp.53-60、2009
・冨田久枝「保育現場におけるカウンセリングニーズの実態と課題」財団法人こども未来財団、2009
・Portmann, A　1944　*Biologsche Fragmente zu einer Lehre vom Menschen*. Basel : Benno Schwabe.（高木正孝（訳）『人間はどこまで動物か―新しい人間像のために』岩波書店、1961）
・バウワー , T.G.R. 鯨岡峻（訳）『ヒューマン・ディベロップメント：人間であること人間になること』ミネルヴァ書房、1982

【コラム】発達検査等の活用によるアセスメント

　子どもを理解し、アセスメントをさらに綿密なものにするために発達検査等を活用する場合がある。保育現場で保育者が知能検査や発達検査を実施することはほとんどないが、療育センターや保健センターなどの専門機関で受けてきた発達検査を保育者は読み取り、日常の記録と合わせながら子どもの発達をより深く理解する、アセスメントする、支援計画を立てる、修正することが求められる。以下に主な発達検査や知能検査を紹介する。機会があったらそれぞれの検査の特徴を学んでおくと良い。

表 4-3　乳幼児期に使用可能な発達検査および知能検査

検査名	方法	適用年齢	所要時間	結果の表示
遠城寺式・乳幼児分析的発達検査法	保護者からの聴取、観察、直接検査	0ヵ月～4歳8ヵ月	15分	運動、生活習慣、言語等、6領域についてプロフィールを作成
乳幼児精神発達診断法（津守・稲毛式）	保護者からの聴取、観察	0歳～7歳	20分	運動、探索、言語等、5領域についてプロフィールを作成
乳幼児発達スケールKIDS	保護者からの聴取、観察、直接検査	0歳～6歳11ヵ月	20分	運動、操作、言語、概念、社会性、しつけ等9領域についてプロフィールを作成
新版 K 式発達検査	観察、直接実施	0歳～成人	30分	運動、認知、言語の領域別に得点を算出。領域別発達指数とプロフィールを作成
WPPSI 知能検査	直接検査	3歳10ヵ月～7歳1ヵ月	45分	各領域ごとの評価点をもとにプロフィールを作成。動作性、言語性、全検査の3種の知能指数を算出
田中ビネー知能検査	直接検査	1歳～13歳	30分	精神年齢、知能指数を算出。プロフィールなし
K-ABC 心理・教育アセスメントバッテリー	直接検査	2歳6ヵ月～12歳11ヵ月	30分	認知処理過程と知識・技能の習得度、継次処理と同時処理といった観点別にプロフィールを作成

（出典：石井正子「障害児理解の方法」七木田敦・松井剛太編著『障害児保育―保育実践の原点から未来へ』樹村房、2011 より作成）

保育所、幼稚園の前段階支援

平成16年に施行された、発達障害者支援法第2章では、早期に発達の遅れを発見し、それを支援するための体制づくりを後押しする内容が明記された。しかし、それ以前からも早期発見早期療育はその後の発達への影響が大きいと考え、地域でも試行錯誤を繰り返しながらの取り組みを行ってきている。この間、養育環境も社会環境も変化を続けている。また、乳幼児期の発達障害に関する文献も情報も以前に比べて簡単に入手することができるようになった。発達障害に対するとらえ方や対応も研究が進んでいる。

本章では、保育所、幼稚園の前段階を、2または3年保育を基準に、0歳～3・4歳前の子どもたちを対象と考え、著者のかかわる現場を紹介しながら、発達支援の現状と今後について考えていきたい。

第1節 就園前児の子どもの発達の理解

1. 就園前児の子どもの特徴

一般的に就園前段階は身体面の発達とともに、心理面の発達も著しい時期でもある。手先がうまく使えるようになり、洋服の着脱が一人でできるようになる。手づかみ→スプーン→箸と移行していく。トイレットトレーニングを行いながら、排泄の自立に向けて練習をする。ことばの獲得や経験による知識を増やす中で、2歳代後半頃から感情表現や共感を求める言葉が増え、3語文が話せるようになる。やり取りが広がり、親子のコミュニケーションも一層楽しくなる。自分の思いを伝える手段を獲得し、自分の身体を動かすことが上手になると、挑戦意識の高まりや母親に対するアピールなどからか、わがままとも取

れる行動で、周囲の大人を悩ませる、いわゆる「第一次反抗期」が訪れるのも
この時期の特徴である。しかし、目に見えて子どもの成長を実感しやすいこと
から育児の楽しさにもつながる。

表5-1　S-M 社会生活能力検査　段階表

Ⅱ　2才〜	
身辺自立（SH）	17　くつ下を脱ぐことができる。　18　大小便をもらしたときに教える　23　便所へ行きたいときには教える。（おむつがとれる）　28　ひとりで手が洗える。　29　ひとりで運動靴がはける。　34　ひとりでパンツがはける。　35　食事のとき、はしを使って食べる。（にぎりばしでもよい）37　便所へ行きたくなったら、ひとりで用をたすことができる。　39　簡単な衣服の着脱がひとりでできる。（パジャマ、セーター、大きなボタンなど）
移動（L）	26　ひとりで階段をのぼったりおりたりすることができる。（一段ごとに足をそろえてもよいが、手すりなどにたよらない）　30　手をつながなくても歩道をひとりで歩ける。（歩道のない場合は道路の端など）
作業（O）	25　牛乳やジュースをコップに注ぐことができる。　33　食事の用意やあとかたづけが手伝える。（はしや茶わんを並べたり、食べ終わった食器をかたづけたりする）
意志交換（C）	22　二語文を話す。　27　日常のあいさつができる。（二つ以上が正しく使える）36　自分の姓と名が言える。　38　見たり聞いたりしたことを自分から話せる。（身近なできごとについて説明することができる）
集団参加（S）	20　兄弟や友だちの持っているものと同じものや似たものを持ちたがる。　21　誘われれば、遊び仲間に入れる。（仲間のあとにくっついて遊ぶ）　32　順番がわかる（大人が指示すれば、順番を待ったり、交代したりできる）
自己統制（SD）	19　なんでもひとりでやりたがる（できる・できないにかかわらず、自分でやると主張する）　24　「あとで」「あした」「また」などと言われたとき、待つことができる。31　自分のものと人のものの区別ができる。（勝手に取ったり使ったりしない）
Ⅲ　3才6ヵ月〜	
身辺自立（SH）	46　食事の途中でやたらに席を立たない。　48　ひとりで顔が洗える。　49　普通の衣服の着脱がひとりでできる。（小さなボタン、ファスナーなど）　51　家以外の便所にひとりで入って用をたせる。　52　排泄後ひとりで紙が使える。（大便の始末がきちんとできる）58　いわれれば髪をひとりでとかしたり、ブラシをかけることができる　59　風呂に入るとき、ひとりで体が洗える。（顔は洗えなくてもよい）
移動（L）	44　近所の友だちの家や遊び場などにひとりで行ける。　54　信号に従って交差点を渡ることができる。（信号がない所では車に注意して渡れる）
作業（O）	40　のりづけができる。（のりやテープを使える）　45　はさみで簡単な形を切り抜くことができる。　50　手本を見て、円、三角、四角などが書ける。
意志交換（C）	55　電話で簡単な応対ができる。（受話器をとってとりついだり、留守を告げたりする）　57　漢字やひらがなのひろい読みができる。　60　テレビで見た内容を友だち同士で話し合える。（ものまねではなくストーリーや場面について）
集団参加（S）	42　おもちゃなどを友だちと順番に使ったり、貸し借りができる。　47　ごっこ遊びをする。（ままごと、おみせやさんごっこなどで役を決めて）53　じゃんけんの勝負がわかる。　56　簡単な室内ゲームができる（トランプのばば抜きやかるた取りなど）
自己統制（SD）	41　欲しいものがあっても説得されればがまんする。（買い物に行ったときなど）43　乗り物のなかや大勢の人のなかでだだをこねたりしない。

発達の流れを知る上では、「遠城寺式・乳幼児分析的発達検査」や「S-M 社会生活能力検査」など既存の発達検査を参考にするとわかりやすい。ここでは「S-M 社会生活能力検査」のステージⅡ〜Ⅲ（2歳〜3歳6ヵ月くらい）を抜粋して紹介する（表5-1）。

2. 就園前児の子育て環境について

　子どもの育つ環境は発達に大きな影響を及ぼす。就園前児の子育て環境はどのようなものか考えてみたい。

（1）家庭環境

　就園前児にとって、家庭が最も身近な環境になる。家庭を中心とする社会の中でも家族や居住空間、食習慣、与えられるものにより様々な影響を受ける。その中でも保護者、特に母親のかかわりが子どもの発達に大きな影響を与え、親もまた自身の家庭環境から影響を受けて子どもとかかわっていると考えられる。その他にきょうだいの有無、祖父母の有無、核家族世帯や最近では母子・父子家庭も多く、援助者がいない育児も増えている。その場合、家庭以外の保健センターや子育て支援センターなどの社会的な援助者の役割は大きい。

（2）社会環境

　子どもに与えられる社会環境も親の家庭環境、交友関係、経験、学歴、職業などかから生まれた、価値観や考え方に基づいて判断されると考えられる。どんなおもちゃを与えられるか、どんな場所で遊べるか、どんな友達と接する機会を与えられるか親が選んだものが子どもに与えられる。近年はその選択肢も多様化し、価値基準もめまぐるしく変化しているのが現状である。

①子育て方法・情報の多様化

　育児についての様々な研究も進められ育児方法も紹介される中で、それらの情報も手軽に入手できるようになった。特にコミュニケーションや行動に心配があったり、かかわりに悩みがあったりする育児については、その解決策を見

つけるため、不安を軽減するための情報を探したり、調べたり、試してみたり
することもできるが、主観的な判断で追い詰められてしまうこともあるため、
誰かに相談することも大切である。

②遊びの価値観の変化

　実際に身体全体を動かして経験を積む遊びはコミュニケーション能力や生活
能力を育てる上で大切なことである。しかし、親世代も身体全体を動かす余暇
の過ごし方をせず、携帯端末などでの遊び方も一般的になり、遊びや余暇時間
の過ごし方に対する価値観も変化し、選択肢も広がっている。

③遊び環境の変化

　粗大運動は、自分の身体の使い方を学び、姿勢を保つためのバランス（平衡
感覚）や物や人との距離感（空間感覚）、スピードの緩急（時間感覚）など発達
のベースとなる力を育てる。就園前にはその運動を遊びの中で獲得していきた
い。しかし、公園でバランス運動に適していたジャングルジム、シーソーなど
の大型遊具や感触遊びができる砂場も姿を消しつつある。またボール遊びが制
限される地域もあり、手軽に粗大遊びができる場所が減少している。家庭でも
できる粗大遊びを考えていかなければならない。

④親同士のコミュニケーション手段の多様化

　就学前児の家庭は本人だけでなく、弟や妹が赤ちゃんの場合も多い。乳児を
抱える家庭は、自由に外出したり、友だちと直接話したりすることは簡単では
ない。その中でSNS（ソーシャル・ネットワーキング・サービス）などは時間や
場所を選ばず、手軽に連絡が取れ、孤立しやすい育児を支える手段にもなって
いる。一方、その関係に悩まされる人も増加している。トラブルに巻き込まれ
ると親同士の関係のみならず、子ども同士、親子の関係にも影響が及ぶことも
ある。

⑤子育て支援手段の多様化と地域差

　厚生労働省の「3歳未満児の約7〜8割は家庭で子育て」「核家族化、地域
のつながりの希薄化」「男性の子育てへのかかわりが少ない」「児童数の減少」
の背景を受けて、地域子育て支援拠点事業を推進している。

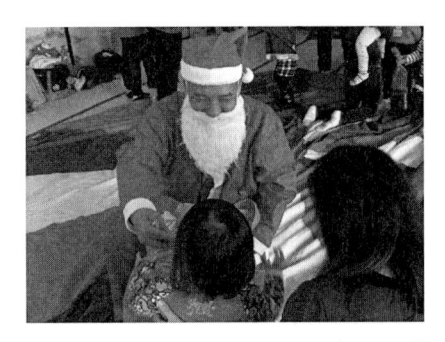

写真 5-1　地域子育て交流会の様子

　地域に子育て支援センターも増えており、交流の場にもなっている。その他、サークル、ファミリーサポートセンター等、子育てを支援する場所や種類は比較的人口の多い地域では多様化している。一方、子ども人口が少ない地域では利用できる支援が限られ、継続が難しいという実態もある。

　A市ではシニア世代の社会福祉協議会ボランティアや民生委員・児童委員が主体となって定期的に子育て交流会を実施しているところもある（写真5-1）。今後は世代交流、地域の活性化を図る上でこのような取り組みも期待されるところかもしれない。

3. 就園前の子どもの発達と環境の関係性

　発達に合わせて、環境とどのような関係性を築きながら過ごしてきたかで成長の方向性が変化する。同じ行動に対し、「積極的にかかわる」「無関心」また、「厳しく叱る」「自発的な気づきを促す」等、接し方の違いで子どもの受け止め方やその後の行動に対する意識も変化する。1歳頃から要求が複雑化してくると、対応に悩む場面も増えてくるため、そこを「いかに」通過するかはその後の言語、身体、心理など様々な発達に影響する。また、発達に特性がある場合、かかわりに混乱が生じ、マイナスなかかわりとなるリスクを抱えている。そうならないためにも早期に専門支援につながることへの意味がある。

1. 就園前段階の発達支援の意味と役割

　子どもの成長、発達は、親子関係や環境を調整することでも期待できる。発達の遅れがある子どもにとって、早期に適切なかかわり方や環境に対する意識や知識をもつことは、以下のような意味や役割がある。

〈二・三次障害の予防・防止〉

　不適切なかかわりを繰り返されることで、子ども自身に負荷がかかり、新たな問題行動や特性が強く表れることを防ぐ。

〈親のストレス軽減、虐待の防止〉

　思うような成果がみられない、周囲からの圧力を感じる、他児との差に焦るなど、かかわりに悩んだり、思いつめたりなど過度なストレスがかかることを防いだり、それが子どもに向かうことを防ぐ。

〈適切な集団参加に向けて〉

　発達特性から苦手なことや身に付きにくいことを家族が理解し、子どもが学べるための方法を知ることで、子どもも家族も成功体験につなげることができる。成功体験の過程で親子や周囲との関係を築きながら、社会性を身に付け、集団参加の足がかりとなる。

〈専門家とつながる〉

　保健師、心理相談員、栄養士、保育士など、子どもについての専門家に早期に信頼関係ができると、その後、適切な段階で援助を求めやすくなる。

2. 支援につながるまで

　就園前児は家庭中心の生活の中で発達の遅れに気づかない、遅れの確信がもちにくい、母親と周囲とのとらえ方が一致しない、遅れへの受容が難しいなどから、主に乳幼児健康診査や医療機関の勧めがきっかけで支援につながることが多い。最近では自発的に早期の支援を求めるケースも増えてきている。

表5-2 地域4市と全国の乳幼児健診受診率（H26）

（対象人数）	全国	A市	B市	C市	D町
4ヵ月児健診		96.6％ （385人）	81.1％ （1,015人） （相談のみ）	96.6％ （417人）	98.6％ （74人）
10ヵ月児健診			79.9％ （1,227人） （相談のみ）	92.4％ （447人）	
1歳6ヵ月児健診	94.8％	93.3％ （374人）	94.0％ （1,254人）	95.1％ （446人）	93.3％ （75人）
2歳児歯科健診		62.9％ （394人）	77.6％ （1,299人）	87.3％ （471人）	95.3％ （85人）
3歳児健診	92.8％ （1,012,567人）	97.3％ （369人）	87.6％ （1,346人）	93.7％ （511人）	95.2％ （83人）
5歳児健診			年3回 1回受診約20名 問診対象62.2％		

表5-3 地域4市の乳幼児健診スタッフと内容

（対象人数）	A市	B市	C市	D町
4ヵ月児健診	小児科医、保健師、栄養士、看護師	保健師、栄養士、歯科衛生士	内科医、整形外科医、保健師、栄養士、歯科衛生士、図書館司書、子育て支援センター	小児科医、保健師、栄養士、保健推進、看護師
10ヵ月児健診		保健師、栄養士、歯科衛生士	内科医、保健師、栄養士、歯科衛生士、子育て支援センター	
1歳6ヵ月児健診	小児科医、歯科医、保健師、栄養士、歯科衛生士、看護師	小児科医、歯科医、保健師、栄養士、歯科衛生士、看護師、言語聴覚士	内科医、歯科医、保健師、栄養士、歯科衛生士、心理相談員、子育て支援センター	小児科医、歯科医、保健師、歯科衛生士、栄養士、看護師、保健推進、特別支援学校、子育て支援センター
	発育状況確認、内科検診、歯科検診、歯磨き指導、生活指導、ことば確認、発達確認、栄養相談			
2歳児歯科健診	歯科医、歯科衛生士、保健師、栄養士	歯科医、歯科衛生士、保健師、栄養士、言語聴覚士	歯科医、歯科衛生士、保健師、栄養士	歯科医、歯科衛生士、保健師、栄養士
	発育状況確認、歯科検診、歯磨き指導、生活指導、ことば確認、発達確認、栄養相談			
3歳児健診	小児科医、歯科医、保健師、栄養士、看護師	小児科医、歯科医、保健師、栄養士、歯科衛生士、看護師、言語聴覚士、臨床心理士、視能訓練士	内科医、歯科医、保健師、栄養士、歯科衛生士、心理相談員	保健師、内科医、歯科医、歯科衛生士、臨床発達心理士、保育士、保健推進委員、検査技師
	発育状況確認、内科検診、歯科検診、歯磨き指導、生活指導、ことば確認、発達確認、栄養相談、視力検査、聴力検査			
5歳児健診		内科医、歯科医、保健師、歯科衛生士、看護師、栄養士、臨床心理士、教育委員会		

（1）乳幼児健康診査

　母子保健法（昭和40年8月18日法律第141号）第12条の規定により市町村が乳幼児に対して行う1歳6ヵ月児健康診査・3歳児健康診査（以下健診）と同法第13条規定による市町村が必要に応じて行うその他の健康診査がある。表5-2が示した通り、特に1歳6ヵ月児健診、3歳児健診は全国・4市町共に90％以上の高い受診率を上げている。子どもの発達を確認する上でも重要な役割を担えることがわかる。また、それぞれの市の1歳6ヵ月児健診と3歳児健診を比較すると、2市は受診率が上昇する一方、2市は低下している。特に3歳児健診で受診率の低下を示すB市は、5歳児健診も実施している。

　各健診では事前に問診票を配布・記入してもらい、当日確認するという形で進められているのが一般的である。問診票の項目は市町村の裁量に任されており、共通項は多く含まれているが、項目数、分類、記入方法は様々である。問診票は読み取り方によって、多くの情報を得ることができる。健診内容は表5-3の健診スタッフからも読み取ることができる。

①1歳6ヵ月児健診

　待ち時間の様子や遊びの様子、歯科検診など受診の様子を観察する。保護者の心配状況に左右されるが、気になる行動が障害によるものか、養育によるものか判断は慎重に行わなければならない。親の不安に寄り添い、家庭の状況でできること、利用できる相談や場所の情報提供に努める。

②3歳児健診

　実際に3歳では行われず、市町村により多少差はあるものの3歳半前後で行われるのが一般的である。簡単なやり方の理解が必要な聴力検査、視力検査がある。言葉の発達に注目しやすい時期であるため、発音、会話、やり取り理解の様子に注意する。1歳6ヵ月児健診同様、発育状況の確認、歯科検診、発達確認を行う。5歳児健診がない市町村では、保健センターが情報を把握できる最後の健診になるため、支援が必要と判断される場合、継続してかかわれるための明確な方法が必要になる。例えば、親子教室の紹介の他、家庭で具体的に取り組める方法を提供し、確認時期を提示したり、相談の紹介をしたりする。

③2歳児歯科健診

　歯科医師による健診である。1歳6ヵ月児健診と3歳児健診の間には実質2年間の空白を補う、法に明記されないながら非常に重要な健診であり、ほとんどの市町で実施し、受診率も上がってきている。実際、この2歳児歯科健診から支援を開始するケースは多い。

④その他の健診

　市町村によって4ヵ月児健診・10ヵ月児健診または医師が入らない相談がある。1歳前で発達支援の必要があるケースは医療機関から勧められることも多い。また、5歳児健診を実施しているところもある。集団参加の過程で気づく、社会性などの発達の遅れを確認することが主な目的になる。園と連携し全児対象に実施したり、保健センターなどで任意や園から勧められた児童や未就園児を対象に実施したりする。

（2）相　談

①育児相談

　保護者からの希望で主に保健師が発育・発達・子育て等の心配について随時受ける相談である。この相談状況から心理相談や親子教室等につながるケースも多い。母親からの自発的相談が主であるが、父親や祖父母からの指摘、周囲からの勧めなどからつながることもある。

　相談内容には、言葉が出ない、幼い、やり取りがかみ合わない、目が合わない、名前を呼んでも振り向かない、泣き方が激しい、理由がわからない泣きやぐずりが多い、切りかえが悪い、人見知り・場見知りが激しい、母親以外に懐かない、動きが激しい、衝動的に飛び出す、意外なものに興味を示す、こだわる、ささいなことでパニックになる、遊び方が独特、遊びが続かない、友達とトラブルになる、暴力（かみつき、たたくなど）を振るうなど発達の特性を疑われるものもある。

②専門相談（心理相談・発達相談・言語相談）

　臨床発達心理士・臨床心理士・言語聴覚士等専門家による相談である。発達

特性が疑われる、親子関係が複雑化している、育児相談や電話相談だけでは改善策を提案することが困難などのケースで専門的な対応が求められる。親子教室など他事業と連携する場合もある。子どもの特性を見きわめ、適した支援に結びつけるために、発達検査を用いることもある。すぐに療育を開始する必要性があったとしても、受容できない気持ちにも寄り添い、緩やかに進めていくゆとりも大切である。また、発達特性があり、不適切なかかわりが繰り返されていたとしても、それに悩んだ末に相談に踏み切れたことは、承認すべきことである。障害への恐れが、育児意欲の低下にならないように、家庭や心理状況に合わせた具体的な方向性を探りたい。

　就園前の段階では、発達の特性が顕著ではない場合、病院で明確な診断をされないことも多い。そのため、受診を希望している、または、勧める場合は、今後利用したい療育や成長過程を視野に入れての説明や話し合いが必要である。

③訪問相談

　健診や予防接種の未受診児や発達経過の確認が必要でありながら連携が難しいケースなど、主に保健師が電話や直接訪問して確認をする。未受診や連絡が困難な場合、発達や家庭状況に問題を抱えている場合も少なくない。また、新生児訪問では、兄姉児の発達の遅れを心配していたり、訪問者が気づいたりすることもあるため、助産師などスタッフ間で連携を取ることも求められる。双方とも状況により適切な支援を提案することが求められる。

（3）医療機関

　出産した病院で成長・発達を追う過程や、かぜなどで受診した小児科で言葉の遅れや発達の特性を指摘され、相談や療育を勧められることもある。医師からの指摘は比較的重く受け止められやすく、直接支援につながることも多いが、その後受容までに時間がかかるという実態もある。親の精神疾患やそのリスクが子どもの発達に影響することもあり、親の支援が優先される場合もある。

（4）地　域

①子育て支援センター

　就園前の親子が集いやすい場所である。保育所に隣接している子育て支援センターでは保育士が常駐している。実際に子どもの遊びや子ども同士のかかわりの様子を見ることができ、回数を重ねると親との信頼関係もできる。友達とよくトラブルになる、母親から離れられない、やり取りが成立しないなどの状況から子育てや発達に関する相談を受ける場合や、保育士の立場から支援が必要と感じた場合、相談場所の情報提供をすることもある。

②保育所・幼稚園

　就園前の子どもたちのために、プレ幼稚園を実施していたり、園庭開放を行っていたりする。就園前の親子にとっては同年齢の子どもたちと交わることができる貴重な場面である。その際に親が子ども同士のかかわり方や周囲の子どもとの比較から相談につながることもある。

③児童相談所・児童福祉施設

　家庭環境により、虐待のリスクを抱えている家庭や、親が精神疾患・知的障害等で養育が難しく、社会的に育児を見守る必要がある場合など児童相談所などと連携したり、専門チームを編成したりして支援につながることもある。この場合、子どもだけでなく親への支援も重要になる。児童福祉施設の場合は施設自体を専門の療育機関ととらえ、介入することは少ない。

④その他の相談から

　地域により子育て専門の相談員を配置して、相談の内容によりセンターや療育機関につながることもある。

　児童委員や保健推進委員も子どもにかかわる役割を担うことができるが、最近は情報の共有が難しくなっているため介入が難しくなっているようだ。同じく地域によりファミリーサポートセンターを設置し、預かりの際の情報として子どもとのかかわりの配慮について発達情報を確認しているが、信頼関係の維持という観点からも、保護者からの発信がない限り、支援につなげることに慎重である。

1. 就園前段階の支援・療育とは

　療育とは、元々肢体不自由児を独立自活へ導くための造語だったが、その後リハビリテーションと同義語で使われ、現在では、広義に発達障害児に対して「心理学や教育学、言語障害学、作業療法学などの科学的な知見に基づき、教育的手段を用いて、子どもたちの精神発達を促し、適応的な行動を学ばせ、社会の中で自立的に生きていくことができるように育てていく」ことを目標とし、「発達の促進」や「障害の軽減」を目的としたものである。

　発達に何らかの遅れがあり、自ら周囲との関係を築いたり、学んだりすることが難しい子どもたちが、就学前段階にその特性に合わせた支援・療育を受けることや保護者などが子どもに対する理解やかかわり方も学ぶことは、子どもの成長を期待できるだけではなく、その後の園や学校などの集団生活の中での子どもの情緒を支え、周囲への理解や環境調整にも役立つものである。

2. 具体的な方法

(1) 専門相談（心理相談・発達相談・言語相談）

　臨床発達心理士、臨床心理士、言語聴覚士などの専門家による相談である。地域によっては相談業務を切り離し、子ども発達支援センターなどが担っているところもあるようだ（ここでは第2節と区別し、療育・支援が開始されていることを前提とした相談とする）。

①目的と役割

　アセスメントに基づき、専門的立場から問題の要因や支援の必要性や方向性を確認・調整する。保健センターでは教室と連携して子どもの定期的な発達経過を確認する場となる。療育機関では専門相談の一つとして利用できる。

②方法

　個別相談では予約相談が一般的である。就園前児の場合、通常親子一緒での相談となる。保護者から情報提供を受けながら、子どもの観察や発達検査を直

接することで、要因を推測しながら子どもに合わせた支援方法を探る。

③アセスメント

〈観察〉

　子どもと直接簡単なやり取りをし、保護者と面接のしている間は、保健師や保育者と遊ぶ様子を観察する。相談内容に関する様子に注目して観察することもある。特に知りたい情報がある時は意図的にその場面を設定することもある。また、親のかかわり方や言葉のかけ方、相談姿勢などからも育児環境などを推測することができる。

〈発達検査〉

　客観的にとらえるアセスメント方法として、発達検査を用いることがある。個人情報や保護者の意思尊重から、検査を実施する際に保護者の了承を得るのはもちろんだが、市によっては同意書を書いてもらうところもある。発達検査の数値結果だけに注目するのではなく、やり取りの過程を慎重に観察し、結果的に合格した課題でも聞き取りの様子、相手への意識、着席の様子などから多くの情報が得られる。

　就園前児には「田中ビネー知能検査」「新版Ｋ式発達検査」がよく用いられる。また、保護者の聞き取りで手軽にできる「遠城寺式・乳幼児分析的発達検査」「S-M 社会生活能力検査」なども用いられる。

〈保護者からの情報〉

　生活リズムやかかわりの状況、日常での子どもの行動や様子など保護者からの情報は子どもを知る上でとても重要である。保護者から発信されたキーワードを逃さず、次の情報につなげ、より多くの情報を得ることが、子どもの正しい理解、適切な支援方法の選択になる。

（2）親子教室

①保健センター事業としての教室の特徴

　主に保健センターが事業の一環として行っている教室である。運営は市町村の方針に任されており、実施していないところもある。また、発達支援セン

ターなどがこの役割を担っているところもあり、その特徴は異なる。

　教室は主に乳幼児健診や相談の事後支援場所となる。保健センターでの親子教室は健診事業と同じ場所で行われるため、親子にとっても親しみやすい場所である。具体的なかかわり方を伝えられる場、子どもの特性を追える場、また、療育機関よりも気軽に勧めやすく、保護者との関係も緩やかに築くことができる。教室の多くはグループ活動を取り入れているが、健診からのタイミングで同年齢集団をつくりやすく、就園前は集団未経験児も多いためグループで活動できることは魅力の一つである。ダイナミックで楽しい雰囲気をつくることもできるため、子どもの社会性をうながすだけではなく保護者の参加意欲にもつながることが期待できる。また、経過を追う中でセンターの利点を活かして、他事業や他機関（幼稚園・保育所・療育機関・児童相談所など）との連携も図りやすい。

②目的と役割

　保護者が子どもの特性を理解して問題に対して適切なかかわり方ができるような援助をし、子どもの発達をうながせるようにするだけではなく、必要に応じて専門機関を紹介するなどの目的や役割がある。また、就園前児の多くは家庭中心の生活になるため、孤立育児による不安の軽減や生活リズムをつくるための援助にもなる。

③方法

　表5-4に示した通りグループ教室と言葉や身体機能に注目した個別教室がある。その方法も遊びが中心の教室、言葉が中心の教室、人数や年齢の区切りも異なる。遊び中心の教室では人数の幅が大きくても対応しやすいが、ことばの教室の目的により考慮が必要になる。関連して表5-5に示した通り市町により回数・支援内容・かかわる専門職員なども異なることがわかる。A市では、対象児に集中してかかわれるように、保健推進委員や保育ボランティアの協力で、きょうだい児の保育も行っている。

　保健センターでの教室事業はそれぞれの裁量で実施されており、人口や地域でのニーズにより方法も左右される。また療育機関や教室など市の資源の有無

表 5-4　子ども発達支援にかかわる保健センター事業としての教室

年齢	健　診	A 市	B 市	C 市	D 町
0 歳	4ヵ月児健診 C 市のみ			教室 C-Ⅰ・Ⅱ・Ⅲ Ⅰグループ親子支援（自由） Ⅱ個別ことば支援 Ⅲ個別リハビリ支援	
	10ヵ月児健診 C 市のみ				
	1 歳 6ヵ月児健診	教室 A-Ⅰ グループ親子支援（設定）	教室 B-Ⅰ グループ親子支援（設定）		教室 D-Ⅰ グループ親子支援 ※現在実施なし
	2 歳児歯科健診				
3 歳			教室 B-Ⅱ グループ親子支援（設定）		教室 D-Ⅱ グループ親子支援（設定）
	3 歳児健診	教室 A-Ⅱ グループ親子支援（設定）		教室 C-Ⅳ グループ親子支援（設定）	
就園					教室 D-Ⅲ グループ親子支援（設定）
	5 歳児健診 B 市のみ				
就　学					

表 5-5　教室の回数・支援内容・かかわる専門職員

		回数	支援内容	かかわる専門職員	自治体運営または委託による療育資源
A 市	教室Ⅰ	月 2 回	グループによる設定あそびによる親子のかかわり方・学び方支援　スキンシップ遊び・リトミック・身近なものを使ったテーマ遊び等　親教室・グループカウンセリング	臨床発達心理士、保健師、保育士、栄養士、歯科衛生士	●簡易マザーズホーム・グループ療育支援・ことばの相談室
	教室Ⅱ	月 1 回	グループによる設定あそびによる親子のかかわり方・学び方支援　スキンシップ遊び・リトミック・身近なものを使ったテーマ遊び等　親教室・グループカウンセリング	臨床発達心理士、保健師、保育士、言語聴覚士	
B 市	教室Ⅰ	月 2 回	グループによる設定あそびによる親子のかかわり方・学び方支援　スキンシップ遊び・リトミック・身近なものを使ったテーマ遊び等　親教室	保健師、保育士、言語聴覚士	●こども発達支援センター
	教室Ⅱ	月 2 回	グループによる設定あそびによる親子のかかわり方・学び方支援　スキンシップ遊び・リトミック・身近なものを使ったテーマ遊び等　親教室・グループカウンセリング・専門職員による相談	臨床発達心理士、音楽療法士、保健師、保育士、言語聴覚士（歯科衛生士、栄養士、助産師）	●ことばの相談室（保健センター内）
C 市	教室Ⅰ・Ⅱ・Ⅲ	月 1 回	Ⅰ.　自由遊びによる育児支援と相談 Ⅱ.　個別による発音等のことば支援 Ⅲ.　運動分野でのでのリハビリ支援	Ⅰ Ⅱ教育経験者　Ⅲ理学療法士、作業療法士	
	教室Ⅳ	月 1 回	ことばの遅れに対する親子のかかわり方・学び方支援、年長児は就学に向けての相談、ことば遊び・ゲーム・工作・ムーブメントによる運動・親教室・グループカウンセリング	臨床発達心理士 2 名、保健師	
D 町	教室Ⅱ（年少）	2ヵ月に 1 回	ことばの遅れに対する親子のかかわり方・学び方支援、ことば遊び・ゲーム・工作・ムーブメントによる運動・親教室・グループカウンセリング	臨床発達心理士、保健師、保育士	
	教室Ⅲ	年中 2ヵ月に 1 回 年長月 1 回	ことばの遅れに対する親子のかかわり方・学び方支援、就学に向けての相談・検査、ことば遊び・ゲーム・工作・ムーブメントによる運動・親教室・グループカウンセリング	臨床発達心理士、特別支援学校教師、保健師	

によっても影響を受ける。

④内容

　就園前の教室内容はまだ研究段階といってよい。基本的に保健センターなどによる事業であるため、それぞれの目的に沿った内容になるよう検討しながら改善している。また、教室を担当する講師の専門性により左右される部分も多い。

〈親子活動例〉

・自由遊び中心プログラム

　親の相談が中心になる教室では、自由遊びの間、相談時間を十分確保することもでき、相談しやすい雰囲気をつくることもできる。子どもの興味に沿った遊びを展開する中で家庭に近い状況を引き出しながら様子を確認することもできる。

・設定遊び中心プログラム

　設定した遊び（活動）を通して子どもの発達に働きかけ、具体的なかかわり方を実践できる状況をつくることができる。筆者が担当する教室は設定遊び中心で行っている。

　A市やB市では、常設の療育機関やことばの教室があるため必要に応じて連携を図ることができる。そのことを考慮し、その前段階的役割も含め、運動遊びが中心の教室である（表5-6・写真5-3）。C市やD町は市では常設の療育機関やことばの教室がないため、3歳児健診時に相談が増える言葉の心配に具体的に対応するための内容が求められている（写真5-4）。

〈親学習・相談例〉

写真 5-2　親教室の様子

　保護者の相談、話し合いの時間である。「心理相談員が進行役を務め、活動の意味やポイントを伝える」「親一人ひとりに気づいたこと感想などを話してもらい、お互いに考え合う」

表 5-6　A市親子遊び教室プログラム

プログラム	具体的な内容とポイント
リトミック	手をつないで歩く　みんなと一緒に動く　まねをする
スキンシップ遊び	役割を決めて遊ぶ　音楽に合わせる　触覚刺激に慣れる
テーマ遊び	身近なものを使った遊び（小麦粉粘土づくり、新聞紙、バスタオル、ダンボールなど）
	季節に合わせた遊び（七夕、クリスマス、プール、ボディペインティング、砂遊びなど）
	指示や状況を理解する　新しい経験を増やす
絵本の読み聞かせ	絵本への興味・理解　学習姿勢
おやつ	咀しゃく　スプーン・コップなど用具の扱い　食への興味
自由遊び	興味の様子　周囲のかかわり方　親子分離の様子
親教室	心理士など中心に進行
	活動の振りかえり意味づけ・解説　卒業者の感想など

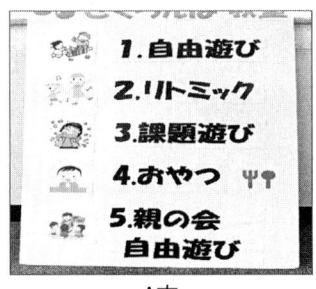
A市

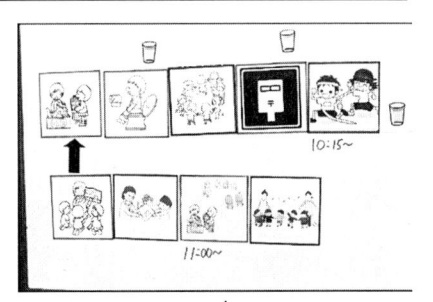
B市

写真 5-3　活動で使っているスケジュールボードやカード

D町ことばの教室での学習スケジュールカードの提示

C市ことばの教室　おつかい遊び
おつかい遊び…様々なカテゴリーの絵カードを使い、「名前を覚える」「良い発音を聞く」「指示を聞いて動く（御用学習）」「みんなの前で発表する」「友達の活動を見る」などの要素が入った言葉学習である。

C市ことばの教室　フープ遊びの中で色の認知

図 5-4　ことばの教室

「保健師・言語聴覚士・歯科衛生士などの専門職がそれぞれの立場からの情報提供を行う」「親同士のコミュニケーションをねらい、フリートーキングタイムにする」「専門職が個別に相談に応じる」などの方法があり、複数を組み合わせている場合もある。親子分離を図るため子どもにとっても親と離れて遊ぶ経験を積む時間にもなっている。分離の方法も同室か別室か状況により対応している。

⑤工夫や配慮

　グループ教室は複数人数の参加であるため、参加者が目的をもち達成感や継続への意欲、支援者と信頼関係を築けるように以下のような工夫・配慮を行っている。

〈おたよりのやり取り〉

　自由記述方式で、1ヵ月に1回、教室内または家庭で、子どもの様子や気になることなどを記入してもらう。就寝時間やお昼寝時間、排便や食事の様子なども記載してもらうことで生活リズムなども読み取ることができる。カンファレンスでは親子理解の情報となり、保護者にとっても記録になる。

　記述に対しては保健師や心理士が返事を記入し返却している。返却の際、記述内容が話題となり短い時間に相談のやり取りに発展することもある。後々読み返してかかわりのヒントにしてくれている保護者もいる。

〈自由遊びの有効活用〉

　開始時間より早めに来てもらうことで、子どもが場に慣れるようにするだけでなく、スタッフも遊びに一緒に加わり、気軽な雰囲気の中で親との交流や相談ができるように努めている。おたよりを返却しながら内容に触れたり、遊びの様子やこれまでの様子から成長を一緒に確認したりする場にもなる。

〈活動中のサポート〉

　動きが激しい子、場に慣れにくい子、活動理解が難しい子などどのようにかかわってよいのか迷いながらのやり取りが次々に起きる。一生懸命参加してくれた親子が意欲をなくさないように、「継続して頑張ってみたい」と思えるようなサポート、また親子で楽しいと思える瞬間や達成感に寄り添えるようなサ

ポートを心がけ、最終的には親自身が子どもへの理解を深め、適切にかかわれるようになることを目指している。

〈教室後のカンファレンス〉

　活動での子どもの様子、保護者のかかわり方の様子、おたよりの内容などスタッフがそれぞれ気づいた場面を出し合い情報交換することで、それぞれの親子に何を中心にサポートするべきか、具体的にどうしたらよいのか、共通理解を図り次の活動時のかかわり方を調整する。また、今後の方向性なども話し合い、相談、療育機関、医療機関受診への勧め方などを話し合う。

⑥グループ教室での効果

〈子どもにとって〉

　参加当初は泣きが強くうまく取り組めなかった子、落ち着きなく視界に入るものに反応していた子、表情が乏しかった子などが、継続して参加することで、パターン化したスケジュールに見通しをもち、新しいことでも興味を持ち、変化していくのがわかる。保護者だけでなくスタッフからの励ましや賞賛、同年齢の子どもたちの様子に対人意識が高まり、コミュニケーション能力や特性による行動・情緒のコントロール能力に刺激を与えていると考えられる。

〈保護者にとって〉

　実践の中で子どもとのかかわりを考え工夫し、うまくいかない時は直接援助を受けたり、周囲の親子のかかわりをモデルにしたりすることで、親子で成功体験を積み、子育てへの意識や自信が増していくのも感じることができる。緊張していた保護者も次第に笑顔がでてくるようになったり、子どもへのかかわりが増えたりする。親教室では、先輩保護者が新しく入ってくる保護者にエールを投げかけてくれることもあり、お互いの子どもの成長を一緒に喜ぶ姿も度々みられる。また、スタッフと毎回話したり、おたよりでコミュニケーションをとったりすることで、支援者との距離が縮まり、子どもの発達を一緒に考えていくための基盤をつくることができる。

〈スタッフにとって〉

　具体的な活動やカンファレンスでの情報交換、おたよりなど保護者の直接の声を通して様々な親子の理解を深め、子どもに応じたかかわり方を学び、保護者に応じた援助の方法も学ぶことができる貴重な臨床現場である。実践で学んだことは他の臨床場面でも役立てることができる。特に乳幼児健診での親子への対応に直接役立ち、早期発見早期支援の良循環になっていると感じる。

⑦課題

　複数の親子が参加するため、一人一人の目的を確認しながらニーズに応えられるようにするためのスタッフの力量や共通理解は常に課題になる。

　グループ教室は時間や日にちが決められているため子どもには必要であると考えられても、仕事や交通手段の都合や協力者がいない保護者にとって参加が難しい面もある。親自身対人関係に難しさがある場合もある。

　また、どの親子も集団が適しているわけではなく、子どものペースを尊重してゆっくりした介入が適していることもあると感じる。人数も多いとダイナミックで楽しい雰囲気をつくりやすいが、環境は複雑になり、子どもによっては活動の理解が難しくなる。また、個々の親子に十分にかかわることができず信頼関係が保てなくなってしまうことも考えられる。

　教室を効果的にするためには、適正な人数、活動内容、親子とのコミュニケーションの工夫、参加期間等々充分に検討し、他の支援方法と組み合わせ柔軟な対応への意識が必要である。

（3）療育機関支援

　児童福祉法第6条の2における日常生活における基本的な動作の指導、集団生活への適応訓練をするための児童発達支援機関である。市町村に設置義務はない。最近は民営化または、民間も多く参入している分野である。親子通園型、親子分離型と大きく2通りある。児童発達支援センター（子ども発達支援センター[注(1)]）、児童発達支援事業（簡易マザーズホーム[注(2)]など）があり、グループでの療育を行っている。

①グループ療育の特徴

〈利用年齢〉

　医療機関を受診し、発達の遅れが認められた場合、保護者が望めば、0歳からでも利用することができる。

〈利用条件〉

　療育訓練が必要と判断された場合利用できる機関であるため、訓練給付を受けるための証明書（受給証）を市町

写真 5-5　専門療育　ムーブメント教育・療法の実施の様子（形の認知遊び）

村で発行してもらわなければならない。受給証申請にあたり、医師の診断書や心理士の検査所見などが必要になる。そのため両親の意思の調整や家族の理解が必要になる。

〈人数〉

　1日に利用できる人数が制限されているため、前月、前週などあらかじめ利用できる日を調整している。1日1グループ15〜20名が一般的である。

〈専門支援〉

　日常的な療育は主に保育士などが行うが、定期的に小児神経医師、臨床発達心理士、臨床心理士、理学療法士（OT）、作業療法士（PT）、音楽療法士、言語聴覚士（ST）などの専門職が入り、具体的な支援を受けることができる。

〈個別支援計画の作成〉

　保護者と話し合いをもちながら、療育の目標を立てている。

---

(1) 子ども発達支援センター（＝児童発達支援センター）　　施設の持つ専門機能を活かして、地域の障がいのある子どもやその家族への相談、障がいのある子どもを預かる保育園などへの援助・助言を行うなど、施設に通う子どもたちのケア以外の役割も担う施設。センター内の他の事業として、放課後等デイサービスなども行っているケースがあり、その場合利用対象は未就学児のみに限らない。

(2) 簡易マザーズホーム（＝児童発達支援事業）　　障がいのある未就学児が、日常生活における基本動作や知識技術を習得し、集団生活に適応できるよう支援するための通所施設。施設に通う子どものケアを主としている。

②目的と役割

　子どもの様子、家庭環境や障害の程度等によっても異なるが、以下のような目的が考えられる。

〈子どもの理解とかかわり方を学ぶ〉

　どのようにすれば子どもの理解を促せるのか、適切にかかわれるのか。心理的、教育的観点もふまえながら保護者とともに探り、発達を促すことを目指す。

〈集団への意識・対人意識を高める〉

　発達に不安を抱える親子にとって、就園は大きな目標である。療育機関利用のきっかけにもなっている。集団の中で見たり聞いたりして同じことをしたい、一緒にやりたいという意欲がもてると集団の効果を活かすことができる。同時にコミュニケーション発達も期待できる。

〈日常生活動作の力をつける〉

　手先が上手く使えない、感覚に偏りがある、注意が続かないなどの発達特性に合わせて援助方法を探ることで、衣服の着脱や食事、排泄などの技能や意欲を高め、集団の中でも活かせるようにする。

表5-7　A市療育機関での1日のスケジュール例

日課表・就園前児グループ		
時間	活動	内容やねらい
9：30	順次登園	シールはり・スケジュール確認・自由遊び
9：50	体操	プレイルームで音楽に合わせて体を動かす通年で同じ曲
10：00	朝の会	あいさつ・名前呼び・手遊び歌など・当番を決める
	片付け・排泄	トイレットトレーニング
	ふれあい遊び	乾布摩擦など　着脱や洋服たたみの練習
	リトミック	音楽に合わせて、いろいろな動きを取り入れる
	写真貼り	自分の顔への意識や友だちへの意識を促す
	主活動	感覚遊び・社会性を促す遊びなど
11：40	食事	用具の使い方・完食への意欲・あいさつなど
12：40	プーさんタイム	手先を使いながらやり取りにつながる遊びを中心に行う
13：00	母子分離	子どもたちはプレイルームで保育者と遊ぶ・親同士の交流
13：30	帰りの会	あいさつ・手遊び歌・親子の振り返り発表
14：00	降園	玄関でごあいさつ

〈生活リズムを整える〉

　睡眠リズムが崩れている、偏食・食事時間が定まらない、排便リズムが整わず便秘がち等で身体的な不調を抱えていることも多い。通園自体が生活リズムを整える助けになる場合もある。適度な運動が睡眠や食事に良循環を与えることも期待できる。

③グループ療育支援の内容

　幼稚園や保育所の集団生活に即した内容になっている。おおよその１日の流れの例は表5-7の通りである。Ａ市の場合、9：30 〜 14：00お弁当持参。週5日あるが、年齢に合わせ週１〜３日の希望で通園ができるようになっている。

④工夫と配慮

〈年齢に合わせた支援〉

　利用希望者の増加や年齢幅が大きいため、療育の質を保つため試行錯誤されている。Ａ市では以前年齢の区別なく１クラスで療育を行っていたが、就園前児と並行通園児（幼稚園と療育機関を曜日を決めて通園）と子どもの環境の変化に合わせた療育ができるように２クラス制に変更した。年齢に合わせたクラスを設定することは、保護者にとって療育機関の役割が意識しやすく、通園の目的がもちやすくなると考えられる。

〈特性に合わせた支援〉

　スケジュールを写真や絵で表したり（写真5-6）、注目箇所を目立たせたりする視覚的な支援を多く取り入れている。具体的な支援方法は保護者にもわかりやすく、家庭で活用する際のヒントにもなる。シールをキャップの付いた容器に入れ、ねじってふたを開けて取り出すようにする、スプーンで食べる際お弁当が動かないようにゴムマットを敷く、下駄箱の場所がわかるように親子の写真や絵を貼る（写真5-7）、足元を意識して歩けるように太いテープを貼る（写

写真 5-6　視覚的情報を用いたスケジュール提示

写真 5-7　場所がわかるように工夫された下駄箱

写真 5-8　真っすぐ歩くこと、足元を見ること
　　　　　を意識したテープ

真 5-8）などの工夫が随所にみられる。

〈スモールステップを意識づける支援〉

　保護者の希望や目標をベースに、今できることを一緒に探り具体的方法を考え実行に移す。根気のいるやり取りの中にも小さな成功や変化を一緒に見つけながら成長を喜ぶことで、保護者の自信にもなる。

⑤課題と今後

　2006 年に施行された障害者自立支援法（現・2012 年改法、障害者総合支援法）により、家族が一部利用料を負担し、療育機関を選び、訓練をするかどうかも選択できるようになった。しかし、療育機関の有無には地域差も大きく、あるだけ恵まれおり、実質選択肢がないというのが現状である。

　発達障害者支援法を受け、障害に対する概念も広がり、療育機関で受け入れる障害のタイプが多様化しているため、家族が選択して求める療育に応えられるための保育者の知識や技術の向上、維持が療育内容の質にもつながる。

　また、特別支援に対する理解も広がり、療育を求める家族も増加しているため、どの療育機関もたくさんの登録者を抱え、週や時間で割り振り、一人に対し十分な量の訓練を提供できないという問題も抱えている。

　家族が療育の質を比較しながら、希望する療育が受けられるように、人材育成と療育機関の拡充がこれからの課題であると感じる。

（4）サポートファイル

①サポートファイルとは

自立支援協議会（市町村の特別支援にかかわる専門家チーム）で作成した個人支援情報ファイルである（写真5-9）。子どもが次の支援を受ける時にスムーズに情報をつなげることを目的としている。

②発行の流れ

障害者関係の課から発行されるのが一般的である。いずれも療育支援

写真 5-9　Ａ市のライフサポートファイルを知らせるパンフレットの抜粋

を開始するタイミングで受け取ることが多い。就園前段階ではＡ市の場合、保健センターから発行されることが多い。今後支援が必要とされることが予想される場合や保護者の状況で文書があることが有効であると判断される場合なども発行しているため、他市より発行条件が緩やかである。そのため就園前児でも多くの保護者がサポートファイルを受け取っている。

③記入方法

一般的に保護者が記入する。子どもについて客観的に記入することは難しいといえる。記入方法の学習会を開いているところもある。Ａ市の場合、親子にかかわる保健師や心理士、入園後は保育者がそれぞれの形式で直接記入したものをファイリングしている。

④効果と課題

療育機関などを利用した時や、そこを経て就園先での具体的な支援情報として利用する。実際にサポートファイルが有効に使われれば、それまでの経過を何度も伝える必要もなくなり、環境が変わっても共通認識をもって、一人の子どもにかかわることができる。

Ａ市のように、支援者が直接記入しているものは、客観的で実用性の高い情報が期待でき、活用が一般的になりつつある。しかし、そのように対応でき

る規模は限られ、責任の所在を考えると、どこの市町村でも実現することは難しいようだ。一方、子どもを理解して、支援に必要な情報を自ら記入できる保護者も限られる。

　また、発行対象者を療育機関利用児や診断書がある子どもを中心にしているため、サポートファイルの存在が周知されていない自治体もある。発行が限られると就園先への周知も行き届かないと、その目的は果たされない。発行条件が曖昧なところも多く、療育支援のスタートが遅ければ、それまでの記録が残らないこともある。特別支援を必要とするかもしれない子どもたちすべてが就園前からサポートファイルをもち、利用してもらえる環境になることを期待したい。

3. おわりに

　就園前段階の支援は、主に子どもの発達を促すための保護者への支援であり、必要であれば療育・支援に結びつくまでの準備支援といえる。その後の経過を追うと、早期支援・早期療育が園生活、家庭生活、その先の学校生活に大きく影響していることが実感できる。

　就園前段階支援は体制、内容も変化し、整備されてきた。しかし、教育現場などと比較すると、市町村に一任されている部分も多く、人材、研修体制、予算、内容等不安定な要素がまだまだ多い。発達支援のスタート地点として、これからもっと注目されることを期待したい。

【引用文献】
・全国厚生労働省政府統計平成 24 年度データ、2014
・石崎朝世監修・湯汲英史責任編者「発達につまずきを持つ子どもの療育とは」発達協会、2007
・富里市地域自立支援協議会「ライフサポートパンフレット」2011
・黒澤礼子『赤ちゃんの発達障害に気づいて育てる完全ガイド・健康ライブラリースペシャル』講談社、2008

保育所・幼稚園等での支援

　保育所は、保育に欠ける子どもの保育を行う児童福祉施設である。保護者の就労や介護等様々な「保育に欠ける」状況にいる子どもたちが、障害の有無にかかわらず入所している。そのため保育現場では、従来、多様な子どもたちが集い共に生活を送っている。幼稚園は、義務教育機関ではないが、小学校や中学校、高等学校等と同じ「学校」として区分され、満３歳から６歳までの幼児を対象とし、「幼児を保育し、適当な環境を与えて、その心身の発達を助長すること」を目的としている。現在は、全国の５歳児のうち約54％が就園している場である。平成26年1月に「障害者の権利に関する条約」を批准したことを受けて、文部科学省では「共生社会の形成に向けたインクルーシブ教育システム構築のための特別支援教育の推進（報告）」等を踏まえ、幼・小・中・高等学校における発達障害を含む障害のある子どもに対する特別支援教育の充実が求められてきている。一方で、近年の特別支援教育の広がりや子どもの養育環境の変化などの影響を受けて、保育現場において、いわゆる「気になる子」という言葉が広く使われるようになっている。いわゆる「気になる子」の中には、発達障害が疑われる子どもたちも含まれており、どのような援助を行っていけばよいかわからないといった保育者の声が多く聞かれるのも事実である。
　本章では、保育所・幼稚園等における発達障害支援の現状や課題について触れ、その上で様々な実践例をあげながら、国の動きやその背景にある法律、保育所保育指針・幼稚園教育要領等にも触れながら、現実的な支援の在り方について考えていきたい。

第1節　発達障害支援の現状

1．保育所における発達障害支援の現状と位置づけ

保育所における障害のある子の受け入れに関しては、昭和49年の「障害児

保育事業」により、保育士を加配する事業を実施してきており、受け入れ保育所の拡大により平成 15 年度より一般財源化に至っている。また平成 19 年度からは、地方交付税の算定対象を特別扶養手当の対象児童だけではなく、軽度の障害児にも広げる等拡充をしている。

　全国保育協議会による「全国の保育所実態調査報告書」(2011) によれば、「障害者手帳をもっている子どもがいる保育所」の割合は 75.7％、「手帳はもっていないが特別な配慮を要すると判断される子どもがいる保育所」の割合は 84.3％であるという。特別な配慮を要する子をすべて発達障害と結びつけて考えることはできないが、多様な子どもを前提とした保育展開や運営が求められていることは事実であろう。

　保育所保育指針では、第 4 章「保育の計画及び評価」の中で、障害のある子どもの保育について、以下のように記されている。当然、発達障害のある子どもに対しても例外ではない。

（ア）障害のある子どもの保育については、一人一人の子どもの発達過程や障害の状態を把握し、適切な環境の下で、障害のある子どもが他の子どもとの生活を通して共に成長できるよう、指導計画の中に位置付けること。また、子どもの状況に応じた保育を実施する観点から、家庭や関係機関と連携した支援のための計画を個別に作成するなど適切な対応を図ること。

（イ）保育の展開に当たっては、その子どもの発達の状況や日々の状態によっては、指導計画にとらわれず、柔軟に保育したり、職員の連携体制の中で個別の関わりが十分行えるようにすること。

（ウ）家庭との連携を密にし、保護者との相互理解を図りながら、適切に対応すること。専門機関との連携を図り、必要に応じて助言等を得ること。

　保育所における発達障害支援として、その子が園の生活に安心できるよう環境を整えることはもちろんのこと、日々の生活や遊びを通して「共に育ち合う」という部分にも保育者がしっかり意識して働きかけを行うことが明記されている。すなわち、保育所保育指針の解説書にも示されているが、発達障害の

ある子を含めた保育展開に際しては、個に応じたかかわりと集団の中の一員としてのかかわりの両面を大事にすることが求められている。また、保育所内での連携や、生涯を通した支援を実現させるため、他の専門機関や小学校など地域資源とつながり合うことの必要性についても示されている。

2. 幼稚園における発達障害支援の現状と位置づけ

　2007 年の学校教育法改正で、幼稚園を含むすべての学校で発達障害を含む障害のある子どもや個別の支援が必要な子どもへの指導や支援を行う「特別支援教育」が規定された。しかし、特別支援教育が制度化される以前から、配慮を要する子どもたちは、幼稚園に在籍しており、高橋ら（2011a・2011b）の調査によれば、「特別な配慮を要すると思われる・発達が気になる幼児がいる」と回答した幼稚園は、公立 85.6％、私立 80.0％と高い割合となっている。その中で診断の有無について尋ねた項目では、「診断あり」という回答が、公立では39.0％、私立では 56.5％となっており、園では配慮を要すると感じているが、医師による診断はついていない幼児が多数在籍している幼稚園の現状がうかがえる。ベネッセ教育総合研究所「第 2 回　幼児教育・保育についての基本調査報告書」（2012）によれば、園で特別支援を行うための体制として、国公立・私立幼稚園ともに「行政の補助金を利用して特別な要員を配置」している割合が 4 割前後みられる傾向は共通しているが、国公立幼稚園では他に自治体が雇用した要員が派遣されるといったいわゆる加配で対応している場合が多い一方、私立幼稚園では「クラス担任をもたないフリーの保育者や園長、主任が対応している」割合が半分以上を占めているのが現状である。

　では、発達障害のある子を含めてどのような指導を行っていけばよいか。2008 年 3 月に告示された幼稚園教育要領では第 3 章の中で障害のある子への指導について、以下のように記されている。

　　○障害のある幼児の指導に当たっては、集団の中で生活することを通して全体的な発達を促していくことに配慮し、特別支援学校などの助言又は援助を活用しつつ、例えば指導についての計画や家庭や医療、福祉などの業務

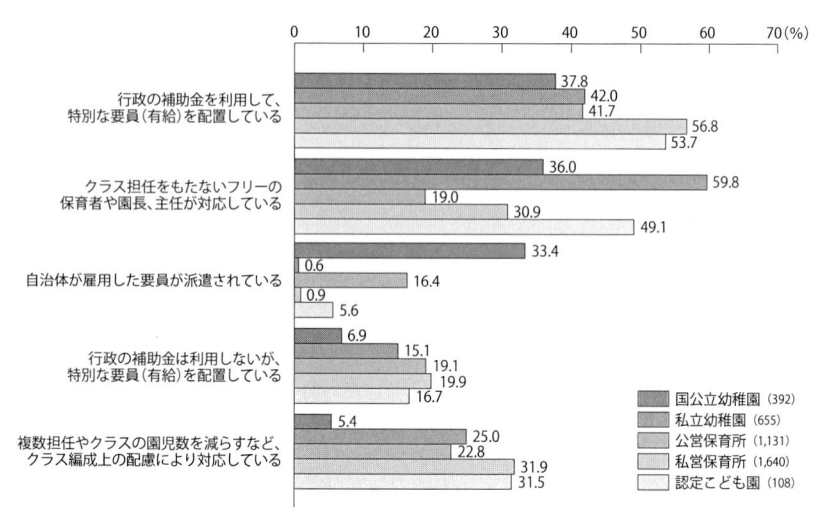

注1)「貴園に、障害のある子どもや特別に支援を要する子どもはいますか」とたずねた質問で、「いる」と回答した園のみを分析。
注2)「その他」を含めた9項目のうち、5項目を図示。
注3)複数回答。
注4)（　）内はサンプル数。

図 6-1　特別支援を行うための体制（園の区分別）
（出典：ベネッセ教育総合研究所「第2回　幼児教育・保育についての基本調査報告書」2012）

を行う関連機関と連携した支援のための計画を個別に作成することなど
により、個々の幼児の障害の状態などに応じた指導内容や指導方法の工
夫を計画的、組織的に行うこと

　また、幼稚園教育要領解説書の中で「大切である」と表記されているもの
をまとめると以下となる。
○幼稚園教育の機能を十分活かして、幼稚園生活の場の特性と人間関係を
　大切にし、その幼児の発達を全体的に促していくこと
○教師はありのままの幼児の姿を受け止め、幼児が安心し、ゆとりをもっ
　て周囲の環境と十分にかかわり、発達していくようにすること
○幼稚園は、特別支援学校や医療・福祉などの関係機関と連携を図り、障
　害のある幼児の教育についての専門的な助言や援助を活用しながら、適
　切な指導を計画的、組織的に行うこと

○これらのこと（＝家庭や医療機関、福祉施設などの関係機関と連携し、様々な側面からの取組を示した計画を作成することなど）は特別支援学校などで行われてきており、それらを参考とするなどして、それぞれの幼稚園や幼児の実態に応じた指導方法を工夫すること

○障害のある幼児の指導に当たっては、何よりも幼稚園の教師が障害のある幼児に対する理解を深め、その教育についての知識と経験を豊かにすること

○その幼児の日常の生活に支障がないように、あるいは安全を確保する観点から、施設や設備の整備、学級編成や教職員の配置への配慮をすること

○教師は、幼児への指導と併せて、保護者が我が子の障害を受容できるようにしたり、自然な形で幼児とのかかわりができるようにしたりするなど、保護者の思いを受け止めて精神的な援助や養育に対する支援を適切に行うように努めること

　幼稚園での発達支援教育として、従来、幼稚園教育が大切にしている「幼児一人一人の特性に応じ、発達の課題に即した指導を行う」（幼稚園教育要領　第1章第1節　幼児教育の基本）ことを基本として、集団での生活を行うという場の強みを生かしつつ、子どもが安心できる状況の中で、環境や周囲に十分にかかわり、発達を全体的にうながしていくようにすることが明記されている。また、そのような指導が十分に可能となるために園内外で連携を取り合いながら、計画的、組織的に行うことが示されている。

3.　認定こども園における発達障害支援の現状と位置づけ

　平成27年4月1日現在の調査では2,836件となり、年々増加している認定こども園であるが、ベネッセ教育総合研究所「第2回　幼児教育・保育についての基本調査　報告書」(2012) によれば、77.7%の園で配慮を要する子を受け入れているという。子ども・子育て支援新制度において、多様な事業者による事業実施を促進することが必要との考えに基づき、私学助成（特別支援教育経費）や障害児保育事業の対象とならない特別な支援が必要な子どもを認定こども園

で受け入れる場合に、職員の加配に必要な費用を補助することで、子ども一人一人の状態に応じた適切な教育・保育の機会の拡大を図るようにしている。

　幼保連携型認定こども園教育・保育要領では、第3章の中で障害のある園児の教育及び保育について、「障害のある幼児の指導に当たっては、集団の中で生活することを通して全体的な発達を促していくことに配慮し、適切な環境の下で、障害のある園児が他の園児との生活を通して共に成長できるよう、特別支援学校などの助言又は援助を活用しつつ、例えば指導についての計画や家庭や医療、福祉などの業務を行う関連機関と連携した支援のための計画を個別に作成することなどにより、個々の園児の障害の状態などに応じた指導内容や指導方法の工夫を計画的、組織的に行うこと（下線は筆者)」と記されており、保育所保育指針（下線部）および幼稚園教育要領（下線以外）の内容を盛り込んだ形となっている。解説書においても保育所・幼稚園で積み上げられていることを基本としつつ、「特別支援学校のセンター的機能」や「保育所等訪問支援」についてはより詳細に記されており、各地域の資源や特色を生かして関係機関と連携を図り、園児への指導を行うことが示されている。

4. 子ども・子育て支援新制度における発達障害支援の現状と位置づけ

　平成27年4月より「子ども・子育て支援新制度」がスタートし、地域で包括的に子どもや子育てを支えていく方向性が示されている。新制度での障害児支援について、以下に記載する。

(1) 市町村計画における障害児の受け入れ体制の明確化等

　市町村は、あらかじめ障害児等の人数等の状況ならびに施設や事業の受け入れ体制について把握しておき、そのうえで、必要な調整を行い、教育・保育の提供体制を市町村計画の中に記載することとされている。また、都道府県の行う専門施策との連携についても任意の記載事項ではあるが、記載することとされている。ちなみに、都道府県計画においては、専門施策の実施については、「基本的記載事項」として記載される。

市町村レベルで、受け入れにかかわる情報を明確化することで、障害児等が円滑に教育・保育を利用できるようにするねらいがある。

（2）利用手続きにおける障害児への配慮

　新制度においては、「保育認定を受ける子ども（2号子ども・3号子ども）」と「教育標準時間認定を受ける子ども（1号子ども）」に分けて考えられている。

　まず、「保育認定を受ける子ども（2号子ども・3号子ども）」については、（1）で述べた計画に基づき、市町村が、受け入れ可能な施設に委託又はあっせんすることを基本とした利用調整を行うこととされている。その中で、発達障害児を含めた障害児については、ひとり親家庭等と同じ「優先利用」の仕組みの対象となる。具体的には、各市町村において、障害児保育を実施している保育所については、その分の枠を障害児へ優先的に割り当てるなどの配慮を行うこととされている。

　「教育標準時間認定を受ける子ども（1号子ども）」については、市町村が自動的に関わる仕組みではないが、保護者や施設からの要請に応じて、（1）で述べた計画に基づき、受け入れ可能な施設をあっせんすることができる。

　どの認定を受けた場合でも、（1）で述べた市町村計画に基づき、教育・保育を受ける機会を保障することが明記されている。

（3）給付対象の施設・事業における障害児対応の充実

　基本的に、認定こども園や幼稚園、保育所で障害児を受け入れる場合については、私学助成や障害児保育事業（一般財源）といった従来の財源支援措置から支弁することとされている。その上で、障害児を受け入れる施設において、主幹教諭、主任保育士を補助する職員を配置して、地域の子ども（非在園児）の療育支援に取り組む場合には、加算を設けるとされている。

　子ども・子育て支援新制度で新設された「地域型保育事業」については、居宅訪問型を除いて、障害児数に応じた職員加配の加算（2：1配置）を設けるとされている。居宅訪問型事業については、「障害等の程度を勘案して集団保育

が著しく困難である乳幼児」を利用対象とし、1:1での配置を行うこととされている。

(4) 地域子ども・子育て支援事業における障害児対応の充実

　地域子ども・子育て支援事業の中にある「一時預かり事業」と「延長保育事業」において、「訪問型」が創設された。これは、障害児等の利用を想定したものであり、多様なニーズに応じられるようにした形である。また、新制度において、多様な主体の参入促進が事業として新設されたが、本事業により運営している認定こども園が、私学助成や障害児保育事業の対象にならない障害児を受け入れた場合、それに対応できる財政支援を創設している。

　学童期においては、「放課後児童クラブ」で、障害児を受け入れた場合の加算を、従来の加配1名に加え、5名以上の障害児を受け入れた場合はさらに1名加配することで、拡充を図っている。

　その他にも、新設された利用者支援事業において、障害児も含めた、子育て家庭の「個別ニーズ」を把握し、適切な施設や事業の利用を支援すること、ならびに地域連携に際して、地域の社会資源とネットワークの構築することが示されている。

　新制度により多様な形で保育が展開されるようになったが、いずれの形態にせよ、発達障害を含めた障害のある子への支援については、地域にあるさまざまな機関が連携しながらその充実を図っていくことが示されている。

第**2**節　発達障害支援の主な課題

1. 保育所・幼稚園等でみられる支援の課題

(1) 保育所でみられる支援の課題——「気になる子」への対応

　保育現場では、近年、「気になる子」という表現で、保育上の課題をもつ子どもたちを示すことがみられる。「気になる子」の中には、発達障害のもつ特徴に似た様子を示す子どもも含まれている。

平澤ら（2005）は、保育所・園における「気になる・困っている行動」を示す子どもに関する調査研究を行い、以下のことを報告している。

①保育者が「気になる・困っている行動」を示す子どものうち、18.0%が知的障害のある子どもで、6.1%が知的障害以外の自閉症、ADHD、LDと回答された子ども、75.8%が診断のない子どもであった。

②「気になる・困っている行動」の内容の上位として、「集団活動に関する問題」「ことばに関する問題」「動きに関する問題」「興奮・かんしゃく・情緒不安」「指示に従わない」などがあげられた。

③②の行動が生じやすい保育活動として、「クラス活動」「友達とのかかわり」「課題グループ活動」「集会室活動」「特別行事」があげられた。

④②の行動が顕著であり、③に補助を要しているのは知的障害以外の障害のある子どもであったが、対応性の困難性は診断のない子どもで最も高かった。

⑤最も問題とされた「集団活動に関する問題」への対応として、全体的に様々な対応が取られていたが、その効果や満足度は十分でなかった。

⑥障害の診断のない子どもについては、家族との話し合いの割合は低く、また、ほとんどが専門的な支援を受けていなかった。

保育所の現状として、診断はついていないが保育現場で気になる子どもに対して、保育者が困難性を感じている一方で家族との話し合いや専門的な支援を受ける割合が低いということが課題の一つとしてあげられる。

（2）幼稚園でみられる支援の課題

平成22年に全国国公立幼稚園長会より出された「特別支援教育の在り方について」では、少子化に伴い在籍している幼児は減少しつつある中で、障害のある幼児は増えている現状に触れつつ、現行の特別支援教育について、方向性は支持しつつも以下の課題について示している。

○特別支援教育を行うための体制の整備及び必要な取り組みについては、少

しずつ進んでいる。特別支援教育コーディネーターの指名や園内の指導体制は充実し始めているが、特別支援アドバイザーやスクールカウンセラー等の派遣、巡回相談については、市町村によって差がある。

○障害のある幼児への支援員（介助員）の付き方も財政基盤が弱く、十分とは言えない。

○保護者との連携が難しい。特に幼児の場合、障害かどうかの判断がつきにくいことも多いが、保護者の理解によって早期発見・早期支援が可能

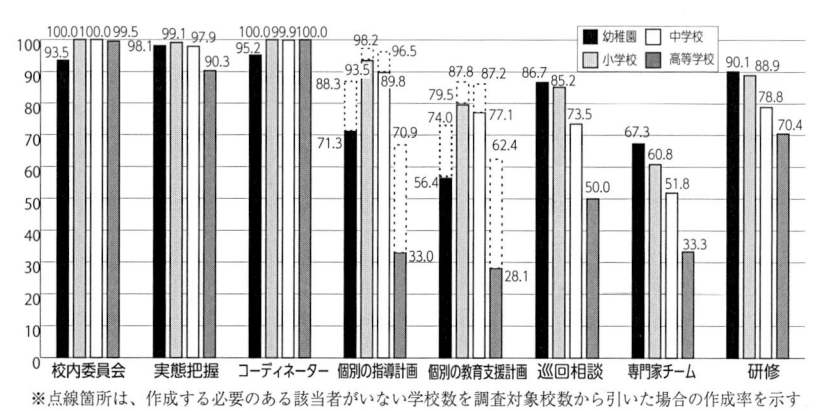

※点線箇所は、作成する必要のある該当者がいない学校数を調査対象校数から引いた場合の作成率を示す

図6-2　特別支援教育体制整備状況（公立・幼小中高別実施率—全国集計グラフ（平成26年度））
（出典：「平成26年度特別支援教育体制整備状況調査」文部科学省より作成）

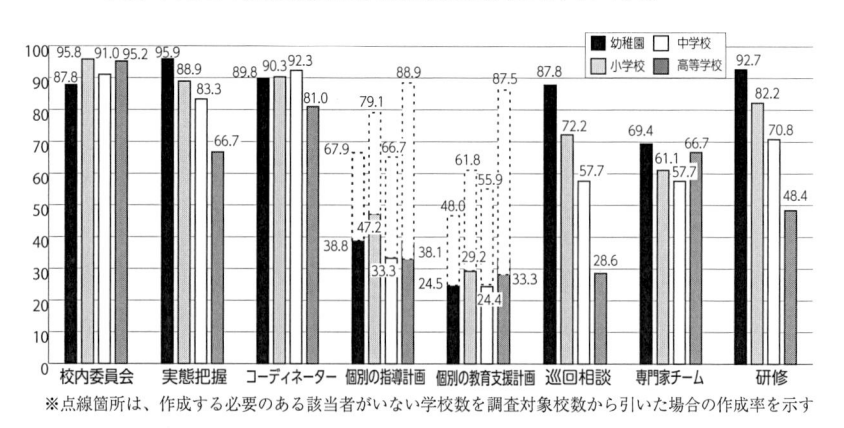

※点線箇所は、作成する必要のある該当者がいない学校数を調査対象校数から引いた場合の作成率を示す

図6-3　特別支援教育体制整備状況（国立・幼小中高別実施率—全国集計グラフ（平成26年度））
（出典：「平成26年度特別支援教育体制整備状況調査」文部科学省より作成）

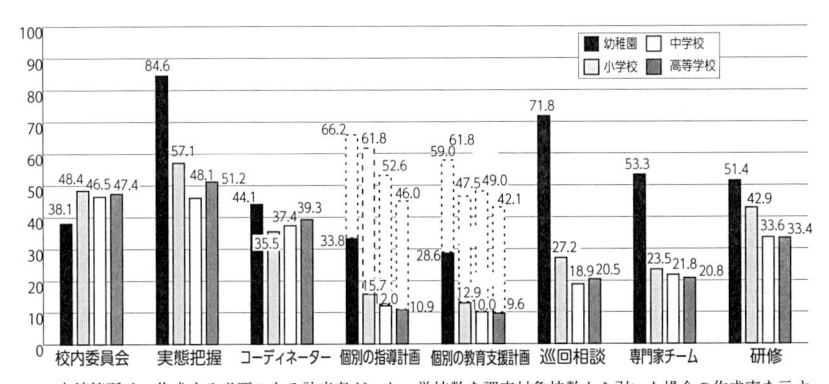

図 6-4　特別支援教育体制整備状況（私立・幼小中高別実施率―全国集計グラフ（平成26年度））
（出典：「平成26年度特別支援教育体制整備状況調査」文部科学省より作成）

となり、教育の成果が期待できる。

　幼稚園における特別支援教育体制の実態については、文部科学省より出されている「平成26年度　特別支援教育体制整備状況」で把握することができる。

　図6-2～6-4を見てみると、「実態把握」については、幼稚園全体で高い整備状況がうかがえるが、「校内委員会」「コーディネーター」の整備は、私立幼稚園では当面の課題であることがうかがえる。また、巡回相談や専門家チームなど、外部との連携についても、小中高に比較すれば高い整備状況ではあるが、今後も引き続き課題としてあげられよう。

2. 保育所・幼稚園における発達障害支援の課題背景

（1）保育所

　「全国の保育所実態調査　2011」では、保育所に求められている課題が多様化し保護者のニーズが拡大する中で、正規保育士を削減し限られた人数体制で対応を図らざるを得ないという保育所の実像を明らかにしている。

　現在保育所では、養護と教育を一体的に提供する従来の保育所保育の実施に加えて、障害児保育の他、延長保育、病児・病後児への対応、乳児保育、生活・精神面で支援が必要な家族への支援、児童虐待への対応、地域での子育て

支援活動等、多岐にわたる役割や機能が求められている。

　その中で保育現場では、非正規保育士の導入が特に公立保育所を中心に進んでおり、配慮が必要な子どもたちへの対応は、非正規保育士が担っている場合が多くみられる。しかし、園内研修を正規保育士に限って実施している保育所が 14.1%、園内研修そのものを実施していない保育所が 5.2% と、子どもにかかわるすべての保育者が教育研修を受ける体制が整っていない現状であり、また、賃金や休暇等の労働環境についても多くの改善余地がある。子ども一人一人を丁寧に見ていきたいと思う保育者に、それが可能となる環境が整っているかどうかが、大きく影響するものと考えられる。

（2）幼稚園

　「第 2 回　幼児教育・保育についての基本調査　報告書」（2012）では、幼稚園教育の実情について、国公立幼稚園と民間幼稚園とに分けて、以下の点について明らかにしている。

　まず、国公立幼稚園においては、設置市町村の財政状況の悪化を受けて、非正規雇用が増えている現状を指摘している。すなわち、（1）で取り上げた保育所と似た現状であることがうかがえる。特に、非正規雇用の教員には、資質向上のために必要な研修時間の確保が難しく、本人の研修意欲に頼っている状況であるため、教員それぞれによって備わっている見識に違いが大きいのが現状である。

　一方、私立幼稚園においては、少子化や保育所への需要拡大を受けて、経営競争を強いられる中、例えば、通常期間内に一斉に体操や音楽、英語などを実施するなど、他園とどう差別化するかという試みが進んでいる実情がある。幼稚園は、幼児の健やかな成長のために適当な環境を与えて、その心身の発達を助長することにその大きな目的を据えているが、現状として、園の差別化を図るために、保護者の教育的関心に応じる形で保育を展開していることがうかがえる。そこに働く教員も、保護者の関心事にどのように応じられるかを主として考えざるを得ない状況であるのではないかと予測される。

3. 保護者への支援

もう一つの課題として、保護者とのかかわりに課題を感じている保育者が多い。国立特別支援教育総合研究所の久保山ら（2009）が、「気になる保護者」についての保育者の意識と対応について調査を行い、保育所・園及び幼稚園での回答傾向について、それぞれ以下のようにまとめている。

【保育所・園での回答傾向】

①保育者から見ると、子どもの保育について保育所に任せたままにみえる保護者がいて、そうした保護者が気になっているものと考えられる。

②公立保育所では「保護者の病気や病的な状態」の回答が際立って多く、子どもばかりでなく、保護者にも特別な支援が必要な状況にあると考えられる。

③保護者から受ける相談として、「家庭生活について」の質問が多く、この点に関するヒント等について、丁寧に保護者と話し合うことで、保護者との信頼関係が深まる可能性が示唆される。

【幼稚園での回答傾向】

①子どもにかかわろうとする思いが強く、そのために我が子のことばかりを見てしまったり、過度に心配してしまったり、手をかけすぎることになってしまう保護者の姿が想定される。

②子どもや幼稚園に関心の強い保護者が多い中、逆に無関心に見える保護者が気になるものと推測される。

③保護者から受ける相談として、幼稚園では「友達とのかかわり」に関する質問が際立って多く、このことについて丁寧に保護者と話し合うことで、保護者との信頼関係が深まる可能性が示唆される。

　久保山らは上記結果を踏まえた上で、さらに、「子どもと同様に保護者に気になることがあると、その改善を求めがちである。しかし、保護者が保育者に求めているのは、保護者の話を聞くことであり、その話を踏まえた対応である」と指摘している。

　特に子どもの診断がついていない場合、専門家や専門機関からのサポート体

制が得にくい状況の中で、保護者を通してその情報を得たいと思う保育者は多い。また、障害として認定されれば加配もつく。しかし、保護者個人としては、子どもと向き合うことを求められる前に、まず自分自身の話ができる相手にめぐりあい、その相手に話を聞いてほしいという思いも見え隠れする。保護者の生活や思いに寄り添いつつ、よりよい関係性を築くためにどのように働きかけるかが今後も課題となってくるであろう。

4. 地域との連携

国立特別支援教育研究総合研究所の笹森ら（2010）は、発達障害のある子が早期からの総合的な支援システム構築への課題として、以下をあげている。

①診断は早期であるほど不確実性が高く、乳幼児期では発達障害の確定診断がつきにくい子どもの割合が多い。

②保健師や保育の担当者が発達障害等のある可能性に気づいても、適切に判断することは難しい。

③年少であればあるほど保護者にとっては、障害の受容が難しい時期でもある。

④母子保健から始まり、福祉、医療、教育等の関係機関がそれぞれ断片的な支援になっており、発達段階に応じた生涯にわたる支援になっていない。

⑤幼稚園、保育所における障害のある子どもへの支援内容や支援体制、幼稚園、保育所に対する専門家や専門機関によるサポート体制が十分に整備されていない。

⑥各地方公共団体が整備している社会資源は様々で地域による較差も大きい。

すなわち、幼児期だからこその育ちの幅や個人差があり、直接支援する側は子どもの困難性を感じつつも、実際の診断や専門機関への支援には結び付きにくい現状がうかがえる。保育現場と障害の専門機関とのつながりが課題として浮かび上がってくるが、専門機関による保育現場へのサポート体制については、厚生労働省の「障害児支援の在り方に関する検討会」がまとめた「今後の障害児支援の在り方について（報告書）〜「発達支援」が必要な子どもの支援

はどうあるべきか〜」の中でも、以下のような指摘がある。

　保育所等での障害児の受け入れを促進する趣旨から、専門機関が保育所等を巡回して療育支援を行う制度をつくり、障害児が可能な限り多く保育所等に通えるようにすべきとの提案がなされた。このことを踏まえ、平成24年度に「保育所等訪問支援」が創設されている。事業内容は、指定を受けた事業所が保育所、幼稚園、小学校、特別支援学校、認定こども園、その他児童が集団生活を営む施設にスタッフを派遣し、障害児本人に対する集団生活への適応のための訓練や訪問先施設のスタッフに対する支援方法の指導を行うものである。平成26年1月時点で合計443ヵ所が設置されているが（厚生労働省調べ）、同じ時点で実際に事業を行っているのは247ヵ所（利用者1,200人）であり、十分な体制は整っていない状況である。

　診断がついている場合は、加配もつき専門機関との連携もとりやすい。しかし、発達障害のある子を含むと考えられる、診断のついていないいわゆる「気になる子」の場合は、成長著しい幼児期だからこその診断等の難しさや保護者の受容の問題などがあり、加配等制度上の対応が難しい上、専門家や専門機関のサポート体制が十分に整備されておらず、保育現場に対応が任されている現状がうかがえる。

第**3**節　保育所・幼稚園等における発達理解と基本

1. 保育所・幼稚園等における「気づき」

　保育所・幼稚園等の定型発達に関する知識は、養成段階での授業等をはじめ、実習での体験、就職後の経験の積み重ねにより増えていく。もっている知識を実践に活かそうとするとき、発達の「遅れ」や「偏り」、「歪み」が見られる子どもを前にしたとき、保育者がその子を「気になる」と感じるのは自然な流れなのかもしれない。しかし「気になる」見方が、その子を他者から排除する見方ではなく、その子にとって味方となる見方であってほしい。

　国立障害者リハビリテーションセンターのサイト内にある発達障害情報・支

援センター（http://www.rehab.go.jp/ddis/index.php?action=pages_view_main）では、「気になる子には理由がある」として、以下のように記している。

　「集団場面の中で、年齢相応の発達からみると、すごく得意な分野がある一方で、極端に苦手な分野があるなど、気になる子をみかけることがあります。毎日の生活場面で『どうして何度いってもわかってくれないのだろう』と思うこともあるでしょう。しかし、もしかしたら、気になる子の行動には何か理由があるのかもしれません。

　もし、子どもに生活しにくさがあるようならば、その子をとりまく環境をよく観察しましょう。対応を工夫して環境を整えることで、問題と思われていた行動が軽減することがあります。また、虐待などの家庭環境の問題や身体疾患などの病気も、気になる行動の原因になることがあります。」

　そして、同サイトでは、保育所等における気づきのポイントとして（1）人とのかかわり方、（2）コミュニケーション、（3）イマジネーション・創造性、（4）注意・集中、（5）感覚、（6）運動、（7）学習、（8）情緒・感情の8つを挙げて説明している。以下に、それらについてまとめてみたい。

（1）人とのかかわり方

　友だちと一緒に遊ぶことが苦手な子がいた場合、その背景として、「相手の気持ちを想像する」「場の雰囲気を共有する」「状況に合わせたやりとり」などを得意としないことなどが考えられる。遊びの様子やその中での子ども間のやりとりをよく観察しておく必要があり、集団への参加については、その子に合った方法を工夫する必要がある。

（2）コミュニケーション

　自分からはおしゃべりでとりとめなく話すが、「相手にわかるように伝える」ことが苦手な子や、話すことに比べて「聞いて理解する」ことや「（表情や声の調子など）ことば以外の状況から理解する力」の弱い子がいる。保育場面で気が付いた際は、その子に対して、具体的でわかりやすい環境設定や声かけや

本人が言おうとしていることを整理して聞くなどの工夫が必要である。

（3）イマジネーション・創造性

「相手の気持ちを想像することが苦手」「暗黙のルールなどがわからない」などを背景として、場にそぐわない発言や行動をする子がいる。また、経験などを元に状況を予測することが苦手な子が、急な状況変化に対応しなければならないときに暴れたり、パニックを起こしたりする場合がある。そのような場面が重なるようであれば、場面や状況、相手の気持ち、先の見通しや予定、具体的なやり方を教えてあげることが必要となる。

（4）注意・集中

「タオルをリュックに入れて持ってくる」などの指示を出したとき、タオルをリュックに入れてリュックは持ってこない、タオルとリュックを一緒に持ってくる、などの行動を示す子がいるかもしれない。注意の配分がうまくできない子は、たくさんの感覚を同時に処理することが苦手で、先の例のように同時にふたつのことができなかったり、考えごとをしていると指示を聞きそびれてしまったりすることがある。また、新しい刺激があると、それに気が向き、今行っていることやこれから行うべきことを忘れてしまうことがある。声かけをして注意を喚起する、気が散らないようなシンプルな環境にするなど工夫が必要となる。

（5）感 覚

発達障害等のある子の場合、感覚の敏感さや鈍感さを背景として、ホールなどの活動を極端に怖がったり、着替えの援助をするときに「痛い」と訴えたりする子がいる。無理をさせて頑張らせるというよりは、頑張らずにすむような方法を一緒に探していくことが望ましい。例えば、落ち着くことができる場所を用意し、刺激を減らすことで安心につなげたり、好きな感覚をみつけ、リラックスや気分転換などに活用したりすることがあげられる。

(6) 運　動

　園庭にあるたいこ橋や室内でのマット運動などの身体全体を使った運動や、ひも通しやブロックなどの細かい手先の操作、ボールを投げて受け取るなどの協調動作が、生活年齢で期待される動きよりも相当に不器用さがみられる子がいる。そのような子どもに対して、叱責は厳禁で、まずは、身体を使って楽しめること、できることが何かを探してみることが大切となる。

(7) 学　習

　周囲から「博士」と呼ばれるほど、とある分野での物事を覚えることが得意

表6-1　保育所・幼稚園等における気づきのポイント

人とのかかわり方	ひとり遊びが多い、一方的でやりとりがしにくい おとなしすぎる、常に受動的 おとなや年上の子、あるいは年下の子とは遊べるが、同級生とは遊べない
コミュニケーション	お話は上手で難しいことを知っているが、一方的に話すことが多い おしゃべりだが、保育士や指導員の指示が伝わりにくい 話を聞かなければならない場面で離席が多い、聞いていない
イマジネーション・創造性	相手にとって失礼なことや相手が傷つくことをいってしまう 友だちがふざけてやっていることをとらえ違えて、いじめられたと思ってしまう 集団で何かしている時にボーッとしていたり、ふらふらと歩いていたりする 急な予定変更時に不安や混乱したようすがみられる
注意・集中	ひとつのことに没頭すると話しかけても聞いていない 落ち着きがない、集中力がない、いつもぼんやりとしている 忘れ物が多い、毎日のことなのに支度や片づけができない
感　覚	ざわざわした音に敏感で耳をふさぐ、雷や大きな音が苦手 (聴覚) 靴下をいつも脱いでしまう、同じ洋服でないとダメ、手をつなぎたがらない (触覚) 極端な偏食 (味覚・嗅覚など) 揺れているところを極端に怖がる、すき間など狭い空間を好む
運　動	身体がクニャクニャとしていることが多い、床に寝転がることが多い 極端に不器用、絵やひらがなを書く時に筆圧が弱い、食べこぼしが多い 運動の調整が苦手で乱暴に思われてしまう、大きすぎる声
学　習	話が流暢で頭の回転が速いことに比べて、作業が極端に遅い 難しい漢字を読むことができる一方で、簡単なひらがなが書けない 図鑑や本を好んで読むが、作文を書くことは苦手
情緒・感情	極端な怖がり ささいなことでも注意されるとかっとなりやすい、思い通りにならないとパニックになる 一度感情が高まると、なかなか興奮がおさまらない

な一方で、基本的な生活に関することなどはほとんど身についていないなど、得意分野と苦手分野の差が極端にみられることがある。このような場面が見られた場合、学習の工夫とともに、得意なことを生活に活かす視点も重要となる。

(8) 情緒・感情

前述した複数の要因が絡み合い、感情のコントロールが極端に苦手な場合がある。周囲からみると、こんなことでどうして怖がったり怒ったりするのだろうと不思議な印象があるかもしれないが、この背景には、想像することが苦手であったり、感覚の過敏さがあるなどにより、ちょっとしたことにつまずいて、自信を失いがちなことが考えられるため、安心感や成功体験が増えるように支援することが大切である。

2. 支援体制・支援方法の工夫のポイント

具体的な支援方法については、第4節で述べていくが、その前に、保育所・幼稚園で気づいた後、対応していくポイントを同センターのものを基に以下に3つをあげていきたい。

(1) 子どもの特性を知り、環境を整える

子どもに生活しにくいようすが見られれば、何に困っているのかよく観察することが大切となる。同時にその子の良い所についても目を向けていくことが大切となる。その子らしさを発揮しやすい状況はどういう条件がそろった時なのか、観察したようすを整理し、好きなことや得意なこと、嫌いなことや苦手なことが何か、特性を知り環境を整えることが重要となる。そのことを通して、不必要なストレスや失敗体験をなくすように努め、その子が安心できる環境をつくることが大切である。

(2) わかりやすい環境を用意する

どのような場面で、どのような工夫をすれば子どもが行動しやすいのか考え

ることが大切である。例えば、「見てわかるようにする」「見通しが立てられる
ように事前に予告したり、手順やルールを明確にしたりする」「具体的に伝え
る」など、子どもにとってわかりやすく行動しやすい環境を整えることによ
り、その子の力が発揮しやすくなる。具体的には、やり方の見本を用意し、一
緒にやってみる、「〜したらダメ」と否定するのでなく、「〜しよう」と代わり
になる方法を伝える、自由な時間をどう過ごしていいのかわからない子には、
余暇時間のスケジュールを提供する、などの方法が挙げられる。

（3）こころの育ちを支える

　大人との信頼関係をつくり、好きなことや得意なことなどを利用して「やっ
てみたい」「自分にもできる」という気持ちを育み、自信や自己肯定感を高め、
その子らしく健やかに育つように支援することが大切である。苦手なことに対
しても少し頑張ってチャレンジできるようになるには、そこに至る（こころの）
土壌の育ちが必要となる。

　上記内容は、幼稚園教育要領や保育所保育指針等で述べられている保育の基
本と重なる部分が多いことがわかる。子ども一人ひとりをどれだけよく理解す
ることができ、それに応じられる環境が整えられるのか、心情、意欲、態度を
含めたこころの育ちをどの子にもどれだけ育むことができるのか、が発達障害
のある子に対しても重要であることがうかがえる。

第4節　保育所・幼稚園での具体的な支援方法について

　本節では、今までの内容を踏まえて、「1. 保育者の支援における基本的な姿
勢」「2. 子どもの具体的な支援案」「3. 園内および他機関との連携の工夫」に
分け、実際の取り組み例や国立特別支援教育総合研究所による「発達障害のあ
る子どもへの学校教育における支援の在り方に関する実際的研究─幼児教育か
ら後期中等教育への支援の連続性」（平成22年から23年度　専門研究B　研究代

表者；笹森洋樹）の研究成果（以下、研究と表わす）を参考に考えていきたい。

1. 保育者の支援における基本的な姿勢

(1) 子どもの「味方」になる見方をする

　保育展開には、保育者が子どもをどのようにとらえるかが大きく影響する。ここでは、発達と障害のとらえ方について確認したい。

　まず「発達」へのとらえ方に関しては、平成 20 年に告示された保育所保育指針で「同年齢の子どもの均一的な発達の基準ではなく、一人一人の子どもの発達過程としてとらえるべきものである」と明記されている。保育所保育指針では「おおむね〇歳」という表記で発達過程が示されているが、記載されている内容について、保育者は「〇歳までにできていなければならないこと」などと到達点や目標にするものではなく、「〇歳までに記載されていることができない」などと子どもを選別するために用いるものでもない。発達には一定の順序性や連続性はあるものの、一人一人その現れ方は環境との相互作用などを背景に異なってくることが前提となる。

　そして、「障害」についても、個人の要因だけでなく環境との相互作用で、生活機能（＝人が生きることの全体像）に問題や困難がある状態としてとらえる考え方が広がっている（図6-5）。少し話が逸れるかもしれないが、近年、自分が発達障害であると告白している有名人がいる。その人たちの中には、例えば学習障害で読むことに困難性があっても、困難性を取り除いたり軽減させたりすることに力を注ぐのではなく、台本等をテープに吹き込んでくれる機材があり人がいて……など本人が演じやすい環境を整えていくことにより（もちろん本人の努力等が大きいが）、世界的に活躍する俳優もいる。今の例でいえば、「学習障害＝障害」なのではなく、障害等はありながらも、いかにその人らしく社会に参加し生活することができているのかが重要視される考え方なのである。

　ICF（国際生活機能分類）の中にある「環境要因」には、その人にかかわる周囲の「態度」や「支援」も含まれる。保育場面で考えれば、保育者は子どもたちにとって影響力が大きく、子どもたちの行動や行為に影響を及ぼす存

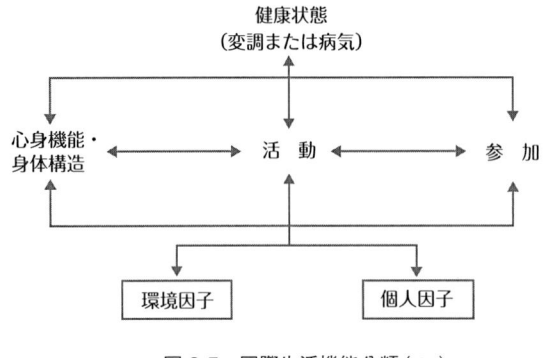

図6-5　国際生活機能分類 (ICF)

在（＝権限をもつ立場にある人）であると考えることができる。

　ICF の考え方を取り入れながら、保育場面に即して考えてみると、「気になる」子が現れた時、その子に対して保育者が「困った子」ととらえるか、「困っている子」ととらえるのか等、どのように受け止めているのか、どのような態度で表しているのか、また実際の支援を行っているのかということが、その子の参加に大きな影響を及ぼす、ということになる。千葉県では、「（幼稚園・保育所向け）発達障害の可能性のある子どもへの支援Q＆A」というパンフレットを作成している（https://www.pref.chiba.lg.jp/kyouiku/shien/tokubetsushien/kodomo-shien.html）が、そのパンフレット内の第1部の冒頭に「先生の指示どおりに活動できない子どもを、『話を聞いていない子ども』ととらえるか『話が聞こえていない子ども』ととらえるかでは、子ども理解に大きな違いが生じます。1番困っているのは子どもではないかと、子どもの困り感に気がついていくことが大切です。これは、子どもの身近にいる先生だからできるのです」と記載されている。子どもの一番近くで接することのできる立場だからこそ、その子にとっての「味方」になれる見方へと転換していくことが大切である。

（2）環境等の見直し

　子どもへの見方を変えていくと、子ども自身が困っていることがいろいろと出てくることになる。例として、お集まりで絵本を読む際、いつも前に出てきて何か触ろうとする子どもがいた場合を想定し考えてみたい。その子に対して困ったと感じるならば、加配の先生に抱えられながら参加する、保育者の「とても困っている」というまなざしの先にその子がいる、という状況になりがち

だろう。一方で、同じ状況に対して、絵本の背景に映る棚などが目に入って集中できないのではないかと考えるならば、壁面等のないシンプルな壁を背中にして絵本を読む、棚にカーテンを付けるなど環境面の見直しを図ることもできるだろう。別な視点では、自分の座る場所がわからない、他児とのわずかな接触がとても気持ちが悪い、などの理由も考えられるかもしれない。そのような場合、最後列の人はすべて自分の椅子を用意して座る、マイ座布団を必要な人には用意しておく、他児との距離を考え不快にならない場所を用意する、などの進め方もできるだろう。子どもの困り感に対して、子どもを頑張らせるよりも環境全体を見直すことで、互いに過ごしやすい状況が生まれる場合も多くみられる。また、「何かに困っている」ことはわかるけれどもその「何か」がわからないという状況であっても、困り感を理解したいと思う保育者の気持ちはクラス全体の雰囲気にも現れてくるだろう。

　また、保育者自身が無意識にもしくは意識的に縛られている思いや慣習にも目を向けておく必要があるだろう。例として食事の始まりの場面を取り上げると、全員が椅子に座り姿勢を正した状態になったらみんなで挨拶を行って食べる、準備が整ったテーブルから配膳を行い揃った時点で食べる、個々に準備し仲良しの友達の支度を待って自分たちで食べ始める……など保育現場ごとに様々な光景が見られる。園の文化や慣習、子どもたちの発達や状態に応じてそれぞれのやり方があるだろうが、「そうすることが当たり前」ではなく、そのやり方で行う意味を再度保育者の中で確認してみることが大切である。より子どもたちに合った内容や方法があればそちらに変えてもよいと思うし、変えられない事情等（例えば給食室へ戻す時間が決まっているなど）があるならばそれに応じられない子どもに対して、その事情や保育者自身の思いを伝える方がより自然な展開ではないだろうか。

　先に、保育現場で特に子どもの行動が気になる場面として、「クラス活動」や「行事」など、大人数で一緒に活動することの多い場面が挙げられていることを述べた。もちろん子ども自身にとって、例えば「みんなに合わせること」や「他児のざわついた状況の中で一緒にいること」などに困ってしまうこと

の多い場面であることは自明であるが、それと同時に保育者が「○○させないといけない」という意識が高まる場面ではないだろうか。「みんな一緒の参加」ではなく、「それぞれの参加」について、その内容や方法など保育全体を見直すことも大切となるだろう。

（3）他児の理解・関係構築

「共に育ち合う」ための保育展開が求められている現在、その子への対応だけでなく周囲の子どもの理解や関係構築にも、保育者は視野を広げて子どもたちをみつめ育んでいくことが求められている。

徳田ら（2010）は、ノーマライゼーションの概念の広がりを受けて、障害のある人もない人も同じ地域社会で共に生活することが当然であると考えられ、「一般の人たちが障害に対する適切な認識をもつこと（＝障害理解）」の必要性を記している。障害理解の発達段階には、「第1段階　気づきの段階」「第2段階　知識化の段階」「第3段階　情緒的理解の段階」「第4段階　態度形成段階」「第5段階　受容的行動の段階」があるとし、幼児期には障害理解の第1段階にあたる教育、つまり自分とは違う特徴のある人々が世の中に存在することを知り、ファミリアリティ（親しみ）を高める指導が求められるとしている。その理由として、①その後の人生における行動への影響、②予防注射的な効果、③人間を評価するものさしを多様化させることをあげている。

人生で初めての教育を通して様々なものを形成していく幼児期に、発達障害等のある子どもたちと一緒に過ごす経験を通して、どのようなことを感じながら育つのかは、その後の社会を形成していく上で重要になってくる。すなわち、当該幼児が保育所内に居場所をみつけ、子どもたちの中で排除されず過ごせるよう配慮をしていくことが必要となる。また、他にも子どもたちの関係性に歪みや偏りがあった時には、その要因を探りつつ、保育者が意図的に配慮を行いつつ修正を図っていくことも求められよう。保育現場を見ていると時折見られる関係性に「世話する―される」があるが、その時保育者が世話する子どもを褒めれば、世話した子どもは自分の行動をよしとし、自分の優位性を相手

に感じながらかかわりを持ち続けるという関係性につながりかねない。人は一人ひとりがかけがえのない存在であり、それぞれに得手不得手を持ちながら、互いに支え支えられていることを、子どもたち同士のかかわりの中で、必要に応じて保育者が一緒に入りながら伝えていくことが必要となってくる。

2. 子どもの具体的な支援策

(1) 見通しをもたせること

園での生活では、「日課（デイリープログラム）」を大切にしている。保育者が保育に入る際、およその時間の流れや内容を頭に入れつつ保育を行っていることだろう。同じ時間を共に過ごす者として、そのプランを子どもに示し、時には相談しつつ、共有しておくことが大切である。園での生活に「見通し」がもてることにより、障害の有無にかかわらず子どもは安心して活動することが可能となる。園によっては、園バスを利用して子どもたちが通ってくるという場合も少なくない。バスの便により子どもたちの過ごし方がまちまちになることもあるだろう。子どもによって園での過ごし方が異なる場合、さらに見通しが立ちにくく混沌とした中で子どもたちは生活を送ることになる可能性も考えられる。次で説明する視覚的な情報を活用するなど工夫して、子どもが園生活に自信をもてるよう配慮していくことが大切であろう。

(2) 視覚的な情報を活用すること

子どもたちが園生活で目にするものは、どのようなものがあるだろうか。壁面装飾やタオルかけやロッカーに貼られたシールなどがあげられるかもしれない。園だよりや保護者へのお知らせなどを書いたホワイトボードなどもあるかもしれない。それらの日常で当たり前に子どもたちが目にするものについて、「子どもの園生活にとってどのような意味をもっているか」という視点で、再度見直してみたい。そして、子どもたちの動線や活動において、必要なものであればそのまま保持し、不要なものであれば背面に移動する、不要な時だけ隠せる何かを用意する（パネルシアターの背景を活用したり、カーテンをかけたりする）

（前面はシンプルに）

（背面に楽しみや必要事項を）

写真 6-1　壁面の工夫

写真 6-2　荷物整理のためのイラスト

など整理していくことにより、例えばみんなで活動する時に注意集中が持続しやすくなるなどの直接的な効果も見込まれる。

　次に子どもたちが園生活を送る上で、園として保育者として伝えたいことは何かを検討していきたい。朝の支度を行う時に伝えておきたいことは何か、今日一日の見通しをもって安心して過ごしてもらうために必要な情報は何か、活動の節目で伝えるべき事項はないか、繰り返される生活の中で子どもたちが自律的に過ごすために必要な情報は何か、などについて検討を重ねていくことで、保育者として子どもに経験してほしいことや学んでほしいことについても、改めて考えるきっかけとなるのではないだろうか。

　そして伝えたいことをどのような手段や内容で伝えるかについて検討し、実際に活用していく中で見直していくことが必要となる。伝える手段としては、実物や写真、イラスト、シンボルなど様々あるので、今の子どもたちにとって最も伝わりやすいものはどれかを検討していく必要がある。内容についても、先の検討を踏まえ、どの部分を取り上げるとより子どもたちの生活が豊かになるのか、ということを考慮していく必要がある。そして、後にも述べるが、そ

れらは絶対的なものではなく、子どもたちの育ちに応じて柔軟に変化させていく必要がある。

（3）保育者・教師が穏やかに語りかけること

研究では、対象となったいずれの園でも、保育者が幼児に語りかける声は穏やかであり、いわゆる甲高い声は聞かれなかったということである。配慮を要する子どもの中には、聴覚が過敏で、甲高い声などが刺激となり落ち着くことが難しくなる場合がある。保育者やクラスが穏やかに過ごせていることが、結果的に発達障害支援につながっているということであろう。どのような条件が整えば保育者は子どもに穏やかに語りかけることができるのだろうか。

その一つとして、子どもへのまなざしがあげられるだろう。保育者が子どもに「何かをさせないといけない」というまなざしを向けた時、子どもへの評価は「できる」「できない」に二分され、「できない」子には「できるように頑張らせる」ための働きかけにつながる可能性がある。そこに時間の制限が加われば、保育者の本心ではなくとも声を大きくすることでその頑張りを促す場合も起こりうるかもしれない。時間の制約があれば、一人ひとりの取り組みにかかる時間から逆算し、声かけのタイミングに幅をもたせてもよいのかもしれない。また、子どもによってその活動が行いやすい時間や空間があるのでは、という視点で対応を探ってみてもよいだろう。すべての子に同じタイミングで同じ活動を、ということは、保育者にとっても負担が大きいことではなかろうか。穏やかに子どもたちに語りかけることを意識して、子どもに保育が歩み寄ることも視野に入れてもよいだろう。

（4）気持ちを立て直す空間を用意すること

発達障害のある子どもたちの中には、気持ちの切り替えを得手としない子もいる。何かのきっかけで混乱し、その気持ちの切り替えが難しい状況の時、エスケープできるようなスペースが確保されていると、自分の気持ちを自分で立て直すことができる場合も多くみられる。しかし、園内に新たな空間を用意す

写真 6-3　気持ちを立て直す空間
（教室向かいの「ランチルーム」）

ることは難しいであろう。研究では、普段ままごとなどに使うための仕切りを活用したり、棚などの空間配置を工夫してちょっと子どもが入ることのできる空間を作ったりと環境面で配慮を行っている園で、実際に集団活動場面で混乱してしまったり、難しさを感じたりした幼児が気持ちを立て直すために活用していた例が報告されていた。いずれも、クラスの子どもたちすべてに開かれたスペースではあるが、場面によって必要な幼児が使えるようにもアレンジされている。手軽な素材もしくは実際の環境に一工夫加えることで実現可能なことであるので、参考にできるのではないだろうか。

（5）幼児同士の支え合いを促すこと

研究は5歳児クラスを対象としており、保育者への聞き取り調査では、子ども同士が互いに声を掛け合ったり、困っている幼児を助けたりするなど、幼児同士の支え合いが見られるようになったとの話があったという。裏を返せば、どの園でもお互いを大切にするための学級経営がなされているということであろう。子どもたちのかかわりは、もちろんもっている個性や性格もあるが、保育者の働きかけをよく見ている。保育者がその子を「（他児と比較して）できない子」「（保育者のいうことを聞かない）困った子」という目で見ていれば、子どもたちも同様のまなざしを向けてその子を自分より下の立場で見たり、排除したりといった行動に出る場合があるかもしれない。一方、人はそもそも違う存在であることを前提に、お互いさまの気持ちで子どもたちに接することができれば、その保育者の意識は子どもたちにも伝搬していくのではないだろうか。

また、子どもたちが個々にもっている家庭環境などの背景も異なっており、その影響なども受けて、子どもたち同士の関係性に歪みが生じることもある。

浜谷ら（2013）は、4月当初に特定の子どもを中心とした小集団が固定的関係をつくり配慮を要する子どもを排除していた状況に対して、保育者が多様な活動を提供して友達関係に揺さぶりをかけた結果、活動を媒介にして新たな友達関係が生じ、次第に配慮を要する子どもと友達とのかかわりが生まれた事例について報告をしている。子どもたち一人ひとりを丁寧に見ながら、必要な場面には適宜配慮を講じつつ、子どもたち同士が互いに心地よく支え合うことの可能な関係性へつながるようにしていくことも必要となる。

　また研究では、幼児の成長に伴う支援内容・方法の変化についても検討を行っており、以下の点についてまとめている。

　○ある支援内容について有効性が認められても、その支援を続けるかどうかは園の幼児の実態と併せて検討を重ねつつ、柔軟にかつ適切に判断していくことが大切である

　○幼児が園生活に慣れ安心して過ごしていることが基本となり、主体的な遊びや活動を展開する経験を積んでいく中で、園生活で必要な行動につながるよう学級担任がゆるやかなはたらきかけを行うなど、幼児の発達段階を踏まえてクラス全体を支援していくことが重要である

　○集団参加が困難な幼児への支援も、それぞれの幼児の発達段階に応じて無理のない支援が行われていた

　○幼児同士の関係を作っていく際、その初期において加配教諭の存在は重要であったが、次第に加配教諭による支援を減らし、幼児同士が直接かかわったり、課題を解決するようにしていた

　障害の有無にかかわらず人は成長していくものである。子どもの育ちに応じて、環境構成、遊びや活動の内容、子どもたちへの働きかけや伝えていく内容、加配保育者の立ち位置などは、変化させていくことが前提となる。考えを固定化させず、子どもたちの様子や状態に合わせて、それらを保育者自身も楽しみながら検討していくとよいのではないだろうか。

3. 園内及び他機関との連携の工夫

（1）保育所内での連携

　保育所における発達障害支援を考える時、保育者一人もしくはクラスの担任だけで行うには限界がある。特に保育所は、長時間開所しているところが多くなりつつある現状で、その日に子どもにかかわる保育者が複数になることも日常である。そのような現状だからこそ、保育所内でのチーム力を高め、子どもを中心として連携を深めつつ保育が進められていくことが大切となる。時間を軸として、縦横のつながりで以下考えていきたい。

　横のつながりで考えれば、「園全体で子どもを見る」土壌をいかに打ち出していけるかがカギとなる。それは、経験の浅い保育者では難しい。管理職や中堅の保育者を中心に、経験の浅い保育者が話しやすい雰囲気や場をつくり、自身が積極的に聞く姿勢をみせることにより、情報を流れやすくすることが大切であろう。情報といっても、フォーマルに資料まで作って話すものもあれば、保育中にあまりの愛らしさに保育者間で共有したくなるもの、休憩時にインフォーマルに話すものまで多様である。保育所では、勤務形態や業務の影響から、話し合う時間そのものが取りにくいという現状がある。しかし、それを理由に配慮を要する子への支援を一人の担任保育者のみに任せてしまうことは、子どもの見方も深まらず、保育者の負担感増大や離職にもつながりかねない。経験の有無にかかわらず思わず話したくなるような関係性や雰囲気、場をつくりつつ、園全体で子どもを見ていくために必要な情報が行き交い、クラスの枠を超えてその子のことを知りたい、応援したいと思える保育者を増やしていくことが大切である。

　また、縦のつながりについて考えれば、現場では日々の日誌や連絡ノート等を活用し、子どもの情報をやり取りしているにもかかわらず、ある場面では楽しく遊ぶのに別な場面では保育者のいうことに耳を傾けないなど、場面や人によって子どもが違う姿を見せることも少なくない。時間外の保育では、保育士資格をもっている保育者だけでなく、子育て経験者や保育士資格取得中の学生なども保育にあたっている現状があるので、情報共有がさらに難しい状況では

ある。しかし、例えば、その子の情報ノートなどを作成し、保育中のちょっとしたかわいい姿やお気に入りのもの、具体的な配慮などについて、メモや付箋程度のものを貼り付けて共有していくなど、保育でかかわる時間を超えてその子を応援する保育者集団を増やしていく取り組みなどがあれば、その子に関する深い情報を共有できるだけでなく、かかわる人それぞれの見方や接し方もメモ等から垣間見られ、子どもが見せる様々な姿についてその要因を探ることも可能かもしれない。

（2）幼稚園全体での支援

　幼稚園内における特別支援教育の体制整備については、第2節で述べた通り課題も残されているが、クラス担任が一人で抱え込まないよう園全体で考え協力し合えるようにしていくことは重要である。文部科学省が実施した「幼稚園における障害のある幼児の受け入れや指導に関する調査研究」では、6つの地区で研究が実施されており、いずれも園内で個別の指導計画の作成や園内支援委員会の設置などを通して、意識的に職員間の情報共有や意見交換を図ったことにより、子どもへのより深い理解につながったりそれぞれの役割が明確化されたりするなど成果が報告されている。

　園内で特別支援教育コーディネーターが任命されており、その活動ができる状況にある場合は、必要な情報を適宜集めつつ、園内の人や園外の機関をつなぎ、担任や園そのものを孤立させないための働きが期待される。また、個別の教育支援計画や個別の指導計画の作成に際しては、実際の保育に活かすことを第一に考え、日々の保育の記録や会議等を活用していくとよいだろう。子どもの得意なことは何か、今何に夢中になっているのか、どのような学びを得ているのかといったプラス面や学びを中心に、さらに園での遊びや生活を進めていく中でその子がどのような難しさを感じているのか、他児の中でどのように過ごしているのかなどについて、多くの人の目から仮説を立てつつ、次にどのような手立てを講じられるかを考えていくことが大切である。もし、園内での体制づくりそのものに課題のある園であれば、次に述べる地域機関を利用しつ

つ、助言を受ける形で進めていくのも一つの方法かもしれない。

（3）地域機関との連携

　発達障害支援を保育所・幼稚園内だけで孤立させずに、その子の生涯にわたる一貫した支援を実現させるためには、地域機関との連携が不可欠となる。先に取り上げた「今後の障害児支援の在り方について（報告書）」では、「発達障害の専門的な診断機関がその機能を最大限活用できるようにするためには、かかりつけ医や保健師、保育士、教員、事務所職員等と日常的に情報交換を行い、役割分担を明確にした上で具体的事例において円滑に引き継ぎを行うことができるような連携体制を整備することが重要である」と述べている。以下、その報告書や文部科学省「幼稚園における障害のある幼児の受け入れや指導に関する調査研究」の中で取り上げられている、保育所・幼稚園と地域機関との連携の実例についてまとめてみる。

○「三重県立小児（こども）心療センターあすなろ学園」では、業務内容の一部として、「市町支援」があり、学園の治療・発達支援の技術を、市町の保健・福祉・教育などに人材育成を通して普及させている。この取り組みにより、子どもや保護者にとってより敷居の低い地域の保育所や幼稚園等での支援の充実を図っている（三重県）。

○保育所に在籍する障害のある幼児に対する専門家による巡回相談システムの中に幼稚園を位置づけ、幼稚園でのケース会議等を行うとともに、幼稚園・保育所における取組の成果を情報交換する機会を設けた結果、他職種による巡回相談が実施できかつ幼稚園でのケース会議等を充実させることができた（長野県中野市）。

○巡回指導員が、継続して支援を要する幼児の様子を観察することで、発達の課題が明らかになり幼児の変容に合わせた具体的な手立てを考えることができた。また、巡回相談員や専門機関の相談員が保護者と面接したり幼小の連絡会に参加したりすることで、より専門的な立場から発達の課題を伝えてもらうことができ、保護者や小学校教員の支援を要する幼児に対する理解が深

まった（奈良県桜井市）。

○保護者を対象とした講演会や研修会を開くことで、様々な特性をもった幼児がいることを保護者に知ってもらうことができた。また、保護者が一人で悩むのではなく、専門機関を含め様々な人たちの協力を得ながら子育てをしていくことも必要であることを保護者に伝えることができた（奈良県桜井市）。

地域機関との連携については、地域資源も異なり自治体の体制も異なるので、すぐに上記のような体制が整うことは難しいかもしれない。しかし、一つの園だけで抱え込むことなく、地域でアプローチを図っていくことは、今後の特別支援教育を進めていくにあたり重要である。例えば、地域の特別支援学校のセンター的機能や平成 24 年度に創設された「保育所等訪問支援」事業を積極的に活用しつつ、園にとって必要な情報が得られる体制を整えていくことであれば可能性は広がってくるのではないだろうか。

(4) 保護者とのつながり

保護者への支援については、第 2 節の 3. で述べた通り、保育所・幼稚園等の別により課題背景が異なる部分があり、また保護者自身のニーズを十分考慮していかねばならない。個々のケースにどのように対応するのか、という部分にここで言及することは難しいが、保護者全体への働きかけとして、以下の取り組みがあるので紹介したい（文部科学省「幼稚園における障害のある幼児の受け入れや指導に関する調査研究」より）。

○子どもの育ちについて、保護者同士が理解し支えあうことができるよう、保護者向けの講演会を開催したことで、保護者や地域の方々にも幼児期における特別支援教育の重要性を伝えることができた（大阪府枚方市）。

○保護者を対象とした講演会や研修会を開くことで、様々な特性をもった幼児がいることを保護者に知ってもらうことができた。また、保護者が一人で悩むのではなく、専門機関を含め様々な人たちの協力を得ながら子育てをしていくことも必要であることを保護者に伝えることができた（奈良県桜井市）。

○特別支援教育を中心にした、子育て懇談会・講演会・園からの通信等による

さまざまな取り組みから、保護者から、園の特別支援教育や障害児に対する理解や教育も得られるようになっている（徳島県吉野川市）。

上記の取り組みを概観すると、保護者全体に向けて、特別支援教育に関する理解・啓発を目的とした講習会が、功を奏したようである。保護者の気になることを含めつつ、その内容に特別支援教育の考え方を含めた研修会を実施することにより、子育てに困っている保護者には相談先等に関する情報が得られる機会となり、周囲の保護者には共に育ち合うことの重要性を伝えつつ、園の教育への理解を図っていく機会となるだろう。

(5) インターンシップなどとの協力

保育所における人手不足が深刻化しており、有資格者の復帰を後押しする講座が設けられる等、その打開のためにいろいろな策を講じているところである。また一方で、保育士になろうとしている学生に対して、そのよさを知ってもらい就職にもつながるよう、インターンシップを積極的に行っている保育所や保育団体なども多くみられるようになっている。保育を学ぶ学生にとっても、継続的に現場を知りその魅力を肌で感じることができ、それが養成校での学びを深める一助となる。

様々な学生にインターンシップとして保育に参加してもらうことは、自園の保育を関係者以外の眼が入るということになる。学生の未熟さも手伝って様々な感想や質問を受ける中で、自身の保育を見直すきっかけにもつながるだろう。

また、学生が繰り返しインターンシップとして園の保育に参加することで、クラスの子どもたちとの関係性が深まっていくことが期待される。そこで、その学生にクラスの子どもたちへ絵本などを読んでもらうことができれば、その間、担任が気になる子どもとじっくり向き合い、その子の好きなことや特性を知る時間を設けることも可能となるであろう。よく聞く話が、気になる子どもや障害のある子どもにインターンシップ等の学生がつき、他の子どもたちを担任が見るという状況だが、これでは当該の子どもを担任が知る機会がなかなか作り出せない。子どもは自分を理解しようとしてくれる人、自分の見ている世

界を一緒に見たいと思ってくれる人に対して、自分も近づいてみようかなと考えるのではないだろうか。気になる状態に少しでも変化を求めるのであれば、インターンシップをはじめ保育所にかかわる様々な人たちと協力しあい、担任自身がその子をよりよく知ることのできる時間と空間をつくり出すことも検討してほしい。

第5節 まとめ

　保育所・幼稚園等における発達障害やいわゆる気になる子に対する支援について10のポイントをまとめてみたい。

①保育では、活動の「結果」というよりは、活動に取り組む「過程（プロセス）」を重視していることを再確認し、子ども一人一人が保育所内で安心できているか、自己肯定感が育まれているか、どのような学びを得ているかに目を向けていく。

②発達や障害は、環境との相互作用で考えられるものである。子どもの気になる行動が見られた時、保育がその子に対してどのような環境や配慮を行っているかについて分析していく視点をもつ。

③気になる行動が生起する場面について、その前後を含めて詳細に事実を観察する。観察した内容から、その行動を引き起こす要因を検討すると同時に、園や保育者自身の「○○しなければならない」「○○することが当たり前」という思いや雰囲気が子どもに対して強く出ていないかについても検討する。

④気になる行動の要因を探る時、感覚の過敏性や言葉によるやりとりの難しさなど、保育者自身とは異なる世界のとらえ方や見え方をしている子どもがいるということを前提に、多面的に考えていく。

⑤気になる行動への（保育者の）働きかけについて、「その子・行動に対して適切だったか」という振り返りとともに、「その子への働きかけをみた他児がどのようなことを感じ学んでいるか」という視点も加えてみる。

⑥気になる行動への対応だけでなく、その子の得意なところやよいところ、

育っているところなどのプラス面について、他児にどれだけ伝えられているかについても意識して働きかける。

⑦気になる行動が見られた時こそ、担当者が孤立しないように、特別支援教育コーディネーターや管理職を中心に、園全体で子どもを見るという姿勢と行動をつくっていく。

⑧気になる行動に対して、保護者を通してその対応を探っていく他に、園そのものが地域の特別支援学校や専門機関等と連携しネットワークを強めていくというアプローチもある。

⑨保護者との連携を模索する時、研修会等を利用して、子育ての難しさを抱えている可能性のある保護者へ間接的にアプローチしつつ園との信頼関係をより強いものにしたり、周囲の保護者へ園の考え方をさりげなく伝えたりするという方法も考えられる。また、個々の保護者との連携を模索する時は、保育者がそれまでにその保護者のことをどのくらい知り得ているのか（保護者が話したくなる関係を築けているか、保護者の話にどれだけ耳を傾けられているか）を再確認しつつ、専門機関に通うことでその子や家族がどうなるのかの具体的なイメージができるよう、また、障害のある子どもや家族にとって現実はとても厳しい社会であることを保育者が十分理解した上で話を進めていく。

⑩どの子にとっても楽しいと感じられる生活になるために、子ども自身が選べる遊びの環境（素材や空間など）が整っているか、生活の流れや動きに関して子どもにとってのわかりにくさ（動線や伝わりにくさなど）はないか、について園全体で検討し、より豊かな生活につながるよう研鑽を重ねていく。

【引用文献】
・全国保育協議会「全国の保育所実態調査報告書」2011（http://www.zenhokyo.gr.jp/cyousa/201209.pdf）
・髙橋智・田部絢子・佐久間庸子「幼稚園における特別支援教育の現状―全国私立幼稚園調査からみた特別な配慮を要する幼児の実態と支援の動向」「日本教育大学協会研究年報」29、pp.147-160、2011
・佐久間庸子・田部絢子・髙橋智（2011）「幼稚園における特別支援教育の現状 ―全国公立幼稚園調査からみた特別な配慮を要する幼児の実態と支援の課題」「東京学芸大学紀要 総合教

育科学系」62（2）、pp.153-173、2011
・ベネッセ教育総合研究所「第2回　幼児教育・保育についての基本調査報告書」（http://berd.
　benesse.jp/jisedai/research/detail1.php?id=4053）2011
・内閣府「子ども・子育て支援新制度の施行と障害児支援の充実について，子ども・子育て
　支援新制度　地方自治体担当者向け説明会資料」2015（http://www8.cao.go.jp/shoushi/
　shinseido/administer/setsumeikai/h270310/index.html）
・平澤紀子・藤原義博・山根正夫「保育所・園における「気になる・困っている行動」を示す
　子どもに関する調査研究―障害群からみた該当児の実態と保育者の対応および受けている
　支援から」「発達障害研究」第26巻、pp.256-266、2005
・全国国公立幼稚園長会「特別支援教育の在り方について」2010（http://www.mext.go.jp/b_
　menu/shingi/chukyo/chukyo3/044/attach/1298945.htm）
・文部科学省「平成26年度　特別支援教育体制整備状況」2014（http://www.mext.go.jp/a_
　menu/shotou/tokubetu/material/1356207.htm）
・久保山茂樹・齊藤由美子・西牧謙吾・當島茂登・藤井茂樹・滝川国芳「国立特別支援教育総
　合研究所研究紀要」36、pp.55-76、2009
・笹森洋樹・梅田真理・柘植雅義・廣瀬由美子・小林倫代・小松幸恵・久保山茂樹・海津亜希
　子・玉木宗久・涌井恵・伊藤由美・飯野茂八・熊谷健・小林直紀・山口伸一郎「発達障害の
　ある子どもへの学校教育における支援の在り方に関する実際的研究―幼児教育から後期中
　等教育への支援の連続性研究報告書」2010（http://www.nise.go.jp/cms/7,7058,32,142.html）
・厚生労働省「今後の障害児支援の在り方について（報告書）～「発達支援」が必要な子ども
　の支援はどうあるべきか」2014（http://www.mhlw.go.jp/stf/shingi/0000050945.html）
・発達障害情報・支援センター（国立障害者リハビリテーションセンター内）（http://www.
　rehab.go.jp/ddis/index.php?action=pages_view_main）
・千葉県教育委員会（幼稚園・保育所向け）「発達障害の可能性のある子どもへの支援Q&A」
　2014（https://www.pref.chiba.lg.jp/kyouiku/shien/tokubetsushien/kodomo-shien.html）
・徳田克己・田熊立・水野智美「気になる子どもの保育ガイドブック―はじめて発達障害のあ
　る子どもを担当する保育者のために」福村出版、2010
・浜谷直人・五十嵐元子・芹澤清音「特別支援対象児が在籍するクラスがインクルーシブにな
　る過程―排除する子どもと集団の変容に着目して」「保育学研究」51（3）、pp.331-342、2013
・浜谷直人・五十嵐元子・芹澤清音「特別支援対象児が在籍するクラスがインクルーシブにな
　る過程―排除する子どもと集団の変容に着目して」「保育学研究」5（3）、pp.331-342、2013
・植草学園　特別支援教育研究センター・データベース（https://www.unavi.uekusa.ac.jp/
　research-center-database）
・文部科学省「幼稚園における障害のある幼児の受け入れや指導に関する調査研究」（http://
　www.mext.go.jp/a_menu/shotou/youchien/1218189.htm）
・幼稚園教育要領解説書
・保育所保育指針解説書
・幼保連携型認定こども園教育・保育要領解説書

Chapter 7 巡回相談による支援

　保育巡回相談とは、外部の専門職が保育所・幼稚園を訪問し、保育の様子を観察した上で、障害のある子どもを支援するものである（鶴、2012）。保幼小連携の課題としてこれまで実施していなかった自治体にも、急速に現場からの需要が増えた分、その仕事に携わる相談員は、保育で直面している具体的問題解決についての緊急対応的な保育ニーズに応えることが優先されがちである。そのような現場では、相談員も巡回相談を利用する側も積み上げてきた実績がない分、保育臨床現場における支援の在り方について、共通のコンセンサスがあるとはいえない（秦野、2009）。内容も形態も様々である上、試行錯誤しながら進めている実態がある。

　本章では著者が携わる巡回相談を紹介し、形態、連携、支援の効果、課題等について考えていきたい。

第1節　保育所、幼稚園の理解

1. 保育所、幼稚園の特別支援教育の背景

（1）発達障害児の受け入れの変化

　保育所、幼稚園では、発達障害の有無にかかわらず一緒に生活するのが一般的である。以前は保護者が就園を見合わせたり、園の状況により断られたりするケースも目立った。最近では発達障害者支援法も受けて、特別支援教育への理解や配慮が高まり、入園を断られることが減少傾向にある。療育機関と併用することで入園を了承されたり、就園前までの療育訓練での成果を評価されたりして、入園する子どもたちもいる。

（2）発達障害に対するとらえ方の変化

以前は「活発すぎる子」「人見知りが強い子」「不器用で手助けが多く必要な子」などちょっと「気になる子ども」として扱われていた子どもたちも、特別な支援を必要とする子どもの枠組みの中で考えられるようになってきている。

（3）統合保育からインクルーシブ教育への転換

統合保育は、健常児と障害児を区別してとらえ、健常児の保育を基準とした枠組みに障害児をどのように受け入れていくかを考える支援である。発達障害者支援法も背景に、健常児と障害児を区別せず、一人一人違う個性をもつ子どもの集団を保育する考え方、インクルーシブ教育に転換している。

2．保育所、幼稚園の特色

幼稚園、保育所ならではの特色に合わせた配慮や方法が必要になる。

特に学校との違いは、公私立が混在しており、自治体で民営化を進めているところもある。私立の場合教育理念や宗教的背景などにも配慮が必要である。公立の保育所でも両親の就労状況で市町外を利用することもできるなど利用地域が限定されない。就園義務もないため、実際に少数ではあるが就園を希望しない家庭もある。特別支援学級のような枠組みはなく、ほとんどの園が障害の有無にかかわらず共に生活している。療育機関としての幼稚園や特別支援学校に幼稚部があるところもある。

同年齢児でも両親の就労・家庭状況により、厚生労働省管轄の保育所と文部科学省管轄の幼稚園、2つの選択肢がある。保育所は保育指針、幼稚園は幼稚園教育要領に基づき保育・教育がなされているが、それぞれの目標は同様のものである。文部科学省、厚生労働省幼保連携推進室（2006）により、教育・保育を一体的に行う機能を備えた認定こども園も増え、保育環境にどのような影響があるか今後注目される。また、就園期間も家庭状況により異なる。

その他、特徴的な違いは保育時間が異なる、午睡（お昼寝）の有無、長期休暇（夏・冬・春休み）の有無である。就労家庭の増加と保育所の補完的な役割

として、最近は幼稚園でも積極的に延長保育や休暇中の特別保育を実施している。また、保育者の数も幼稚園は学校教育法の幼稚園設置基準では1クラス35名以下。児童福祉法の児童福祉施設最低基準では保育所は4歳以上の幼児おおむね30人につき1人以上の保育士と定められている。

特別支援に関しては平成18年学校教育法改正により、幼稚園に特別支援コーディネーターの設置が推進されているが、保育所は含まれていないため独自に対策をしているところもある。

3. 保育・教育の現状と課題

（1）能力差・個性差・背景差の幅が広がる

インクルーシブ教育の流れを受け、同じ活動に対し個々に合わせた配慮を行うことが求められるようになってきた。育児に対する価値観や家族の形の多様化など、これまで以上に複雑な背景をもつ子どもたちも増えている。以前に増して子どもだけでなく保護者も支える役割を幼稚園・保育所が担うことが要求されている現状である。

（2）保育者の不足

1クラスの子どもの人数に対する保育者の数は定められているが、子どもたちに細かい対応をするには厳しいのが実情である。そのため各園工夫して対応している。園によってはやむを得ず保護者の付き添いをお願いしたり、複数の教室をサポートできる人員を配置したり、人員を増やす努力もうかがえる。

（3）対応方法の模索

個々の発達段階のとらえ方や特性についての知識や保育者や教室環境、友達環境などの関係性を考えた保育をするために特別支援の知識や配慮がより一層求められるようになってきた。子どもの専門家である保育者であるが、特別支援に関しては経験や知識が十分ではない場合も多い。その中で園や保育者が子どもへの対応、保護者への対応に関する問題を抱え込んでしまうリスクももち

合わせている。不適切な対応が二次的障害に結びつく場合もある。適切な対応をするためには、研修や検討の機会、相談できる環境が今まで以上に必要になっている。

1. 巡回相談の役割

文部科学省特別支援教育のガイドラインから巡回相談の役割を要約した。

①対象となる幼児や園のニーズの把握と指導内容・方法に関する助言

②園内における支援体制づくりへの助言

③個別の指導計画の作成への協力

④専門家チームと園の間をつなぐこと

⑤園内での実態把握の実施への助言

⑥活動場面の観察等

この中で著者が主に行っているものは、園のニーズに合わせて、対象となる園児にどのようにかかわるべきか具体的な方法（①）を探るために活動場面の観察からアセスメントを行い（⑥）、必要に応じて専門機関につなぐ（④）支援である。

園ではすでに適切な支援が行われていることも多い、それに対して妥当性や意味づけをすることも大切である。また、保育者は対象児の他にも多くの子どもたちを担当している。集団の中でもできる支援、集団だからできる支援方法を明確にし、実際の場面をイメージできるような支援方法を提案したい。

2. 巡回相談の手順

具体的な支援方法を探るため、保育者の情報や観察から対象児を含めたクラス運営も考える。

（1）対象児の情報共有

対象児については事前に保育者から情報をまとめてもらう場合と当日主な問

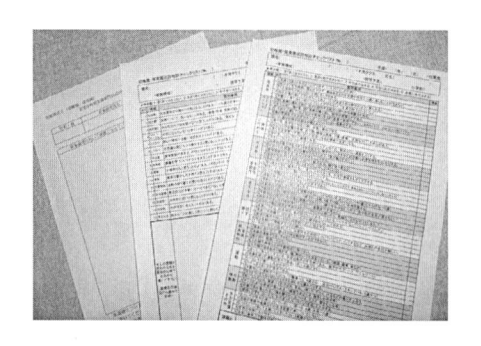

A市の巡回相談前に各園に記入をお願いする巡回相談リスト

写真 7-1　幼稚園・保育園巡回相談リスト

題点を提供してもらう場合がある。A市の場合3種の巡回相談リストを用意している。保育者は使いやすいリストを選び事前に様子や対応を書き込み、情報を共有する。リストは個人情報の配慮から終了後回収する。対象児を特定せずに観察の様子から支援が必要な子どもを引き上げることもある。

（2）保育参観

　参観の方法は、コーディネーターが順番に案内してくれたり、自由参観であったりと園により異なるが、以下の点に留意しながら参観を行う。状況により現場で保育者に気になる行動の背景や活動の意図などを聞くこともある。参観場面は個々の特性がわかりやすい場面を意図的に設定してくれることもあるし、通常保育の中で観察を行う場合もある。参観時間は活動的な午前中が多いが、園や巡回者との調整により午後や1日になることもある。

①対象児の観察

　園から依頼された対象児を中心に観察するが、その他の児童の様子にも気を配る。園によっては相談員が子どもを見つけやすいように座席表を用意してくれるところもある。活動や子ども同士のかかわり、行動の様子を観察する他、直接会話を試みてやり取りや言葉の状況を確認することもある。

②保育者の観察

　対象児や全体への言葉かけや援助の様子、活動提示、全体指示の様子などを観察する。その場で対象児に合わせた援助方法を示したり、助言したりすることもある。

③環境の観察

　教室環境、席順、スケジュール環境、活動内容、クラスの雰囲気、子ども同士の関係性、掲示物などを確認し、対象児の支援になるだけではなく、保育者の負担も軽減できる手立てを探る。

（3）カンファレンス

　対象児についての行動の背景や具体的な援助方法などを中心に話し合う。話し合いには相談員の他、各担任、コーディネーター、支援員と園の状況により異なる。

3. 幼稚園・保育所の巡回相談の形態

　巡回相談の形態は、著者がかかわる4市町でも体制が異なる。どの市町村も試行錯誤しながら体制を築き上げているのが現状であるようだ。

　巡回園数、実施回数、実施母体、巡回相談員は表7-1に示した通りである。

　全園の巡回相談を実現するためには、人材確保や日程調整など様々な条件を解決しなければならない。市町の規模により園の数も異なり難しい面もあるが、特別支援教育ガイドラインが示す通り、A市・C市のように教育委員会が母体となり一事業として確立させることが望まれる。

表7-1　巡回相談の体制

	幼稚園		保育所		実施回数	実施母体	巡回相談員
	公立	私立	公立	私立			
A市	3	3	1	3	年各2回	教育委員会	特別支援教育専門員（臨床発達心理士）、教育委員会、保健師、簡易マザーズホーム保育士、言語聴覚士、子育てコンシェルジュ
巡回園数	全園実施						
B市	1	9	13	8		こども発達支援センター	県発達支援センター（臨床心理士）、保健師、言語聴覚士、子ども発達支援センター職員
	希望があった園のみ実施 H26　10園						
C市	3	2	13	8	基本1回 必要に応じて複数	教育委員会	専門家チーム、教育委員会、特別支援学校教師、保健師
	全園実施						
D町	2 1年保育	0	0	3	年各2回	保健センター 教室事業の 一環として	心理相談員（臨床発達心理士）、特別支援学校教師、保健師、栄養士
	1 希望 有実施			3			

1. 連携の目的や意味

連携機関は保健センター、療育機関、教育機関などがある。幼稚園や保育所は子どもの発達を促す場所として重要な役割を担っている。しかし、子どもの特性やこれからの集団生活を考える上で、他機関との連携が子どもにとって適切であると考えられる場合もある。

他機関では、子どもの情緒の安定や言語・技能・社会性などを取り出してその能力を伸ばす場であったり、保護者が子どもの行動を客観的にとらえる機会や対応の方法を学ぶ場であったりする。家庭でのかかわり方だけでなく、周囲への理解の求め方、適切な支援の選択や受け方などを考える場にもなる。これらは、将来の子どもの成長の手助けになることが期待できる。保育者にとっても園以外でも子どもの発達を促す場があることは安心感につながり、問題を抱えこむことを防ぎ、情緒のケアを図ることが期待できる。また、子どもの問題を共有し相談しかかわり方を検討する場がもて、保護者とも共通認識をもち保育に取り組むことができる。他機関との連携には、保護者の協力が必要となるが、巡回相談では主に保育者との限られた回数でのやり取りになるため、保護者にどのように働きかけることが適切かを検討することが求められる。

2. 保健センターとの連携

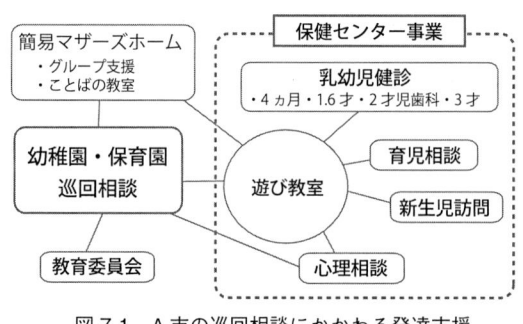

図 7-1 は A 市をモデルにした巡回相談を中心にした連携図である。連携の代表的な窓口である保健センターは乳幼児健診を行う機関であり、出生から健診の様子まで子どもの発達経過や保護者の様子などの情報

図 7-1　A 市の巡回相談にかかわる発達支援

の蓄積がある。保健センターが直接子どもの発達を確認できるのは通常3歳児健診までだが、グループ親子教室では健診や相談等でつながった親子と最長就学前まで連携できる。巡回相談は、健診や相談からの経過観察児やグループ教室経験児について、その後の連携支援の必要性を確認する役割も果たしている。

（1）相談支援

　保健センターの相談からは適切な方向性を示すためのサポートを行う。園での様子から、起きている問題の原因を探り適切な対応につなげるための相談になる。それまでの健診や相談で何らかの支援や療育を勧められているケースもあり、当時の状況も確認する必要がある。より細やかな状態を知るため、保護者の了解のもと発達検査によるアセスメントを取る場合もある。4歳以上では田中ビネー知能検査の他WIPPSI、WISC-Ⅳなど個人内差を測る検査を用いて、得意・不得意を見極め、それに合わせた具体的支援方法を話し合う。

（2）グループ親子支援教室

　保健センター事業として、就園後も利用できる親子教室に取り組んでいる市町もある。

〈A市の取り組み〉

　第5章のグループ親子教室とほぼ同様であるが、年齢に合わせ活動や指示の内容もやや難しくなっている。3歳児健診後の事後教室として、就学前までの子どもが参加できる。午後に実施し、就園児にも参加しやすい時間帯に配慮している。

〈C市の取り組み〉

　C市は出生が少ない地域であること、公的な療育機関がないことから保健センターに求められることも多い。そのため言葉の発達に注目したグループ教室に取り組んでいる。年齢に合わせ3グループで行っている。

　C市では支援者が巡回相談にかかわることはないが、巡回スタッフである教育委員会とは常に連携を取れる関係にある。教育委員会は年数回、就学前の年

長グループの活動に参加し、就学についての情報提供、教育相談との連携を図っている。

〈D 町の取り組み〉

　C 市と同様の教室である。D 町ではグループ教室参加者を対象に巡回相談を実施しているため、園との連携が取りやすくなっている。巡回では教室参加者だけではなく、その他の気になる子どもへの支援方法も検討している。保育所の子育て支援センター保育士は教室のサポートとして 2 ヵ月に 1 回活動に参加している。カンファレンスでは情報交換の場にもなりお互いの研修になっている。

写真 7-2　D 町親子教室の様子

3. 療育機関との連携

（1）言語相談支援との連携

　「ことばの教室」「ことばの相談室」「言語教室」などである。体制は市町により異なり、A 市では簡易マザーズの言語部門として含まれ、B 市では保健センター内に含まれ常設されている。C 市ではグループのことばの教室の他、嘱託の言語聴覚士による個別の言語相談が行われている。D 町は保健センター事業の「ことばの教室」がその機能を担っている。原則、言語聴覚士（場合により臨床発達心理士や経験者が対応）が訓練を実施する。基本的に先生と子どもの個別指導である。A・B 市ともに年長児には必要に応じてグループ指導も行っている。4 〜 6 歳（年中年長）になると園だけでなく家庭でも言葉について心配が目立つ時期でもある。それまであまり気にしていなかった発音や吃音、やり取りの幼さに保育者も周囲も気づくことが増えてくる。そのため巡回相談でも気になる事項として注目されやすく、言語教室は連携先として利用されやすい。園で集団経験を積んでいる子どもたちなので、個別の方が保護者も目的意

識をもちやすく、受け入れやすいということもある。

　言葉だけではなく発達の遅れが関係していることも多いため、言葉の発達に関連する、理解面、運動面、対人関係などにも注目する。

　子どもの支援の他、保護者との相談の時間ももてる。年長児では就学について必要な援助を話し合えるだけでなく、学校との連携も取りやすくなる。

（2）グループ療育との連携

　児童発達支援センターや児童発達支援事業（簡易マザーズホーム）のグループ療育である。担当者が巡回相談のチームに入っている場合は、療育現場での具体的な方法を伝えることもできる。療育機関を離れた子どものその後の成長も確認できる。お互いが情報交換をし、対象児についての共通理解をはかり、双方のやり方を共有できることは、それぞれの役割の確認にもなる。また、子どもと家族の安心につながると考えられる。巡回相談がきっかけとなりグループ療育訓練を開始する場合もある。

　園との並行通園[1]の場合、次のような役割が期待できる。

〈自信をつける場——認められる場面を増やすことのできる場〉

　子どもに合わせた内容・スケジュール設定により見通しをもって自発的に動ける環境をつくりやすい。また、園より少人数であるため個々に注目することができ、成功までの段階を細かく設定し、進歩や努力を見つけて賞賛するなど、保護者や保育者とともに喜びも共有できる。その過程で自己肯定感が育つと園での情緒の安定や活動への意欲が期待できる。

〈親が直接かかわりを学べる場——子どもへの理解を深める場〉

　子どもの理解を深めていく。子どもの特性に合わせて、働きかけのタイミング、言葉またはモデル提示など働きかけの種類、視覚的教材の用い方等の具体的なかかわり方を学ぶことができる。保護者が知識を得ることで、園や学校など今後かかわる人々への理解を促す上で具体的に提示することが期待できる。

---

(1)　並行通園とは、週5日の間〇日間は療育機関、残る〇日間は園に行くというように交互に通園する方法である。

〈経験を増やす場〉

　療育機関で経験すれば自信をもって園でもできることも期待できる。経験回数を増やすことで定着が図れる。幼稚園、保育所で学んだことの復習ができる。

〈子どもの発達をみんなで支えることができる場〉

　子どもの問題を共有できる。専門的な視点で一緒に考えることができる。子どもだけではなく家族、幼稚園、保育所を支え合うことができる。

4. 教育委員会との連携

　就学を迎える年長児についての情報交換や連携を図る上で、教育委員会が巡回相談の中心になることは大きな意味がある。就学後の支援の必要性、就学先選び、学習への適応などの視点から具体的な援助方法の検討が直接確認でき、子どもや家族にとっても受け入れる側にとっても、適切な準備をする上で大切になる。また就学前健診を受ける際の配慮点の連絡や就学支援委員会[注(2)][注(3)]への情報提供の必要性なども検討することができる。教育委員会は他に、次年度の就学調査[注(4)]を行っている。

5. サポートファイルの活用

　一般的に療育機関や幼稚園、保育所、小学校入学など次へのステップの際に利用することが期待されている。保護者の意思で園に提出することができる。これまでの相談状況と内容、検査結果などの情報があり、これに基づいて対応の参考にすることができる。また、療育機関の通園状況もわかるため巡回相談

---

(2) 就学前健診　　小学校入学前に行われる健康診断や知能検査。前年度 10 月頃に行われる。各小学校区で行われるが、小学校に赴く場合と各園で行われる場合がある。

(3) 就学支援委員会　　就学にあたり特別な支援を必要とする、あるいは支援学級や支援学校の進学を視野に入れている子どもたちの実態把握と支援の方向の適正を検討する委員会。委員会に資料をあげるためには保護者の承諾が必要になる。委員会メンバーは教育長、小児科医、小・中学校特別支援学級担任やコーディネーター、特別支援学校就学担当者、教育委員会指導主事、療育機関所長、言語聴覚士、心理相談委員等市町により異なる。

(4) 就学調査　　特別な支援を必要とする子どもたちがどのくらいいるかという実態調査である。

で連携を取る際にも役立つ。また、ファイルを開示することで保護者の意識を伝えることもできる。実際、活用されている市町はまだ少ないように感じる。

 巡回相談支援の方法と実際

　巡回相談の方法は市町によって異なる。ここでは著者が行っている巡回相談を参考に具体的な状況を想定し方法を紹介する。

1．落ち着きがなく集団行動が困難な子の支援方法（ケースⅠ）

〈子どもについて〉

＊支援シートから

公立保育所
A市特別支援専門員巡回訪問シート

20××年6月×日

学年・組	対象児氏名	性別	担任氏名
年少（3歳）	A樹	男	田中

※

対象園児において課題になっている点	対象園児の支援
●落ち着きがない。絵本の読み聞かせで座っていられない。 ●着替えに時間がかかる。 ●ことばが幼い。質問したことに答えられないことが多い。 ●一緒に行動できない。 ●入園当初は教室から飛び出すこともあった。	●その都度注意して座らせる。 ●その都度声かけしながら、一緒に行う。 ●個別に声かけし、行動を促す。

＊園の補足情報から

　A樹くんの母親は自営で仕事をしており、とても忙しいそうでA樹くんにあまりかまってあげられていないのではないかと感じている。A樹くんの発達の遅れは心配していないが、保育者は園の様子から発達障害を疑っている。他の子とほとんど一緒に活動できないA樹くんには保育士1人では対応が難しく、補助の保育士が個別に対応している。補助の保育士は複数の子の援助もしているため、細かい配慮ができない。今後を考え病院受診や療育訓練を勧めたいと思っている。

〈これまでの支援経緯〉

　3歳児健診はこれからである。1歳6ヵ月児健診で言葉の遅れがみられたが、母親は気に留めていなかった。2歳児歯科健診でも同様の様子がみられ、落ち着きがない行動がみられた。危機感はなく、グループの親子教室に誘うが、仕事を理由に参加しなかった。

〈参観の様子〉

　着替えの時はよそ見をしていてなかなか進まない。途中で「A樹くん朝の会始まるよ」「急ごうね」などの言葉かけはあったが、それにより作業が進むことはなかった。最終的に先生が1対1で具体的に着るものを、その都度示しながら声をかけて完了。朝の会では一番後ろに着席し、姿勢の維持は難しい。呼名に対し返事をすることができた。歌に合わせての手あそびは手が動かないが、みんなの様子を見ている。遊びでは後半、砂場で遊んでいる子に興味を示し、眺めているが、加わることはなかった。

〈カンファレンス〉

＊子どもについて

　園情報からも、発達の遅れによる状況理解や言語理解に困難を抱えていると推測される。家庭で意識して教える状況は少なく経験が積めていないことも推測された。入園当初は教室の外への飛び出しがあったが、現在はなくなったことからも、クラスへの所属意識やみんなと一緒にやることへの意識は育ってきたものと推測される。園全体の明るい雰囲気や中心となる保育士が意図的にみんなの前でほめてくれるのも効果があるのではないかと考えられた。しかし、自発的に見通しがもてる状況は少なく自信がなくなっているようだ。

＊環境支援について

　全体の流れを視覚的にとらえてイメージ化することで、次が見通せて安心することを共通理解する。そこで活動の枠組みがわかりやすいようにスケジュールカードをクラス全体に提示し、個別に確認するだけでなく、子どもたち自身で活動の流れをつくれるようにすることを提案する。また、語彙が少ない、記憶量が少ないことも予想され、すぐに行動に移せないときや注意がそれやすく

なった時には、短い文、簡単な言葉を選んで個別に言葉かけする。また自発的にできたこと、気づけたことを見つけ、具体的にほめて、人への意識につなげることで聞く気持ちももてるように配慮する。

*連携支援について

今後受診する3歳児健診で様子を確認し、必要と思われる支援を保護者に提案することを約束する。

〈その後の様子〉

3歳児健診から心理相談につながることができた。母親に巡回時の様子を伝えられたことで、子どもの状況の理解に結びついたようだ。心理相談では発達検査（田中ビネー）によるアセスメントから認知面の遅れを確認。家庭のかかわりを意識することでも変化が望めることも受け止め、気持ちの変化がうかがえた。親子のかかわりや子どもへの理解を高めるためグループ親子教室に誘うと、仕事の都合をつけて通うことになった。

2. 友達と関係を築くことが苦手な子の支援方法（ケースⅡ）

〈子どもについて〉

*支援シートから

私立幼稚園
A市特別支援専門員巡回訪問シート

20××年10月×日

学年・組	対象児氏名	性別	担任氏名
年長（5歳）	B美	女	鈴木

対象園児において課題になっている点	対象園児の支援
●時々友だちの失敗を指摘してしまい、トラブルになることがある。 ●架空の相手と話をしたり、何かになりきったりする様子が見られる。 ●ひとり遊びが多い。 ●会話がかみ合わないことがよくある。 ●急な予定変更などがあると急に泣き出すことやイライラすることがある。 ●一斉指示の際聞いていないことが多い。	●友だちも頑張っていることを知らせる。 ●声をかけて、今やるべきことに注目できるようにする。 ●保育者が仲介し、友だちの中に入れるようにサポートする。 ●予定を話したり、落ち着ける場所に移動したりする。 ●個別に名前を言って気づかせる。

＊園の補足情報

　園の流れにはよく乗れている。最近家庭で急にかんしゃくを起こすことがあり対応に困っていると母親から相談があった。

〈これまでの支援経緯〉

　1歳6ヵ月児健診から言葉の遅れや歩行の遅れを心配し経過を追う。2歳児歯科健診時には言葉は増えるが会話にならず、目も合いにくいなどの心配からグループ親子教室へ。グループ親子教室ではスキンシップ遊びを嫌がったり、新しい遊びになかなか参加できなかったりする場面もみられた。継続して参加することにより、楽しそうに参加できるようになった。

〈参観の様子〉

　工作の時間、先生がみんなの前で話している時は注目していないが、何をするか個別に質問をすると答えることができた。自由遊びでは、ブロックを一人で黙々と組み立てる姿が見られる。友達が近づくとスッとその場を立ち去る。相談員が声をかけると緊張した表情で言葉が出ず、周囲の子どもたちが答えてくれた。

〈カンファレンス〉

＊子どもについて

　決められた流れや経験したことに対しては安心できるようである。新しいことや予想外のことへの対応は苦手で、相談員の言葉かけにもどうしたらよいのかわからなくなってしまったようである。そのため予想通りに進まないと気になり友達の間違いの指摘につながっていると考えられた。また、年長になり未体験のことや、活動量が増え、スピードも速くなり、それに対応しようと頑張るが、苦しくなってきているため、家庭では疲れが出て不安定になることも考えられた。

＊環境支援について

　日常的に絵カードなどを用いてスケジュールを視覚化しておき、新しい活動や予定変更はその都度差し替え、変化に慣れるようにする。新しい活動手順は、事前に決めて流れのパターンを考え、絵・図を用いてイメージできるように視

覚化しておく。

　はじめから行動できなくても、無理強いせず慣れる時間、観察する時間を認め、場に一緒にいることや見ていられることを評価する。子どものわずかな気持ちの動きをとらえて、さりげなく誘う。友達への指摘については、友達が他の友達をほめている時、いいところを見つけた時をモデルにして、本当はしてほしい行動を示す。B美にその行動が現れた時はほめる。自由遊びでは、保育者が仲介して子ども同士でうまく遊べる方法を示しながら成功に導く。

＊連携について

　就学後も不安定になることが予想される。子どもにとって安心でき、自信をつける環境を整えるため「ことばの教室」利用を視野に相談を勧める。

〈その後の様子〉

　園からの勧めで、保健センターの心理相談を予約。WPPSI 知能診断検査を行い、言葉の理解や表現が苦手であることが確認された。その後「ことばの教室」を利用している。教室では自信をもって取り組んでいる。「ことばの教室」では、グループ教室にも参加することになった。教育委員会へ就学相談にも行き、小学校では通常級の他、通級を利用することを検討している。

3. 乱暴な行動が目立ち指示が伝わらない子の支援方法（ケースⅢ）

〈子どもについて〉

＊支援シートから

私立保育所 D 町出前相談シート			20 ××年 6 月×日
学年・組	対象児氏名	性別	担任氏名
年中（4 歳）	C 夫	男	佐藤

対象園児において課題になっている点	対象園児の支援
●集団活動が苦手である。 ●突然大きな声を出す。 ●室内を走り回る。 ●友だちとのやり取りで手が出てしまいトラブルになる。	●言い聞かせるが効果がない。 ● C 夫のやる気を待つ。 ●暴力はいけないことをしっかり伝える。

＊園からの補足

　言うことを聞かない、どう聞かせたらよいかわからない。かかわりに困っている。

〈これまでの支援経緯〉

　1歳6ヵ月児健診では言葉の遅れが気になるが、保護者の困り感はなく経過観察になる。3歳児健診では話し方が幼い、言うことを聞かないという母親からの訴えもあり、グループ教室に誘いその後参加。当初は教室参加に対してはあまり積極的な様子ではなかった。

〈参観の様子〉

　朝の会の手遊びは手を動かさないが見ている。工作では取り組もうとするが、複雑な描画はできず途中でやめてしまう。「ここ上手だね」とほめると、その後積極的に絵を見せに来るようになる。椅子の片づけや給食の準備などその都度の先生の言葉による指示は聞かずに、教室の端で他児とふざけ始めそのうちケンカになる。保育士も全体が落ち着かない環境の中、指示を出している。ほとんどの子が準備を終えたところで補助の保育士に言葉で促され動き出す。

〈カンファレンス〉

＊子どもについて

　C夫くんは、環境からの刺激に振り回されやすく、流れの中で言葉を聞いたり、状況を理解することが難しい。そのために動きを止めて個別の働きかけが必要である。聞いたことを覚えていられないなども考えられた。保育士から見て「わざとやらない」「やる気がない」ととらえられてしまうため言葉による注意が増えてしまうようだ。本当は「何をしていいかわからない」「どうしたらいいかわからない」ため、ふざけてごまかし、さらに不適切な行動を繰り返す悪循環になっていた。突発的な行動も不適切なアピールととらえられた。友達とのやり取りも遊び方が理解できない、どのように対応したらよいかわからないなどから手を出してしまうと考えられる。

＊環境支援について

　学級運営の工夫として、スケジュールを絵や図を用いて視覚化提示することで言葉を減らし、必要な指示を見聞きしやすい環境を整える。また、切りかえ時に注目できる教材としても用いる。生活全体の区切りを明確にし、それぞれの活動を子どもにわかるように完結させることなどを提案した。C夫くんに対しては、注目の様子を見ながら、個別に名前を呼んだり、注目する場所を目立たせて先生と一緒に確認したりするかかわりの中で、少しでも気持ちが向いたと感じた時にほめるサインを送り、適切な行動を引き出せるようにする。

　苦手な活動の中に短い目標をつくって、細かくほめながら達成を目指す。活動量にも配慮し、手伝いながらも最後は自分の力でできる部分を残してみんなと一緒にできたことを意識させながら達成感をもてるようにする。

＊連携について

　保健センターの教室には継続して休まず参加。教室で成果があった方法などの情報交換をすることができた。引き続き活動経験を増やして自信をつける場として活用する。また、就学後のことも視野に入れ、支援の活用や病院受診についても検討していく。

〈その後の様子〉

　手遊びや工作に自信をもって参加できるようになってきた。話し方に幼さが残るが、自分はできるというアピールも感じられるようになる。手遊びも友達の動きを模倣しようとする意欲が感じられるようになった。病院受診も進み、病院の言語訓練も並行して利用するようになった。就学についても見学や支援の受け方について相談しながら進めている。

第5節　幼稚園、保育所の巡回相談からみえる変化と課題と今後

1. 巡回相談からみえる変化

　巡回相談が定期的に行われるようになった地域では、回数や年数を重ねると、園全体の特別支援に対する意識が徐々に変化していくことがわかる。

（1）関係の変化

子どもの特性への理解から、指示を出す時の言葉選び、話し方の工夫、教材の工夫などを意識するようになる。これらは子ども本来の頑張りの評価につながり、プラスのかかわりが増える。カンファレンスでは子どもについて共通理解をすることで、対応の方向性が確認され一貫性のあるかかわりをもつことで保育者も子どもも安心できるようになる。子どもの成長は保育者・保護者の関係にも好影響が期待できる。

（2）環境の変化

具体的に視覚的教材などを用いることを意識するようになり、1日のスケジュールを絵で表したり、それを注目できるようなボードを用意したり、グループがわかるように色分けしたりなど様々な場面で子どもたちが目で見てわかりやすい工夫がされるようになる。対象の子どもの特性に合わせた配慮は、実は他児にもわかりやすく、活動の流れや切りかえが明確になることにつながる。他児の行動がモデルにもなり、模倣しやすい環境や自発的に動ける環境に変化していく。また、位置や動線、手順が理解できることにより、情緒の安定にもつながる。

（3）連携の変化

相談者と保育者の面識ができることは連携先のイメージにつながる。園から保護者に他機関を勧める際の不安も軽減されることが期待できる。また、専門職との話し合いで子どもを理解し、それに合わせた支援方法を実践することで成果を実感できれば、信頼関係ができ、巡回以外の相談や情報交換もできる。保育者や家族の精神的な支えになることが理想である。また、巡回者にとってもそれぞれの機関で保護者から相談を受ける際、園の様子を知っていることは、大きな助けになる。

2. 課題と今後

（1）誰が中心に行うか

「保育所における質の向上のためのアクションプログラム」（2008）の中では、巡回相談のように地域の関係機関との連携は自治体が中心に行うことが望ましいと指摘している。民間の療育機関が行う場合もあるが、誰が中心になって実施するかは重要である。その中でも文部科学省から特別支援教育の体制として推進されていることから、本来教育委員会が中心になるべきなのかもしれない。しかし、実際、幼稚園、保育所については保健センターや療育機関が中心に行うところも多いようである。

（2）巡回対象園について

巡回相談は公的事業として全園対象に行うべきか。希望園だけに行うべきか。発達障害の特性が認められる子どもはどの園でも存在する。子どもの発達を援助するためには全園実施が望ましいと思われる。実際、園の理解がないと成立しないというのが現状である。幼稚園・保育所においても巡回相談事業が特別な支援を必要とする子どもたちへの必須事業として整備されることが望まれる。

（3）巡回回数について

巡回回数の不足、巡回間隔の開き、定期的・継続的支援がされていないことは多く指摘されている。カンファレンスで話し合われた支援の方向性が妥当なものか確認するためにも最低年2回の巡回を実施したい。しかし、相談員の日程調整や予算調整が実現を左右しているためここでも自治体の考え方が反映される。

（4）巡回相談員について

相談者が、巡回後の連携やそれぞれの立場からの視点は子どもの支援の方向性を考える上で大切なことである。巡回専属の人材確保も一案ではないかと考

えるが、他の現場を知っているからこそ適切な支援の方向性を導き出せることも否めない。

（5）専門家に対する依存

「悩みを相談すれば専門家が解決してくれるはず」という過度な期待を抱く一方、納得できない結果に対し深い不信感を抱くという二面性を合わせもつ（秦野、2009）。専門家も理想や一方的な助言ではなく、保育者も共に考え、納得して現場で活かせるような援助にしたい。

（6）健診との関係性について

就園後に行われる健診として5歳児健診を実施する地域も増えている。B市もその1つである。就園前からの支援を充実させ、就園後巡回相談と連携を取れることで、5歳児健診の必要性も問われるのではないかと考えられる。

（7）おわりに

巡回相談は3歳児健診から就学までの期間をつなぐ大切な支援方法の一つである。しかし、まだまだ地域差のある方法である。多くの園を抱える自治体では体制を一般化するのにはもう少し時間がかかるだろう。園の現場では様々な問題を抱えた子どもたちへの特性に合わせた対応に試行錯誤しているところも多い。そして適切な対応への知識や技能をもつことは、園全体の意識や雰囲気までも変化させる力をもっていると感じる。この体制を整えるためにも実績をつくることが、回数の確保や巡回園の拡大につながると考える。また巡回を事業化するシステムづくりには教育委員会などの自治体のバックアップが今後期待される。

【引用文献】

・文部科学省「特別支援教育ガイドライン」2004
・鶴宏史「保育所・幼稚園における巡回相談に関する研究動向」帝塚山大学現代生活学部紀
　要第 8 号、pp.113-126、2012
・秦野悦子「保育巡回相談で出会う　倫理問題とその対応」白百合女子大学、2009
・浜谷直人編著『発達障害児・気になる子の巡回相談』ミネルヴァ書房、2009
・阿部美穂子「気になる子どもの保育における効果的な巡回相談スタイルの実践的検討」富
　山大学人間発達科学部紀要 7（2）、pp.41-53、2013
・厚生労働省「保育所における質の向上のためのアクションプログラム」「保育所保育指針等
　の施行等について」（雇児発第 0328001 号：別添 4）2008

Chapter 8 学齢期へどうつなぐのか（移行支援）

幼稚園や保育所、認定こども園では乳幼児期の子どもが集団生活という家庭とは違った環境の中で生活をしている。そして、家庭では学べない、保育者や友達との出会いや様々な出来事に自ら主体的にかかわる中で発達に必要な多くの学びを経験している。

この乳幼児期の学びは学童期以降の学びとは大きな違いがある。学校では学ぶ対象や内容を「教科」、例えば国語、算数、理科、社会といったような枠組みによって学ぶ。一方、乳幼児期は個人差が大きく、学校のように一斉に同じ条件で学ぶことに無理があるので、集団保育施設では子どもの発達や個人差に合った遊びを通した学びの経験が主体的に積み重ねられるように考えられてカリキュラムも立案される。しかし、年長組（満6歳を迎えた幼児）になると協同で一緒に遊びを創造したり、お当番などの社会的な役割も交替で経験したりと少しずつ、学校生活へのステップを踏むようにして工夫をしていくが、教科という枠組みや一斉に教師の指導の下に、同じ内容を一緒に学ぶスタイルについていくには時間がかかる。そのために、幼稚園や保育所、認定こども園から小学校1年への段差ができるのである。発達障害の子どもにとってこの段差はさらに大きくなる。この段差をいかにうまく超えていけるか、自分自身で超えていける力をどのようにつけたらいいのかといった、就学に向けた準備や方法について考えていきたい。

第1節　小学校就学に向けた移行支援の基本

1. 小学校への就学とその課題

（1）小学校への就学とは

小学校はすべての子どもが通うことができる義務教育の学校である。そし

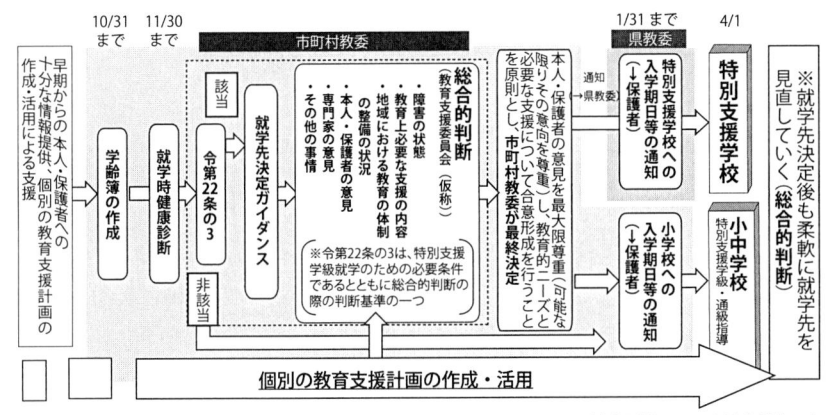

太字：学校教育法施行令（一部学校保健安全法施行令）、*斜体*：障害者基本法、**下線（黒字）**：H24 中教審報告ほか

図 8-1　障害のある児童生徒の就学先決定の手続きの流れ

（出典：田中祐一「インクルーシブ教育システムの構築とは」『実践　障害児教育』3、学研プラス、2015）

て、どんな地域にも必ず、就学する子どものために小学校は存在し、地域の重要な社会資源としてその大きな役割を担っている。

　しかし、障害のある子どもにとっては、この就学への支援を、どの時期から始めつなげていくかは、就学の時点での子どもの適応や小学校での新しい生活に大きく影響する。そのために、幼稚園や保育所、認定こども園に就園している時点から準備を進めることが求められている。就学制度については平成 25 年に学校教育施行令の改正に伴って、その条件の設定が保護者の意向を重視するなど、子どもの権利をできる限り実現する方向性で示されている。

（2）小学校就学時に起こる小 1 プロブレムとは

①小 1 プロブレムという言葉

　プロブレム（problem）という言葉は、「問題ない」という英語の意味であるノープロブレム（No problem）の反対語「問題がある」という言葉を引用して、小学校入学直後から学級集団の不適応の状況が発生した時のことを一般的に表す時に使われている。具体的には、入学当初から「担任の話を集中し

て聞けない」「教室内でじっとして居られず、授業中に席から離れ立ち歩いたり、教室から外に出てしまったりする」「自分だけ話し始めると人の話も遮って話し続ける」「友達と遊ぶことができない」「国語や算数などの学習への取り組みに遅れがみられる」「一人で居ることが多く、友達とのコミュニケーションが成立しない」「友達と頻繁に些細なことでトラブルを起こす」「忘れ物が多い」「教師からの発問の意味がわからず、正確な応答ができない」「登校しぶりがみられる」など、様々な症状が現れる。その結果、クラスの児童生徒一人一人の学習も落ち着かない、定着しない、学級集団としてのまとまりもつくることが困難な状況になり「学級崩壊」と呼ばれる現象にまで至るケースが続出した。このような、小学校入学当初に起こる現象は「小1」に「問題がある」＝「小1プロブレム」として学校教育における喫緊の課題として注目されている。

②小1プロブレムの要因は

　この「小1プロブレム」は基本的な生活習慣の獲得の遅れや、家庭の教育観の多様化、保護者の高学歴化、幼稚園や保育所の保育内容と学校教育のギャップの大きさなど様々な要因が検討されるに至っている。しかし、この学級集団の適応に困難な子どもたちの中には、実際には発達障害をもっているが、小学校1年だから、識別することはまだ早いということで、発達障害の診断を受けるチャンスを逃している子どもたちがいる。グレーゾーンと呼ばれ発達障害のような行動の特徴はみられるが、医療機関に相談するか、判断がつかなかったり、発達障害の診断は受けていても親の意向で普通学級への入学を強く希望している場合など様々な理由で、普通学級に予想を超えて個別支援が必要な子どもが集まってしまったといわれている。

③小1プロブレムへの対応と方向性

　これまで幼稚園や保育所、認定こども園ではさほど求められなかったが小学校の入学と同時に必要になってくる能力やスキルがある。それは、学校という教育システムの中で、集団で学ぶという仕組みゆえのもので、例えば「学習時の着席行動」「板書の理解」「自分で観察したことを文字での記録」「集団の中でも自分で聞く、発表するといった学習スキルの使用」「ひらがな、カタカナ、

漢字などの読み書き」「数の理解、計算などの能力」「同学年や異年齢という大人数で多様な人との交流」などがあげられる。以上のような入学時に必要とされる行動は発達障害がある子どもたちには困難な場合がある。このような困難が予想される子どもたちの苦しさや不安を少しでも緩和するために、早めの段階で「年長⇔小1」の相互交流や教職員の合同の研修など様々な取り組みが行われて、この「小1プロブレム」の原因となる「困難さ：移行期のギャップ・段差」を軽減する努力が行われている。

2. 発達に障害のある子どもたちの就学（小学校入学）

先に、紹介したように「小1プロブレム」の要因の中には発達障害をもっていて、何らかの準備や支援が十分ではなかった場合や、個々の子どもの発達に即した学習環境が整っていないといった、周りの人的・物的環境や事前の子どもへの配慮が不足していたことも考えられる。

しかし現在、特別なニーズを有する子どもも、健常な子どもと同様に個々の発達に見合った教育が平等に受けられる仕組みはある。そこで、本項では、就学がどのように保障され進められているのかを考える。

（1）就学義務とは

すべての子どもには就学する権利とその権利を行使する保護者の義務がある。具体的には「保護者は、その保護する子女を、満6歳に達した日の翌日以降の最初の学年の初めから、満15歳に達した日の属する学年の終わりまでの9年間、小・中学校または特別支援学校の小学部・中学部に就学させる」義務を負っている（学校教育法第17条）。

また、学校教育法第18条では、病弱、発育不全その他やむを得ない事由のため就学困難と認められる児童生徒の保護者に対して、その保護者の願いにより就学義務の猶予または免除することができる規定がある。重度の肢体不自由児などが在宅療養している場合などがこれにあたる。

（2）就学に関する制度とは

　視覚障害者、聴覚障害者、知的障害者、肢体不自由または病弱者（身体虚弱者を含む）は学校教育法施行令 22 条 3 で特別支援学校に就学させるべき障害の程度（就学基準）が定められている（参照 p.46「表 4-2　文部科学省による発達障害の定義」）。対象となる児童生徒は、市町村の教育委員会において小学校や中学校で適切な教育を受けることができる事情がある場合を除いて、特別支援学校で教育を受ける仕組みになっている。

（3）認定就学者について

　市町村教育委員会が、児童生徒の障害の程度のみならずその就学にかかわる諸事情を総合的に考慮して、就学基準に該当する生徒のうちで、小学校や中学校において適切な教育を受けることができる特別な事情があると認められた者（認定就学者）は小・中学校に入学できる。しかし、認定にあたっては、いくつかの条件が示されている。

（4）就学のための専門家との連携

　児童生徒の就学に関する判断のために専門的な知見から客観的な判断が行われるために、市町村の教育委員会では「就学指導委員会」を設置して専門家と連携して専門的知見から就学に関して評価を行っている。

3.　小学校への就学に向けての配慮事項とは

（1）障害の種類および程度に応じた就学とは

　障害のある児童生徒の中で、その障害の程度によって、特別支援学校に就学させるかどうかを判断し、決定するのは図 8-1 で示した通りである。しかし、実際に障害の程度といっても、示された障害の特徴だけでは容易に判断できるものではない。個人差や、適応の良さなど様々な情報を保護者や幼稚園や保育所、認定こども園、保健センターなどから集め、総合的に判断されることが望まれる。

（2）就学指導委員会（教育支援委員会）との連携

障害のある幼児や児童生徒のための適正な就学に向け、各都道府県及び市町村の教育委員会に「就学指導委員会」が設置されている。一般的に教育委員会に関連する職員（学校教育課職員）、その地域の医師（小児科医、精神科医など）、児童相談所の職員、小学校校長やその責任者、特別支援学級（小学校）の教師や特別支援学校教師などで構成されている。障害のある幼児、児童生徒の就学に向けた障害の種類や程度の判断は、対象の子どもの将来にかかわる重大な進路を決定することになるので、対象児の発達のあらゆる場面での可能性を検討する点から、その侵害や検討にあたっては、医学的な診断結果だけではなく、教育学、医学、心理学などの観点から総合的に判断されることが期待される。

4. 就学に向けた保護者への支援のポイント

（1）様々な就学先の情報を得る

まず、障害のある子どもたちの就学先にはいくつか道があり、それぞれの特徴があることをよく知ることから始まる。

小学校の入学段階での就学先は大きく以下の3つに分けられる。

①特別支援学校の小学部（視覚障害、聴覚障害、知的障害、肢体不自由・病弱）

②小学校の特別支援学級（知的障害、自閉症、情緒障害、肢体不自由など7種類）

③小学校の通級クラス

通級クラスの場合、言語等のための特別な支援が必要であれば、「通級指導教室」の併用も可能である。上記の就学先は障害の程度や対象の子どもの集団への適応状態や支援の内容によって判断される。

小学校の入学段階での就学先の大きな種類は以上の通りだが、それぞれの就学先について、さらに詳しく知るための情報収集が重要となってくる。例えば、特別支援学校では月に1回程度ではあるが体験入学を実施していて、希望があれば何度もその体験入学を受けることができる。

この体験入学とともに、就学相談会（保護者対象に年に何回か）が開催されている。一般の小学校でも随時、就学相談や学校見学を受け付け、入学の段差

を少しでも低くするための工夫をしている。保護者は自分の子どもの発達的な特徴や性格傾向など総合的に判断して、どのような学校教育を受けるのかを考え、就学先の結論を出すためにも、多くの情報を積極的に集めることが求められる。そのためには、自らがそれぞれの学校や学級を訪問し、校長先生等とも面談をして具体的に主体的に情報を集めることが肝要である。

(2) 保護者の心情の理解と支援

　発達障害をもった子どもたちの多くの保護者と就学の移行支援を通してかかわってきたが、大きな節目である「小学校入学」は保護者にとって生涯で最大の難関と感じている。幼いうちは、その子どもなりの豊かな成長や健康を願い、幼稚園にも協力的であった保護者でさえ、年長組の秋の運動会が終わる頃から心配が募ってくるようである。どのような親でも「できれば……我が子を地元の友達も行く、通常学級に就学させたい」という思いはもっている。一方で「通常学級では不適応を起こすのではないか」「学習について行けないのでは」「学習能力はあるけれど、落ち着きがなく、衝動的で協調性もなく、仲間入りができないかもしれない」「みんなとうまくいかずに、不登校になったら……どうしよう」など、あらゆる心配な気持ちに襲われる。このような、不安や心配は当然のことで、その気持ちに寄り添う以外支援の方法はないといっても過言ではない。保護者の意向は十分ではないことも多く、過小評価、過大評価が渾然一体となっている状態を何とか打開したいと思っている場合も多い。しかし、このような不安や希望そのものが保護者にとって重要な心情なのである。今後、障害をもった子どもと保護者の行方には何度も同じような悩みがつきまとうからである。だからこそ、その時の気持ちに最大限寄り添い、良き理解者となることが最も大切である。

　保育者一人では到底抱えられる問題ではない。相談員やカウンセラー、特別支援教育コーディネーター、保健師、医師、ケースワーカー、小学校の担当者など、保護者の同意を得ながら、プライバシーの保護に心がけて、保護者の心に寄り添った支援の方策を検討していくことが求められる。

1．幼稚園教育要領及び保育所保育指針で考えている連携とは

　幼稚園や保育所、認定こども園においての小学校への移行支援について、幼稚園については「幼稚園教育要領」、保育所については「保育所保育指針」、認定こども園については「幼保連携型認定こども園教育・保育要領」において具体的な目標がそれぞれに示されてある。

　幼稚園教育要領と保育所保育指針は平成20年3月に告示され、21年4月から施行されたが、幼保連携型認定こども園教育・保育要領は時代の要請の中でその展開が進められた経緯もあり、平成26年4月に告示され、27年4月から施行され、幼稚園教育要領と保育所保育指針の折衷的な内容が中心に盛り込まれている。そこで、本項では基本となる「幼稚園教育要領」と「保育所保育指針」で取り上げている障害をもつ子どもへの配慮（就学前における支援）と小学校との連携に関する記述を抜粋して紹介する。

〈幼稚園教育要領〉

　＊障害児の教育に関する記述

　幼稚園教育要領では、その保育の特性（3歳以上の子どもの教育）から障害児に関する記述は「第3章　指導計画及び教育課程に係る教育時間の終了後に行う教育活動などの留意点」の「第1　2．特に留意する事項」の（2）において「障害のある幼児の指導に当たっては、集団の中で生活することを通して全体的な発達を促していくことに配慮し、特別支援学校などの助言又は援助を活用しつつ、例えば指導についての計画又は家庭や医療、福祉などの業務を行う関係機関と連携した支援のための計画を個別に作成することなどにより、個々の幼児の障害の状態に応じた指導内容や指導方法の工夫を計画的、組織的に行うこと」と示されている。

　＊小学校等との連携に関する記述

　小学校等との連携に関しては障害児に関する記述同様に「第3章　第1　1.

一般的な留意事項の（9）に「幼稚園においては、幼稚園教育が、小学校以降の生活や学習の基盤の育成につながることに配慮し、幼児期にふさわしい生活を通して、創造的な思考や主体的な生活態度などの基礎を培うようにすること」としている。

〈保育所保育指針〉

　保育所保育指針では、幼稚園とは違う社会的な役割や対象の乳幼児の年齢の幅の広さから、その内容は幼稚園教育要領とは少し趣を異にしている。

　＊障害のある子どもの保育に関する記述

　障害のある子どもの保育に関しては「第4章　保育の計画及び評価」の「1　保育の計画　（3）指導計画の作成上、特に留意すべき事項　ウ」の（ア）〜（ウ）に示されているので以下に示す。

ウ　障害のある子どもの保育
（ア）障害のある子どもの保育については、一人一人の子どもの発達過程や障害の状態を把握し、適切な環境の下で、障害のある子どもが他の子どもとの生活を通して共に成長できるよう、指導計画の中に位置付けること。また、子どもの状況に応じた保育を実施する観点から、家庭や関係機関と連携した支援のための計画を個別に作成するなど適切な対応を図ること。
（イ）保育の展開に当たっては、その子どもの発達の状況や日々の状態によっては、指導計画にとらわれず、柔軟に保育したり、職員の連携体制の中で個別の関わりが十分行えるようにすること。
（ウ）家庭との連携を密にし、保護者との相互理解を図りながら、適切に対応すること。

　＊小学校との連携

　小学校との連携についても同「4章　1　保育の計画　（3）のエ」の（ア）〜（ウ）に示されているので以下に示す。

エ　小学校との連携
（ア）子どもの生活や発達の連続性を踏まえ、保育の内容の工夫を図るとともに、就学に向けて、保育所の子どもと小学校の児童との交流、職員同士の交流、情報共有や相互理解など小学校との積極的な連携を図るように配慮すること。
（イ）子どもに関する情報共有に関して、保育所に入所している子どもの就学に際し、市町村の支援の下に、子どもの育ちを支えるための資料が保育所から

小学校へ送付されるようにすること。

　以上のように、幼稚園教育要領では配慮事項としての記述に留まっているが、保育所保育指針では「指導計画の作成」といった中心的な内容として障害のある子どもへの保育と小学校の連携を取り上げている点にそれぞれの教育への位置づけの違いが表れていると思う。

2.　幼稚園や保育所、認定こども園での就学支援の流れ

　それでは、実際に幼稚園や保育所、認定こども園に入園した子どもは実際、どのような支援の流れと配慮が必要か、そのプロセスから支援全体を理解する必要がある。そこで、小学校の入学前と入学時、入学後という3つのステージからその支援のための配慮を検討する。

（1）入学前

　小学校入学は先にも述べたが、保護者も本人も最大の緊張状態になる時である。特に就学前の健康診断が行われる11月がそのストレスの絶頂期に当たるため、11月前後から子どもが荒れた行動が増加して、友達とのトラブルも多くなる場合もある。そして、一番の関心事が、どの学校を選ぶかで、地元の小学校にするのか、少し離れても特別支援学校にするのか迷うのである。さらに、地元の小学校と決めたとしても、支援学級にするか通常学級にするかと迷う。

　障害のある子どもの就学支援は保護者や本人の意向をかなり重視して受け止め、その実現を援助するという支援スタイルになっているため、できるだけ早い時期、遅くとも年長組に進級した直後には、保護者との面談を実施して、意向を聞いておくことが肝要である。

　ケースバイケースではあるが、このような場合は、保護者との信頼関係がその行く末を決めるため、担任以外の園長や主任、看護師や養護教諭など身近な資源となる人とは連携して、一丸となって支援を行ってほしい。

(2) 入学時

　入学に際しては、幼稚園や保育所、認定こども園等で行われてきた障害をもつ子どもへの支援の実態や保育実践を、入学にあたり十分に伝える機会をもつことが大切である。そのためには、入学先が決まった時点から保護者との面談を必要に応じて実施し、これまでに幼稚園や保育所、認定こども園で実際に取り組んできたこと（支援のポイント）や、小学校で必要となってくるスキルなどについて率直に伝え、小学校と共有した方がよいと思われる情報を一緒に整理し保護者と協働でその準備を行うとブレが少なく入学時のパニックなどの不適応行動を未然に防ぐことができる。

　また、小学校の入学で子どもが抱える可能性のある困難な状況は予め予測して、小学校との交流事業などの機会を事前に経験しておくと、急な環境の変化にならず、パニックなどになることも防げる。できれば、これまでの個人記録のまとめや、支援計画やサポートファイルのようなこれまでの保育実践で積み重ねてきた情報の呈示や共有をできる限り行うことも支援の引き継ぎとなる。サポートファイルや連絡票に主に記載する内容としては、現在の子どもの様子と行動の特徴、これまでの通院・相談の経過、継続相談治療機関、これまでの保育目標や教育支援計画とその実践記録、現在取り組んでいて引き継いでもらいたい事項や課題、家族の考えや希望と特徴、学校への不安・期待の状況（子どもの障害への受け止めや意味づけの様子）、地域の支援者や連携支援機関の人的資源などがある。その子どもの「これまでが理解できる」、そして「これからが予測できる」情報を共有できる配慮が必要である。

(3) 入学後

　入学後はしばらく、小学校や保護者から連絡が入るまで様子をみる。入学当初は生活も落ち着かず、保護者も精神的にも肉体的にも目いっぱいの場合が多い。もちろん、小学校側も対象の子どもだけの教育を行っているわけではないので、それぞれが落ち着くまで様子をみながら事後の連携を行うことが重要である。卒園したので、これで幼稚園や保育所、認定こども園の役目は終わっ

たというわけではない。入学後、まもなく不適応症状を示す子どももいるし、1ヵ月、3ヵ月、半年とそれぞれの子どもの発達上の課題や抱えている障害によっても、問題の現れ方が違ってくるので、どのタイミングであってもこちらから伝えることができる「これまでの情報」を丁寧に伝える、必要に応じて学校を訪問するなどの対策も必要である。また、事後のカンファレンスを双方の都合にもよるが半年に1度程度、子どもも保護者も安心できるので、できる限りそのような場を設けてフォローアップをすることが望まれる。

3. 幼稚園や保育所、認定こども園での連携の体制作り

（1）園内の連携

　障害や何らかの問題を抱えた子どもの担任は日々の保育1つをとっても「これでよかったのだろうか」「もっとできることがあったのでは」「自分には力量がないのでは」など様々な不安や深い悩みを抱える場合が少なくない。保育現場は、よりきめ細かな個々の子どもへの配慮や援助を実現するために担任制や数名の子の分担を決める担当制で保育をしているケースが多い。そのために、担当になった保育者は責任を感じて、熱心に自分の担当範囲の中で、より良い保育実践を実現しようと頑張るあまり、一人で悩みを抱えてしまったり、孤独感を感じてしまったりとメンタルに支障をきたすこともある。このような事態を避けるためにも、「自分の担当や自分のクラスはすべて自分が対応する」といった考え方ではなく、みんなで協力しながら様々な考え方や保育方法にも触れながら、広い心と目でお互いに交流しながら自由に発言しながら保育実践を行う心がけが大事である。保育現場ではそのような雰囲気や保育文化を創っていかなければならないだろう。子どもの発達は日々、刻々と変化する。その目覚ましい発達を支える保育者は柔軟に連携して、その子どもに一番必要なことが実現できるような協力体制を作ることが大切であろう。

（2）地域との連携

　問題によっては、その園だけでは到底、解決が不可能な事態も起こりうる。

そして、たいていの場合、その園だけで解決しない方が良いという問題がほとんどである。そのためには、地域のネットワーク会議などには積極的に参画をしていつでも必要に応じて協力体制ができる関係性をつくっておくことも予防的措置として重要である。

さらに、地域にある社会資源についてはネットワーク表などを作成して十分に把握しておくことである。連携が求められる病院、児童相談所、保健所（保健センター）療育センター、警察、小学校、児童館、公民館、受けることができる様々な地域のサービスの質や内容等々……。用途と目的に応じたリストを作成して、日頃から緊密に連絡を取り合っておくことがいざという時の連携をスムーズにするコツである。

（3）連携のための記録

より良い連携のためには、記録が重要な役割を果たす。詳しくは後述するが、日誌や支援計画とその支援記録、スクリーニングテストや発達検査などの情報、ビデオなどによる動画記録など、その子どもの発達のプロセスが読み取れる情報と、現時点での連携に必要な情報をまとめたもの（連携のための実態把握）などの様々な記録を個別のファイルで分類・整理して厳重に保管し、必要に応じて活用できる準備をしておくことも大切である。

（4）連携のためのカンファレンス

連携のためにさらに必要なことは、連携する者同士のリレーションが成立しているということである。お互いのリレーションが成立していないと、必要な情報について心を割って本音で語り合えない。そのような心が通じる関係になるためには日頃から、いろいろな機会を利用して「保育カンファレンス」を実施することをお勧めする。

保育カンファレンスでは守秘義務を守り、必要な情報を共有しながら、時にはビデオなどの動画もその理解に活用して、より具体的でリアリティのあるカンファレンスを開催することが求められる。

保育カンファレンスの目的はケースの担当者（事例の提出者）が様々な立場の人からの意見や読み取りに触れることで、視点の拡大や変換ができ、問題の発見や解決の糸口へのヒントを得ることも可能になり、支援者の協働性が高まり支援力アップにもつながる有効な学習の場になることである。

〈保育カンファレンスの留意点〉

・参加者はケース担当者の困っていることや検討したいことにしっかりと耳を傾け（傾聴）、担当している人の立場になってその場面で起こる気持ちや考え方を丸ごと受け止め（受容・共感）否定や非難をしないこと。

・参加者相互の力量を高めることで、結果、その子どもや保護者への支援に有益に働くといった目的を見失わない。

・カンファレンスは結論を出したり、処遇の白黒を決めるような評価や決定の場ではなく、いかに相互に連携して理解を進めるかということに集中するべきである。

・ケース担当者は真摯に、参加者の発言や助言、率直な意見を受け止め、自分の支援のための発言として誠実に受け止める。

　以上のような、公平で平等な立場での意見交換から本当の意味での支援の方向性が検討されることが重要となる。

第3節　幼保小連携の充実に向けた取り組み

1. 移行期の段差を緩和する工夫

（1）幼保小によるカリキュラムへのアプローチ

　小学校入学前から入学後の6月までを「移行期」としてとらえ、スムーズな移行を目指し、幼稚園や保育所、認定こども園と小学校の緊密な連携をしながら、小1プロブレムを防ぐために、従来の双方のカリキュラムを見直す取り組みが行われている。本項で紹介するのは山形県の取り組みの一例であるが、幼稚園や保育所では「アプローチカリキュラム」を小学校では「スタートカリキュラム」の名称で、幼保・小連携の接続カリキュラムを作成している。

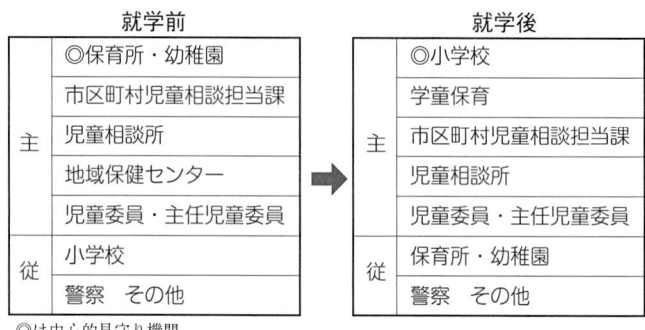

図 8-2　就学にかかわる見守りの体制の変化
(出典：冨田・杉原『保育カウンセリングへの招待』北大路書房、2011 をもとに作成)

①アプローチカリキュラム

　幼稚園や保育所では年長の 1 月から 3 月にかけて、卒園式や卒園製作活動など、その園によって多少の違いはあるものの、卒園を見据えて集大成の活動を取り入れているのが一般的である。しかし、山形県ではこの集大成の活動を見直し、小学校の教科学習を意識した保育活動に切り替える「アプローチカリキュラム」を推進している。具体的な内容は表 8-1 に示したように、国語や算数といった小学校教科と関連する遊びを中心に年長組のカリキュラムに取り入れる試みである。山形県の例をあげたが、それぞれの自治体でその地域性も活かしながら小学校への移行期の段差をスムーズにするための取り組みが工夫されている。

②スタートカリキュラム

　スタートカリキュラム（表 8-2）では小学校入学時から 3 ヵ月間をその対象に考えている。この入学後の 3 ヵ月は、小学校の学習スタイル（スクール形式：椅子に並んで座り同方向を向いて学ぶスタイル）と幼稚園・保育所との保育スタイル（比較的自由に保育者の周りに集まったり、グループで椅子に座っての活動など）が大きく異なるために、両者の時間割を比べ（図 8-3）、学習や活動時間を 15 分から 30 分というモジュールにして集中して取り組める工夫をしている。また、従来のカリキュラム（単元・題材・配当時間）といったとらえ方を見直して基礎

表 8-1　小 1 プロブレムを防ぐアプローチカリキュラム

（出典：三浦光哉「自治体による特別支援教育システムの構築」『実践障害児教育』3、学研プラス、2015）

教科との関連	題材名
国語との関連	・自己紹介をしよう　・反対の言葉で考えよう　・ひらがなと自分の名前　・宅配便ごっこをしよう　・鉛筆で書いてみよう　・小学校かるたをしよう　・どんなお話だったかな　・ことばを聞いて伝えよう
算数との関連	・○△□はどれ？　・長い、短いのはどっち？　・数字を数えよう　・大きい、小さいのどっち？　・速い、遅いのはどっち　・丸から何かできるかな　・高い、低いのはどっち？　・重い、軽いのはどっち？・形からまねして書こう
生活との関連	・観察して仲間分けしよう　・三つのヒントで当てよう　・朝昼夜に分けてみよう
音楽との関連	・音階を色で覚えよう　・リズム感を身につけよう　・手遊びをしよう　・楽器の名前を覚えよう　・大きい音、小さい音
図工との関連	・人や色を制限しながら、みんなで一つの絵を描こう　・5日間同じ絵を描こう　・順番を守って、みんなで一つの絵を書こう　・ハサミで切ってみよう　・作って遊ぼう　・友だちの顔やいろいろな物を見て描こう　・どんな形や物ができるかな
体育との関連	・いろいろな運動をしよう　・ルールを守って楽しく遊ぼう　・昔からの遊びをしよう　・自分のことを知って楽しく遊ぼう　・マト当て名人はだれ？
その他との関連	・箸でじょうずにつかめるかな

保育所（年長）

時刻との関連	1日の生活・保育
8：30	園児バスで登園　朝の視診・自由遊び
10：00	遊具のかたづけ・体操
10：30	組別保育（おやつ・集団遊び）
11：30	
11：50	お弁当準備・手洗い
12：45	昼食　はみがき　午睡準備
13：00	午睡（4月〜12月）　保育活動（1月〜3月）　布団片づけ（4月〜12月）
14：30	おやつ・お帰りの準備　紙芝居またはお話
15：00	
15：10	降園
16：20	園児バス
17：00	
17：30	居残り保育　閉館

小学校（1年生）

時刻との関連	1日の生活・学習
8：00	登校（通学班）
8：20	朝の会(40)　+15分　・自由遊び
9：00	1校時(30)　−15分　適応・スキル
9：30	
9：35	2校時(45)
10：20	
10：40	3・4校時(80)　−10分
12：00	給食(60)　+15分
13：00	昼休み(30)
13：30	清掃（13：35〜13：50）　縦割り
14：00	5校時(45)
14：45	帰りの会(30)　+15分
15：15	下校

図 8-3　保育所と小学校の時間割の違いの見直し

（出典：三浦光哉「自治体による特別支援教育システムの構築」『実践障害児教育』3、学研プラス、2015）

表8-2　小1プロブレムを防ぐスタートカリキュラム

（出典：三浦光哉「自治体による特別支援教育システムの構築」『実践障害児教育』3、学研プラス、2015）

平成26年　スタートカリキュラム　第1学年　1学期

従来の総時数（4〜7月）：316h　原案の総時数＝スタートカリキュラム時数：169h（適応授業：46h＋合科学習：123h）＋従来のカリキュラム時数：147h

スタートカリキュラム	項目		時数	4月（16日）	5月（21日）	6月（20日）	7月（16日）
	目標			1. 自分といいと思うことに取り組むことができる 2. 友だちの話や気づきに関心をもつことができる 3. 一つひとつの行動にけじめをつけることができる		1. 教科学習等への学びに興味関心をもち、自ら考え、行動することができる 2. 友だちとのトラブルを話し合って解決していくなど、仲間意識をもつことができる 3. 学校生活や学習のルールを守ることができる	
	適応授業46h	適応Ⅰ（学習）国；20 算；12	48回（30分）	A；お話玉手箱（5回）　B；しっかり書こう（25回）　C；1、2のさんすう（18回）			
		適応Ⅱ（生活）学活；8	24回（15分）	学校に来たら… 楽しい給食　学校をきれいに　火事や地震が起きたら　学校周りの危険箇所、安全な生活について　学校の行き帰り　学校生活の約束交通事故に気をつけよう　不審者に出あったら… 図書室の使い方・本の借り方返し方			
		適応Ⅲ（仲間）国；2 音；4	9回（30分）	あいさつ・自己紹介　ゲーム2　校歌を歌おう　ゲーム5　ゲーム7　ゲーム1　ゲーム3 ゲーム4　ゲーム6			
	生活科を核にした総合的な学習 教科の関連を組み入れた合科的な学習	生40 国43 図11 道1 音7 体21		**テーマ学習1　学校大好き　友達大好き（36）** 生活科（16）　国語（18）　図工（21） 生活科「どきどきわくわく1年生」 ○学校探検、学校の人（先生）からお話を聞く。⇒○好きな場所探し ⇒ ○お気に入りの人・もの・場所再調査 国語「みんなとたのしく」 「おはなしききたいな、よみたいな」 ○図書館で絵本に出会う ○絵本を楽しく読む ○友だちと絵本を紹介しし 図工「砂や土となかよし」 ○砂場、畑、グラウンド、などで造形遊びをする 国語「えとことばでかきましょう」 ○学校の気に入った場所・人・ものまたは遊びなどを絵や言葉で書く ○友だちと伝え合う		**テーマ学習4　夏を楽しもう（14）** 生活科（16）　国語（3）　図工（21）　体育 生活科「なつだよ、いっしょにあそぼう」 ○夏探しをする ○みつけた草花や生き物を伝え合う 国語「しらせたいことをかきましょう」「絵日記」 図画工作「形や色を楽しもう」 ○アサガオで色水を作って遊び ○シャボン玉づくり 体育 ○水遊び	
				テーマ学習2　春を楽しもう（28） 生活科（2）　国語（12）　図工（6）　音楽（7）　道徳（1） 国語「なかよし」 ○絵からお話を想像する ○絵の中から春を見つけ 生活科「どきどきわくわく1年生」 ○校庭で春を探す 道徳「みんなの公園」 ○公共の場での約束 1、2年遠足 音楽「こころのうたをうたおう」 ○うたきかんば		**テーマ学習3　生活科（6）　国語（8）大きくなあれ！〜アサガオとサツマイモ（14）** 生活科「みつけたことをなそう」 ○春探しで見つけた花を伝え合う 生活科「はたけになえの種をまこう」「アサガオの種をまこう」 ○児童センターや幼稚園での体験を思い出しながら、苗植え・種まき 国語「しらせたいことをかきましょう」「絵日記」 国語「はなししましょう、ききましょう」 図工「遠足楽しいな」 ※県展出品も兼ねる 生活科「まいにちせわをしよう」「世話のしかたを考え、友だちと協力して育てる」	

適応学習Ⅰ（学習）

A お話玉手箱（読み）	B しっかり書こう（書き）	C 1、2のさんすう
①教師や地域の方の読み聞かせ ・読書アニマシオン ②簡単な詩を暗唱する	①文字を習い、言葉を覚える ・あいうえお　〜わをん	①数える、数字で書く　②いくつといくつ ③何番目　④時計の見方（時刻）

適応学習Ⅰ（国語科）の事例　30分×29回

A お話玉手箱（●読み）　B　しっかり書こう（○書き）	
①「おはなしききたいな、よみたいな」 ●読み聞かせ→お絵かき　・気に入った場面や人物を描く	⑤・詩（リズム詩）の暗唱　・時間内で暗唱できるもの
②●読み聞かせ→クイズ　・読書アニマシオン	⑥・鉛筆の持ち方（いろいろな線）・鉛筆の持ち方　・書く姿勢
③●読み聞かせ→主人公に質問・読書アニマシオン	～・ひらがなの書き方 ⑨・自分の名前を書いてみよう（1回）　・形のにている字（1回）
④・読み聞かせ→お絵かき　・気に入った場面や人物を描く	・絵に合う言葉を書く（1回）　・言葉集め※6月末までに46文字を学習する

適応学習Ⅰ（算数科）の事例　30分×16回

C 1、2のさんすう			
①○ならべよう（5まで） ・数字をおはじきに置き換える ・数字の練習、数を聞いて書く	⑤○数の練習、数を聞いて書く	⑨○いくつといくつ（9） ・おはじきを両手に握る ・ペアでゲーム、シートに書く	⑬○どっちが大きいかな ・教師対子ども、子ども同士
②○いくつといくつ（5まで） ・おはじきを両手に握る ・ペアでゲーム、シートに書く	⑥○いくつといくつ（6） ・おはじきを両手に握る ・ペアでゲーム、シートに書く	⑩○いくつといくつ（10） ・おはじきを両手に握る ・ペアでゲーム、シートに書く	⑭○わたしは前から何番目 ・後ろ・右・左から
③○4をさがそう or 3・2 ・身の回りから4で1組を探す ・紹介し合う	⑦○いくつといくつ（7） ・おはじきを両手に握る ・ペアでゲーム、シートに書く	⑪○6をさがそう or 8・10 ・身の回りから6で1組を探す ・紹介し合う	⑮○前からいくつ何番目
④○ならべよう（10まで） ・数字をおはじきに置き換える	⑧○いくつといくつ（8） ・おはじきを両手に握る ・ペアでゲーム、シートに書く	⑫○かぞえよう（タンブリンの音） ・聞いて当てる・数を書く	⑯○ねるじかん・おきるじかん・生活に結びついた時刻

具体例

学習や仲間づくりなどを導入して様々な授業改善の工夫がなされている。

（2）幼稚園・保育所や認定こども園と小学校との交流アプローチ

①交流会の実施

　幼保小の連携において30年近く前から交流の必要性は叫ばれ、地域の学校や幼稚園・保育所などが独自にその関係の構築を図る努力はしていた。また、東京都などでは公立の小学校に併設という形で公立幼稚園がつくられたために、自然な形での交流が実現していた地域もある。千葉大学の場合も、大学の施設内に附属幼稚園と小学校、中学校も併設しており、機会をみてはお互いの交流事業を展開して、無理のない、顔のみえる連携が可能であった。

②幼保小連絡会の運営

　小１プロブレムが問題となった頃から、幼稚園から来年度予定の小学校に園児と一緒に参観・交流行事に参加したり、小学校の教員が対象の保育所や幼稚園、認定こども園へ、対象になる５歳児の観察に訪問したりする機会も増えている。気になる子どもの観察は当然であるが、幼稚園や保育所、認定こども園に直接赴くことで、その園の物的・人的な環境や雰囲気や園の文化などを肌で感じることもでき、広く子どもの理解に役立つ。また、具体的に顔のみえる距離で保育者と教員が話をすることは理解を促進するための重要なポイントである。このような連絡会のような保育者と教員との会合のためにも、具体的な情報が伝達できるように日頃から、個別の支援記録等を準備しておくことも肝要である。

③研修会や共同研究授業の推進

　上記のような連絡会は移行期に入ってから実施される場合や、半年に１回程度で数回実施される場合など、その地域や園、学校の状況で頻度はまちまちなことが多い。実は、有効な情報の交換や関係づくりは日頃から交流をしておくことが、リレーションを深め、理解も深めることは周知のことであるが、忙しい教育現場では何度も会をもつのは負担である。しかし、東京近郊の小学校や幼稚園、保育所、認定こども園では合同の研修会と連絡会を２ヵ月に１回程

度、1年間開催して頻繁に実践を披露したり、意見交換をしたり、同じ目線で対応するための特別支援に関する研修会を合同で開催したりと、緊密な交流・研修を図ってその成果をあげている。その地域の事情もあるが、どのような連携が必要かを地域ぐるみで検討してスムーズな移行が実現することが望まれる。

2. 早期からの移行支援（就学支援）の充実

(1) 就学支援とはいつからか

　就学支援はいつから行われなければならないのだろう。結論からいえば、それは「生まれた時」からと考える。障害のあるなしではなく、子どもの発達は連続性と順序性といった流れの中でその発達が達成されていく。経験の積み重ねが現在の発達の姿となって現れる。そのような発達的な視点から就学支援をみれば、その年齢に必要な発達の課題やその子どもの発達の最近接領域をいかに、心ある大人たちがバックアップして、子どもの主体的な発達を保障できるかということに尽きるのである。

(2) 個別の教育支援計画の作成と活用

　個別の支援に必要な記録は以下のような、個々の教育・保育に関する計画やその実践記録、さらには日常的な保育日誌等の記録も記述する内容を工夫すれば教育支援計画の立案に大いに役に立つ記録であるので活用したいものである。

- ・教育支援計画
- ・個別の保育記録（エピソード記録など）
- ・個別の発達検査等の評価の記録
- ・保護者との面談等のケース記録
- ・保育日誌等

　それでは、上記のような支援計画や記録をいつから始めたらよいのかという問題がある。結論からいえば、できるだけ早くから始めることが肝要である。

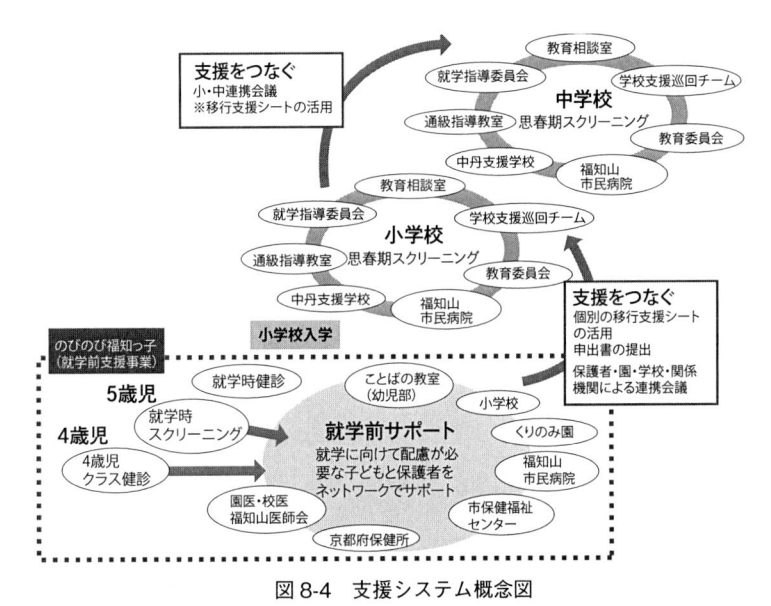

図8-4 支援システム概念図

(出典：奥村康枝「自己実現を目指した早期支援と連携システム」『実践　障害児教育』3、学研プラス、2015)

　なぜならば、障害のある子どもへの支援は個別性が高く、そのためにも個別の支援計画を早めに作成して支援にあたることが重要だからである。特に、乳児期は発達の個人差が大きく、発達の速度もかなり差があるために障害の見分けが難しい。また、発達障害でも知的な遅れがない場合は「ちょっと変わっている、個性的な子ども」としてとらえられて障害とわかるまで相当の時間を要する場合もある。このような状況の中で、早期からの支援を考えると、できる限り、障害の有無にかかわらず乳児期は特に「個別の支援目標や教育計画」を立案することが、将来の早期支援にも結びつく。

（3）移行支援実態把握シートの作成

　真鍋（2012）は障害のある子どもの移行支援に関する研究で「移行支援アセスメント」を開発してその効果について検討している。移行支援は保育現場や施設、小学校とそれぞれの環境が違う者同士がその支援を検討する点に難しさがあるが、シートを共有することで理解が進む。

移行支援の実態把握シート

<u>1. 情報のまとめ</u>

①移行の特徴について

移行先は決まっている？	
校区内？校区外？	
どこからどこへの移行？ 前後の環境に違いは？	
その他	

②子ども・保護者の状態

保護者は移行（就学等）の 経験はあるか？ 情報を知っているか？	
保護者は子どもの特性を 受け入れているか？	
就学に際して保護者の 心配や不安	
就学に際して、子どもに関 する心配な点	
その他 （子どもの育ち・想い等）	

③関係者・機関の整理

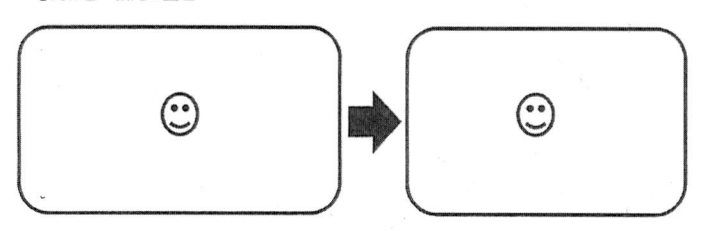

図8-5　移行支援の実態把握シート

（出典：真鍋健「障がいのある子どもの移行支援に関する研究―ダウン症の小学校就学における移行支援アセスメントの展開と支援」『保育学会第65回大会論文集』p.378、2012より）

関係機関、関係者 （園、学校、療育、デイ…）	
頼りにできる親族や友人	
機関、関係者同士の関係性	
機関、関係者同士の連携の 取れやすさ	
今回のキーパーソン	

④子どもと保護者の移行を支える活動（子どもの適応や保護者の不安軽減などのための）

○

○

○

⑤情報共有の手段
（例えば、サポートファイル、電話連絡、小学校からの来園、小学校への訪問・・・）
→電話連絡、小学校からの来園

<u>2．今回の移行にあたっての強みと弱み</u>

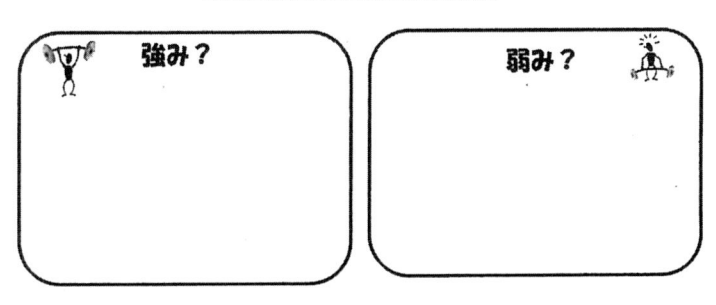

強み？

弱み？

（4）4歳児からの地域連携支援

　移行支援というと、年長児（5歳児）からが主な対象とされていた。しかし、最近では4歳児を対象に移行支援の取り組みが始まっているので紹介する。千葉県、千葉市では集団行動アシストという「専門家チームによる集団行動巡回支援」を療育センターや医療機関、保健センター等専門機関の連携により実現している。具体的には要望のあった幼稚園を中心に専門家チーム（要望した幼稚園の地区の保健師2～3名、療育センターの臨床心理士2～3名、ケースワーカー、小児科医師、発達の専門家等）で4歳児のクラス全員について（親の承諾を得た子ども）幾つかの行動観察用のゲーム遊びを通して、行動チェックを行う。午後、保育者と専門チームのメンバーとの合同保育カンファレンスを開催して、一人一人の発達状況や今後の課題等を話し合い、必要に応じて保護者にも観察結果報告を行い、支援につなげていくという取り組みである。

　以上のように、移行期に際して、様々な取り組みが行われ、小1プロブレムの予防はもとより、幼稚園や保育所、認定こども園から小学校への移行が子どもの発達にとって有効な時期となるための工夫が盛んに行われている。移行期の段差はなくすものなのであろうか。段差があることで成長が遂げられることも考えられる。程よい段差とはどのようなものなのか、今後の検討も必要であろう。

【引用文献】
・「保育所保育指針」厚生労働省、2008
・「幼稚園教育要領」文部科学省、2008
・「幼保連携型認定こども園教育・保育要領」2014
・石井正子『障害のある子どものインクルージョンと保育システム』福村出版、p.17、2013
・冨田久枝・杉原一昭『保育カウンセリングへの招待』北大路書房、p.196、2011
・田中祐一「インクルーシブ教育システムの構築とは」『実践 障害児教育 3』学研マーケティング、p.29、2015
・三浦光哉 「自治体による特別支援教育システムの構築」『実践 障害児教育 3』学研マーケティング、p.12、pp.15-17、2015
・真鍋健「障がいのある子どもの移行支援に関する研究―ダウン症の小学校就学における移行支援アセスメントの展開と支援」「保育学会第65回大会論文集」p.378、2012

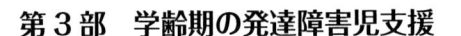

小学校での支援

　文科省の発表によると、平成26年度の義務教育段階における全児童生徒数1,019万人に対する通常学級に在籍する発達障害児童生徒は、全体の6.5%の約66万人という数にのぼるとされる。特別支援教育は、こうした実態を背景に新たに制度化され障害のあるないにかかわらず、すべての子どもたちの学習上のつまずきや生活上の生きにくさを理解し、一人一人がもっている教育的ニーズに応えようとするものである。

　本章では、小学校段階にある発達障害の子どもたちへの主体的な学びの機会を保障し、互いの人格と個性を尊重し合い、一人一人の多様性を認め合える学校生活を目指すために必要な支援について紹介する。

第1節　インクルーシブ教育で大切な視点

　「共生社会の形成に向けたインクルーシブ教育システム構築のための特別支援教育の推進（報告）」（中教審、2012）には、障害のある子どもが十分に教育を受けられるための「合理的配慮」と「基礎的環境整備」の充実が不可欠であることが示されている。「障害者権利条約」に示されたこの世界的な共通言語である「合理的配慮（reasonable accommodation）」の概念は、第2章でも解説したとおり、「合理的配慮」は、共に学ぶ教育の場において必要とされる配慮を受ける「個人の権利」ととらえられる。それに対して、「基礎的環境整備」の維持・充実は、「合理的配慮」の充実を図るために不可欠なもので、ユニバーサルデザインの考え方を考慮しつつ進めていくことが重要である。「障害者権利条約」で定義されているユニバーサルデザインとは、調整または特別な

設計を必要とすることなく、最大限可能な範囲ですべての人が使用することができる製品、環境、計画及びサービスの設計をいい、特定の障害者のための集団の補装具が必要な場合には、それを排除するものではないと示している。こうした共生社会の実現に向けた条約に示される考え方を受け、教育現場では通常学級に在籍する特別な教育的ニーズのある子どもたちに対しても「共に学ぶ場」を積極的に提供する取り組みがなされ、ユニバーサルデザインの視点を活かした指導が期待されている。

　教室で多くの困り感を持ちながら学習に参加することが難しい子ども達、一方で同じように発達障害児への対応に困っている教師がいるなか、ユニバーサルデザインによる学習支援は、とても重要な手がかりになると考えたい。

　本節では、「基礎的環境整備」と「合理的配慮」の視点をふまえた「みんながわかる授業」と「みんなで支える支援」について整理する。

1. 特別支援教育におけるユニバーサルデザイン

　ユネスコが発表した「特別ニーズ教育における原則、政策、実践に関するサラマンカ宣言（1994）」の中に、インクルーシブ教育実現のための5つの原則が示されており、一人一人の子どもは、他の子どもにない特徴、関心、能力および学習ニーズを有し、これらの特徴とニーズの幅広い多様性を考慮にいれて、教育制度が計画され、教育プログラムが実施されなければならないとしている。一方、ロナルド・メイスら（1995）が提案したユニバーサルデザインの7つの原則には、①公平な利用、②利用における柔軟性、③単純で直感的な利用、④わかりやすい情報、⑤間違いに対する寛大さ、⑥身体的負担は少なく、⑦接近や利用に際する大きさと広さ、以上の点について整理されている。多様性ある子どもたちの教育的ニーズをインクルーシブ教育の中で反映させるためには、すべての児童生徒が「わかりやすく」、「学びやすい」学習環境をユニバーサルデザイン化させることが求められ、それは決してある特定の一人のために限った配慮であってはならない。

　ここでは、特別支援教育におけるユニバーサルデザイン化を、「授業づくり

におけるユニバーサルデザイン化」、「教育環境づくりにおけるユニバーサルデザイン化」「仲間関係づくりにおけるユニバーサルデザイン化」、以上の3つの観点で具体的な内容について整理する。

2. 授業づくりにおけるユニバーサルデザイン化

(1) 多様な学習方法の提供

ユニバーサルデザインによる授業は、特別支援教育の進展と共にその取り組みが深化している。しかし、授業のユニバーサルデザイン化は、単に発達障害をはじめ通常学級における特別なニーズを有する子どもたちに限定して配慮された実践のことではなく、教室にいるすべての子どものニーズに応じて学びの多様性に考慮することである。特別な教育的ニーズのある特定の子どもが「わかる」「できる」授業へのデザインではなく、子ども一人一人の多様な「理解」と「学習」の方略が準備された授業のデザインでなくてはならない。そうでなければ、単に配慮の必要な個々の子どもに合わせて全体の授業をつくるというお粗末な結果になってしまう。

川俣（2014）によれば、学びのユニバーサルデザイン（UDL）は、①学習するにあたってつまずきが生じた場合にあらかじめ複数の手段を用意すること、②学習の目的を変えない範囲での代替手段を用意すること、③段階的な支援を可能とするような手段を用意すること、④個人のニーズに合わせて調整可能な支援を用意することによって学習環境を構築していくことであると述べている。ここで重要なことは、子どもの学びの多様性に対していかに柔軟に準備をすることができるかという視点をもつことである。つまり、多様な方法をいかにオプションとして提供できるかということである。

例えば、

・教科書による教示に加え、電子黒板など ICT 機器を活用し、視覚的な情報によって課題を提示すること。また、プレゼンテーションソフトを使って教材を工夫すること（多様な方法による教材提示）。

・タブレット端末を活用し、各自が教師の教示内容や設問について確認する

ことができること（学習理解を支援する情報提供）。

・例題に取り組む際、一人で取り組む、ペアで取り組む、教師と取り組むといった選択肢を与え、子ども自身が練習問題の取り組み方を選択できること（多様な取り組み方の提供）。

・グループ学習によって問題に対して考えたり、問題解決したりする場が複数提供されること（協同で取り組む機会の提供）。

・例題を解く際、教科書、黒板、ICT 機器を併用し、目標に向けた思考や解決を導くための手段が複数提供されること（問題解決に向けた処理や操作過程のガイドの提供）。

・問題に対する答えや考え、調べたことについて発表する際、口頭での発表、黒板を使用した発表、プリントへの記述による発表、タブレット端末による発表、協同で発表するなど、多様な発表形式を複数の中から選択できること（多様なコミュニケーション手段の提供）。

・例題の評価を受ける際には、教師が添削する、プリントの解答例を参照し自分で評価する、タブレット端末を用いた解説をみて評価するなど、多様な評価方法を複数の中から選択できること（多様な採点評価方法の提供）。

こうした多様な学習方法をオプションとして複数提供することが、すべて子どもが利用可能な授業の事前準備として考えられる。ユニバーサルデザインによる授業への取り組みは、一人一人の学び方の違いに応じていろいろな学び方が選べる授業であるととらえることができる。従来の一斉指導は、学習方法は単一の場合が多く、特別なニーズを有する配慮の必要な子どもに支援員が配置され、その単一の学習方法を人的支援によって補うという方法を行っていては、いつまでも授業のユニバーサルデザイン化は実現することはできない。

（2）授業づくりの観点でとらえるユニバーサル化

特別支援教育にユニバーサルデザインを活用するためには、多様性な学びのニーズに応じた教育の成果としてすべての子どもが「できた」「わかった」

「もっと学びたい」という達成感や成就感を高めながら主体的な学びに向かう気持ち、さらには自分の得意不得意を理解しつつ、自分自身をポジティブに捉えることができる自尊感情や自己肯定感を育てることが重要である。

　そのためには、わかりやすさを追求するだけではない授業づくりのユニバーサルデザイン化が必要である。

　長江・細渕（2005）は、授業づくりの観点で読み替えた「授業のUD7原則」を以下に整理した。

　①全ての児童が学びに参加できる授業

　②多様な学び方に対し、柔軟に対応できる授業

　③視覚や聴覚に訴える教材・教具や環境設定が準備されている授業

　④欲しい情報がわかりやすく提供される授業

　⑤間違いや失敗が許容され、試行錯誤をしながら学べる授業

　⑥現実的に発揮することが可能な力で達成感が得られる授業

　⑦必要な学習活動に十分に取り組める課題設定がなされている授業

　ここに示されるように授業のユニバーサルデザイン化は、すべての子どもの多様な学びを支えるための環境設定だけではなく、個々の子どもたちが学習の目標に向かって問題解決するプロセスの中で試行錯誤しながら学力の向上を確かなものにすることが含まれる。また、その個々の学びのプロセスを教師に限らずクラスメイトからも受け入れられながら共に支え合うことを大切にしなければならない。

　つまり、教育におけるユニバーサルデザイン化は、学習を支える授業のユニバーサルデザイン化の基盤となる組織体制づくりや教室環境づくり、さらには仲間関係の育ちを支えるためのユニバーサルデザイン化の工夫が必要不可欠である。

3. 教育環境づくりにおけるユニバーサルデザイン化

　授業のわかりやすさを工夫するユニバーサルデザインの視点は、日常的な学級経営においても必要な視点であるし、一教師による取り組みだけでは「すべ

ての子ども」を対象としたユニバーサルデザイン化は実現しない。

そこで、ユニバーサルデザイン化された授業をより質の高い取り組みに引き上げるためには、以下3つの教育環境づくりの視点を提案する。

(1) 教室環境の整備

どんなに多様な学びを支える仕掛けが準備された授業であっても、学習の姿勢や準備が整っていなければ授業そのものを開始することすら難しい。始業とともにスムーズな授業に移行するためには、子どもが落ち着いて授業に参加できるように教室内の机の周りにある持ち物や道具などの荷物を整理して、学習に必要のない余計な刺激を減らして授業に集中しやすい環境を整えるなどの配慮が必要である。

例えば、教科ごとに必要な準備物をあらかじめ黒板に示し、係の仕事として教科ごとのリーダーを中心に、互いの学習準備が整うよう声を掛け合う始業の流れを工夫することによって仲間同士で支え合うような取り組みも可能である。

また、視覚的な情報提供の工夫も重要な環境整備の一つといえる。子どもが常に目にする黒板に必要のない記録や掲示物があることで、注意が反れたり、集中力が途切れたりする要因になる場合は、担任は日頃から子どもの目線で情報整理の仕方を工夫する習慣をもってほしい。この他に、教室の座席の位置、教材の配置や掲示物の整理の仕方についても工夫してほしい。

(2) 学校体制で取り組むユニバーサルデザイン

ユニバーサルデザインの視点を学級や授業にいかすためには、組織的な体制によって学校全体で取り組むことが求められる。ある学級ではユニバーサルデザインの学級・授業づくりを実践していても、隣の学級では教員間の共通理解が図れず関心がないという状態では、せっかく始めた取り組みもその効果を持続することは望めない。新学期に担任が替わったり、音楽科や家庭科など専科教員が担当した場合に子どもたちが混乱したり、方法が違うことに適応できず

主体的な学習参加ができなくなってしまったりすることが予測される。

　全校体制でユニバーサルデザインの実践に取り組むには、管理職がリーダーシップを発揮しながら教育におけるユニバーサルデザイン化の意義を全職員で共通理解することが重要である。ユニバーサルデザインの視点を活かした教室環境や学習環境の整備、多様な学びのニーズに対応した授業の工夫、一人一人の違いを互いに認め合う学級集団づくりなどの取り組みは、学校組織全体の共通の方針に基づいて実践してこそ大きな成果が期待できるものである。

(3) ユニバーサルデザインの視点で行う授業研究

　授業づくりにおけるユニバーサルデザインの視点は、各学年における児童の発達段階に応じた学級経営や教科指導によって、その活用の方法に特徴があるはずである。低学年で必要なユニバーサルデザインは学年進行に応じて変化するであろうし、中学校への移行期にある高学年では、その先を見据えた工夫が必要になるはずである。

　教科教育の視点と特別支援教育の視点を統合的に取り扱う中で授業づくりをするために、どのような子どもの特性理解に基づいて学習に対する「理解」や「学び」を支える工夫ができるのかについて、教員間で協議する授業研究が必要である。互いの考えやアイディアを持ち寄りながら授業づくりの方法について意見交換する中で、多様な子どものニーズに応じた理解の仕方や学び方の工夫の仕方について同僚と学び合うことができるはずである。

　例えば、授業研究会では、協議の中にユニバーサルデザインの視点に基づく支援の妥当性についての観点を加え、教科の専門性をいかしながらどのように授業のユニバーサルデザイン化ができるのか、「授業の質」と「支援の質」をどう高めることができるのかについて意見交換することが望まれる。また、ユニバーサルデザインの視点による研究協議に慣れていない教師がいた場合、授業の重箱の隅でもつつくかのような指摘をすることで発表者の自尊感情を傷つけてしまうことのないよう、否定的な意見を避け、建設的な意見を言うというグランドルールを設けたり、付箋を使って全員が成果や改善点をコメントする

参加型の協議形式を設定したりすることが望ましい。ポイントは、必ず授業者のよかった点に触れることによって教員同士で互いの実践を認め合い、若手の教師に自信をもたせるための配慮をすることである。

　一方で、授業のユニバーサルデザイン化は、目的ではなく手段であることをしっかりとおさえたい。情報提供、問題解決方法、発表形式、学習評価などの「わかりやすさ」や「多様性」を追求するあまり、本来の学習の目的である教科指導のねらいを追求することがおろそかになってしまっては本末転倒である。

4.　仲間関係づくりにおけるユニバーサルデザイン化

　授業のユニバーサルデザインは、多様な学び方を提供し、教室にいる誰もがその多様な学び方の違いを認め合うことや、尊重し合う学級集団をつくることが重要である。発達障害のある子どもをはじめとする学習面や行動面でつまずきのある子どもは、様々な学校生活の困難場面の中で、「できない」「わからない」といった経験や「困った人」扱いされる経験の積み重ねによって自尊感情や自己肯定感の育ちに大きく影響する場合が少なくない。

　授業において「わかる自信」と「できたという達成感」が得られること、一人一人の違った学び方や表現が認められ、教師や仲間から自分が尊重されていると感じられる経験があってこそ学校生活が充実し、子どもの自尊感情が高められる。自信のなさからくる自尊感情の揺れを少しでもなくし、仕方なく学習に参加するのではなく、自ら進んで学習に取り組もうとする気持ちや目標に向かってポジティブに活動参加しようとする気持ちを支えることによって「授業」のユニバーサル化が実現すると考えたい。

　そのために必要なことが「仲間関係づくりにおけるユニバーサルデザイン化」への取り組みを学級経営に取り入れることである。

（1）一人一人が活躍できる役割の設定
　子どもにとって毎日の学習の中で「できた」「わかった」という喜びを実感

できることがユニバーサルデザインの原則に含まれる重要な視点である。また、それは授業に限ったことではなく、学級経営を通した子どもの生活全般で「できた」「うれしい」という喜びの積み重ねによって自尊感情を育むことができると考える。なかでも学級の児童全員に一人一役の役割を設定するで、毎日必ず活躍できる場をつくることが可能になる。役割は、子どもにとって無理のない係活動として与え、それを毎日積み重ねることが大切である。また、その取り組みは、クラスの児童全員が一人一人の役割がわかるように可視化させ、誰がどんな役割を担っているかを互いに知ることで、忘れてしまったり、困ったりしているときに仲間で支え合う絶好の機会となる。役割を 40 人分考えるのは大変なことかもしれないが、学級活動で、「一人一役」の役割について取り上げみんなで毎日取り組める小さな仕事を考える授業も面白い。朝の会や帰りの会の司会、黒板消し係、本棚整理、窓の施錠、各教科のリーダー（教材準備補助やプリント配布など）、傘立て整理、ゴミ捨てなどなど、考えれば意外とたくさんの仕事が出てくるものである。こうした 40 人分の役割を名札サイズのマグネットシート（表裏別の色）の表面に名前と仕事を書き、裏面に名前と「終了！」「いいね！」などのコメントを書く。全員分のシートをホワイトボードに貼り、各自が仕事をやり終えたらシートを裏返すという手続きをとれば、まだ取り組んでいない児童がいた場合、助け合う気持ちが育っていくと考えたい。

（2）あたたかい友達へのかかわりのモデルを示す工夫

　ユニバーサルデザインの視点をいかした授業で大切なことは、一人一人の人格や個性を尊重し、互いの存在を認め合うことのできる人間関係の育ちが基盤にあって初めて効果的が出ると考える。そのためには、子ども同士の関係の中で一人一人の違いを受け入れられることや、人の苦手なことうまくいかないことを決して責めたりちゃかしたりすることのない学級づくりに取り組みたい。日頃からあったか言葉、チクチク言葉で知られるポジティブなかかわりとネガティブなかかわりについて意識できる環境をつくることも一つのアイディアで

ある。どのようなかかわりが相手にとってうれしいか、励まされるかについて
わかりやすく掲示するのもいいだろう。

(3) 相手のよいところを見つける機会の工夫

あたたかいかかわりは、そのモデルを掲示するだけではなく、今日の「ピカ
リ輝き賞」として、毎日友達へのあたたかいかかわりをした児童を生活班ごと
に仲間同士で選び、好ましいモデルとなった児童を仲間の中で褒める機会をつ
くってほしい。その際、あたたかいかかわりに応えた児童についても、「ピカ
リ輝き賞」を与えてはどうだろう。

例えば、係の仕事になかなか取り組めなかったＡさんがＢさんのあたたか
い励ましで一緒に係の仕事をした場合、みんなで二人を「ピカリ輝き賞」とし
て選出する。教師が特定の児童を褒めるより仲間同士で褒め合う方が互いの得
意不得意を受け入れ、互いに支えようとする気持ちの育ちにつながると考えた
い。

子どもたちはこうした経験の中で自分にはなかった考え方や異なる行動にふ
れ、多くの価値観をもてるようになると考える。好き嫌いではなく個性として
「いいね！」と仲間を受け入れることで学級に共感的な人間関係を築くことが
できるのではないだろうか。

(4) 互いの認め合いを視覚的な形に残す工夫

子どもたち一人一人が「ピカリ」と輝く場とその内容はそれぞれ違ってい
い。大切なことは、どの子どもも自分の存在が認められ、ポジティブな評価を
得られる機会や成功体験のもてる機会があること、本人自身が教師や友達から
期待されていることやあてにされているという実感から自信をもち、学習や学
校生活の様々な活動に主体的に向かう気持ちが育つことにある。

そのためには、子どもたちが認められる経験をその場の経験だけに済まさ
ず、認められた結果を「記憶」でなく「記録」として残し、繰り返し自分への
評価を確認したり、再度友達から認めてもらったりするきっかけを作ることが

必要である。例えば、毎日友達がキラリと輝いたよい行いを星形の「キラキラカード」に記入し、これを掲示板に貼っていくという工夫はどうだろうか。同じ人を褒めないというルールを設定し、毎日友達のよい行い探しをするのもきっと楽しいはずである。また、「キラキラカード」をいつでも見ることができれば、自分に自信のなかった子どもが「今日は○○さんが褒めてくれた」、「○○さんは僕のこんなところを見てくれた」というように感じ、自己肯定感の育ちにつながるだろう。

　子ども達は、友達からのポジティブな評価を受ける積み重ねによって自分を肯定的に受け止め、「今後は○○をがんばろう」「うまくいかなかったけど次は頑張ろう」といったように自分の目指す姿に向けて前向きに努力できるようになるに違いない。

　ユニバーサルデザインの視点による互いに認め合う関係づくりに取り組む際、大切なことは他者に認められる経験の中で自尊感情を育てることにある。自分自身で目標を設定し、「やればできる」という経験から得られる自信より、他者からのあたたかい言葉がけによって得られる「これでいいんだ」という気持ちをもって自分自身を好きになると考える。

第2節　自尊感情を育てる多様な評価機会の設定について

1. 自己評価の工夫

　ユニバーサルデザインの視点による取り組みでは、子どもたちが様々な学習や活動の過程・成果の評価を受ける機会が設定されることが望ましい。こうした評価において目標に対する達成度や満足度を量的または質的に評価することの意義は、子どもの主体的な学びや活動参加を支えるものでなくてはならない。しかし、教師が行う外的な評価基準に基づく量的な評価では、目標達成が難しい子どもたちにとってはつらい評価となってしまい、目標に向けて努力しようという気持ちを育てながら主体的な学びを支えることは難しい場合があり、「努力が必要である」というネガティブな評価を受け続ける子どもの自尊

感情は低いままである。

　森・堀井・吉野・杉山（2010）は、基準に基づく評価ではなく、興味・関心の力点に基づく評価 NES 型学習自己評価法という方法によって、学習者の意欲向上や教師の授業改善につながると指摘する。この評価は、子ども自身が自己有能感を獲得しながら学習参加させるためには、否定的評価よりも事実認識に基づく肯定的評価の方が有効であるという考えが背景にある。

　従来の ABC 評価は、「十分達成」「おおむね達成」「努力が必要」といった達成程度が尺度になる。これに対して NES 型学習自己評価法は、N：Needs improve（もっと良くしたいことがある）。E：Excellent（とてもよく頑張った！自分を褒めたい！）。S：Satisfactory（満足した！充実している！）といった評価の視点で自分が取り組んだ学習や活動をポジティブな表現によって評価する。N は課題を見つける力や意欲関心を引き出し、E は自己効力感を支える。そしてS は仲間からの肯定的な評価を支えに自己をポジティブに評価する力を育むことが可能である。

　こうした自己評価法を様々なユニバーサルデザイン化された授業に活用し、一人一人の子ども自身によるポジティブな学習評価の結果によって主体的な学びへの動機を高めてはどうだろうか。

2. 相互評価の工夫

　子ども同士で褒め合う「相互評価」の機会を様々な「振り返り」活動として学習活動に設定することにより、互いを認め合い尊重し合いながら友達の行動をポジティブに受容しようとする気持ちや自らの取り組みに自信をもって目標に向かう気持ちが育つと考える。また、「即時評価（今のいいね！）」と「事後評価（さっきはよかったよ！）」による方法を用いながら学習活動を評価し、学年進行による発達段階や個々の特性に応じて褒め方の工夫をすることですべての子どもへの学習効果が高まることが期待できる。

　子どものポジティブな学習活動に対する賞賛を即時的に視覚化して提示するとった工夫は、本人だけでなく集団の生徒に対しても評価内容をフィードバッ

クしやすくなるといった利点がある。例えば、積極的な活動参加やあたたかい
かかわりに対する賞賛を「スマイルポイント」としてカード提示しながら子ど
もを褒めるのはどうであろうか。また、ポイントを蓄積して「ベストスマイル
賞」を与えるといったバックアップ強化をするなどの工夫により様々な「事後
評価」の機会を設定してほしい。

さらにこうした評価システムを学年単位で指導者が共有することで、様々な
学校生活文脈の中に他者から褒められる経験を積極的に保障することができる
であろう。

【引用文献】
・中央教育審議会「共生社会の形成に向けたインクルーシブ教育システム構築のための特別支
　援教育の推進（報告）」文部科学省、2012
・ロナルド・メイスら「ユニバーサルデザインの7原則」国立特殊教育研究所 HP、1995（http://
　www.nise.go.jp/research/kogaku/hiro/uni_design/uni_design.html）
・ユネスコ「特別ニーズ教育における原則、政策、実践に関するサマランカ宣言」国立特別支
　援教育研究所 HP、1994（http://www.nise.go.jp/blog/2000/05/b1_h060600_01.html）
・川俣智路「国内外の「ユニバーサルデザイン教育」の実践」柘植雅義監修・編著『ユニバー
　サルデザインの視点を活かした指導と学級づくり』pp.8-19、金子書房、2014
・長江清和・細渕富夫「小学校における授業のユニバーサルデザインの構：知的障害児の発達
　を促すインクルーシブ教育の実現に向けて」「埼玉大学紀要教育学部（教育学科）」54（1）、
　155-165、2005
・森和彦・堀井綾子・吉野正利・杉山春美「質的情意面に焦点化した観点別学習自己評価法
　（NES）の実践活用に関する探索的考察」「秋田大学教育文化学部教育実践研究紀要」32、95-
　103、2010
・外務省「障害者のための権利条約」外務省 HP（http://www.mofa.go.jp/mofaj/gaiko/jinken/
　index_shogaisha.html）

中学校での支援

Chapter **10**

　中学校の生徒指導は「厳しい」を通り越して「過酷」ですらある。その過酷な状況の中で教員は生徒指導だけでなく進路指導や部活動の指導にも追われ、当然のことながら学習指導にも力を入れなければならない。

　そこに新たに特別支援教育という概念が入り込み、通常学級でも一人一人に応じた指導・支援を心がける必要が生じた。特に発達障害においては生徒指導上の課題との因果関係も明らかとなり、教員にとっては混乱の極みである。本章ではその因果関係に焦点を当てながら、情報や状況を整理し、現場が直面している課題解決への方向性を示していきたい。

第1節　中学校における発達障害児の現状

1. 多忙な教育現場

　筆者はかつて公立中学校の教員として教壇に立っていた。そして学級経営・教科指導・保護者対応・進路指導等と連日息つく暇もなく働いた。日々の授業準備、教材研究は当たり前として、曜日によっては会議があり、不定期に研究授業の準備（指導案作成ほか）があり、土日には部活動の指導もあった。定期試験の問題づくりや採点、通知表の作成もある。日々の文書管理（出席簿、生徒指導記録、授業記録などの管理）も大変だった。学級の生徒の相談にも乗る。

　しかし、一番辛かったのはやはり生徒指導だ。早朝に不登校生徒の家に電話をかけ、登校指導で服装や髪形のチェックをし、授業中は空き時間（自分の授業がない時間）も校内を巡回し、たばこの吸い殻を見つけたとの情報があれば急

行した。

　夜は同僚とチームを組み学区を巡回した。それ以外にも突発的な指導事案(不純異性交遊、万引き、他校とのトラブルなど)がしばしば発生した。帰宅するのは毎日11時、12時過ぎ。帰宅できない日もあった(学校に泊まることになる)。中学校の多忙さは身に染みている。昨今はどうだろう。中学校で教員をしている友人の話によれば30年前と大差はないようである。それどころか生徒指導の対象は以前よりも幅が広がり、情報モラル教育(パソコンや携帯端末の使用管理)や薬物対応の指導、いじめ、引きこもりへの対応なども年々重要になり、以前にもまして多忙なのではないだろうか。

2. 発達障害への対応

　2003年の調査で「通常学級にも発達障害と呼ばれる子どもたちが6.3%存在する」実態が明らかになり、2007(平成19)年4月、文部科学省は「普通学校でも発達障害がある子どもたちに特別支援教育を実施するように」との通知を出した。多くの中学校教員が戸惑いを感じたに違いない。多忙な現状にプラスしてさらに特別支援教育なるものを行わなければならないのかと。それでも全国の中学校では特別支援教育コーディネーター(以下「コーディネーター」と略)を配置し、校内委員会を開き、支援が必要な生徒には個別の指導計画・教育支援計画を作成し、また研修を重ねて発達障害がある(あるかもしれない)生徒たちへの対応について積極的に学んでいる。

　しかし、小学校と比べ中学校における発達障害対応がさほどクローズアップされていないように感じるのはなぜだろう。小学校で学んでいたおよそ6%の発達障害児が、中学校へ入学して減少するわけではない。なぜ、中学校の通常学級における発達障害児への指導・支援が注目されないのか。

3. 発達障害と生徒指導

　中学生は思春期の入り口であり、心や身体の変化が著しい。「自分とは何者なのか(アイデンティティー・自己同一性)」といったようなことを考え始める自我

の確立期でもある。小学校までは他者と自分を比較することに関心がなかった子どもたちも、自我が確立し始めると他人と自分を比べ、容貌、髪形、スタイル、ファッションに関心が高まる。さらに学力の高低や運動神経の優劣までもが徐々に明らかとなり、神経をとがらせる。

特に発達障害やその傾向がある生徒は「授業が理解できない」「対人関係がとれない」「コミュニケーションに課題がある」などの障害特性から、学力面や運動面ほかで劣等感をもちやすく、また対人関係上の特性から仲間外れやいじめを受け、様々な二次障害を発生させることがある。

自分が評価されない、また参加しづらい学校社会と決別するため不登校を選択する生徒がいる。我慢して登校し続け、それでもいじめなどが続き心を病んでしまう生徒もいる。あるいは自分を見下す連中に復讐するため非行に走る生徒もいる。発達障害がある子どもが教育問題の当事者となりやすいメカニズムがここにある。

4. 教室から姿を消す生徒

中学校の上級学年になるほど前項で述べたような二次障害が顕在化する傾向にあり、非行や不登校などで発達障害やその傾向がある生徒が教室に不在となる。そのため授業や学級運営で特別な支援を受ける機会が少なくなる。彼らが生徒指導対象となるケースが多いため、逆に通常学級での支援がクローズアップされない要因がそこにあるのかもしれない。

福岡県立大学看護学部における原田直樹氏らのグループにおける 2012 年の調査では、ある県の中学校教員を対象にアンケートを行った結果、非行行為による生徒指導対象となった生徒 446 人のうち、発達障害が疑われる生徒は 165 人（約 37%）であった。同年の文科省の調査では中学校に「発達障害傾向の生徒が 4.0% 前後いる」との結果が出ている。この県では生徒指導対象の中にその 10 倍もの発達障害傾向の生徒がいることになる。彼らが教室に着席して授業を受ける機会はおそらく少ないのではないだろうか。

もちろん生徒指導対象にならない発達障害児も存在する。アスペルガー症候

群（DSM-5では「自閉症スペクトラム障害」）だと学力がきわめて高い場合がある。その結果、一目置かれることによって他の不自然さがクローズアップされることが少なくなり、通常学級の集団で生活し続けられる生徒がいる。

　また注意欠陥・多動性障害（ADHD）の場合、運動神経が優れていたり、あるいはムードメーカーとして貴重な存在であったりするため、運動部や学級でそれなりの存在感を示し、生徒指導上の課題を発生させない生徒もいる。発達障害の診断を受け特別支援学級（自閉症および情緒障害学級）や通級指導教室を利用している生徒も少なくない。

　本章では微妙な年齢層の子どもを指導・支援する中学校の多忙な現状を前提としながら、主に通常学級におけるスタンダードな支援の在り方に触れ、その上で教室から姿を消しているかもしれない生徒指導対象の発達障害児等の支援について対応方法をまとめていきたい。

第2節　指導・支援上の留意点

1. 障害特性への理解の重要性

　2007（平成19）年の文科省通知「特別支援教育の推進について」において、「教育活動等を行う際の留意事項等」には学習上、生活上、生徒指導上の配慮、留意事項についてそれぞれ次のように示されている。

（学習上・生活上の配慮）

　各学校は、障害のある幼児児童生徒が、円滑に学習や学校生活を行うことができるよう、必要な配慮を行うこと。

（生徒指導上の留意事項）

　（前略）特に、いじめや不登校などの生徒指導上の諸問題に対しては、表面に現れた現象のみにとらわれず、その背景に障害が関係している可能性があるか否かなど、幼児児童生徒をめぐる状況に十分留意しつつ慎重に対応する必要があること。

特別支援教育のキーワードは「一人一人の特性に応じた支援」であり、それが必要なすべての児童生徒に対し特性に応じた指導・支援内容を考えていく必要がある。また、障害だけでなく年齢、発達段階、成育歴、健康状況、心理状態、家庭の状況、地域性などにも考慮しながら支援内容を検討していく必要がある。支援策をまとめるツールとして個別の指導計画、個別の教育支援計画が重視されているのは、一人一人に応じた個別の具体的な指導・支援方法を計画していく上においてなくてはならないものになっているからである。

　発達障害においては障害種に応じたよりきめ細やかな配慮を考えなければならない。さらに障害種だけではなく就学前であればその年齢集団（保育所や幼稚園）がもつ特性の中での支援を、小学校であれば小学生集団がもつ特性の中での支援を考える必要がある。中学校であれば、発達障害があり、思春期でもあり、その思春期の人間集団の中で生きていくことを前提とし、教科担任制や部活動への参加といった中学校で初めて経験する特性も考慮しながら、一人一人に応じた支援を検討していかなければならない。

　国立特別支援教育総合研究所は 2010（平成 22）年に「小中学校等における発達障害のある子どもへの教科教育等の支援に関する研究」の報告書を出している。全国の様々な小中学校における優れた実践を紹介しながら、教員はどのようにして彼らに対し授業を工夫し、学級づくりで配慮し、学校生活を有意義に過ごさせることができるかをまとめた貴重な資料である。

　その第 1 章「問題の背景」には、発達障害のどのような特性が日本の集団型学校教育に適応しづらくし、どのようにして学習上、生活上、生徒指導上の困難をきたしてしまうのかについて簡単にまとめている。例えば注意欠陥・多動性障害（ADHD）については次のように書かれている。

　「ADHD の特性のある子どもは、自分の気持ちや行動をコントロールしきれずに、無意識にとった行動が、結果として問題となる行動につながってしまう。学習面においても、注目や注意の集中、持続が難しく、重要な情報を見落としてしまい、不注意な誤りや早合点によるミスがとても多くなる。落ち着いて考えればできることでも、うっかりミスをしてしまうために、本人なりに一生懸

命取り組んでいることが、なかなか学習の成果や成績に反映されないことになる。集団行動や一斉指導にのりにくい行動面の特徴は、修正を求めるためにどうしても注意や叱責を受けることが多くなり、結果として自己有能感がもてず、自己評価が下がってしまいがちになりやすい。一度に並行して複数の活動を求めることは難しいという前提に立ち、一つ一つ今取り組むべきことを具体的に指示し、取り組めたことはその都度こまめに認めていくことで定着を図ることが大切である。」

　注意欠陥・多動性障害（ADHD）については「じっとしていられない」「落ち着きがない」「すぐにキレる」「集中力がない」「忘れっぽい」など否定的な特性を指摘されることが多いが、それは障害特性から生じるものであり、本人が意図的に演じているわけではない。しかし、中学生年齢になり、自我が確立してきて、学力面や運動面で他より劣る結果を示され続けると、やがて自らの行動特性が周囲に対し影響を与えることができると知り、マイナスの自己肯定感を高めようと意図的に問題行動を起こす生徒も出てくる。このような子どもたちに対して、特性に応じてプラスの肯定感を高めていくような指導が重要である。

2. 教科指導における支援の困難性

同報告書では教科指導について次のような特性があることを指摘している。

・言語理解の問題

・数量概念、空間関係などの概念理解の問題

・同時処理、継次処理などの情報処理の問題

・長期記憶、短期記憶、ワーキングメモリー、注意力などの注意記憶の問題

・運動協応、巧緻性などの運動機能の問題

同報告書ではこれらの特性が教科指導の中でどのような学習の難しさがあるのかといった調査を実施し、教科ごとに教員が感じる彼らの「困り感」をまとめている。数学について見てみたい。

・四則計算が定着していない

・負の数の概念理解・計算が難しい

・連立方程式など答えを得るためにいくつかの手続きを踏むことができない

・代入の意味が理解できない

・ＸやＹを使った式を解くことが難しい

・ルートの概念がわからない

・計算ができない

・単位の換算ができない

・比例に関する計算ができない

・公式・定理を覚えられない

・平面の図形から立体図形をイメージすることが難しい

・表やグラフに整理し資料の傾向を読み取ることが難しい

・座標を正確に表せない

・証明問題を論理的に説明できない

これらの特性に対し発達障害がある生徒への「わかる授業づくり」のポイントを以下のような形でまとめている。

・(集中しづらい生徒に対しては) 働きかけをする前に、まず、注目や傾聴できる体勢をとらせる必要がある。

・(板書に対しては) 書体や文字の大きさの工夫、色チョークの活用、四角や丸囲みや下線、矢印、記号なども目的別に分けて約束を決めておけばわかりやすい。

・(ノートテイクに対しては) 話を聞く、板書を写すなど時間を保障し、活動は一つずつにするようにする。

・(時間配分に対して) 例えば、活動内容に応じて 15 分程度のユニットに分ける、細かく分けた基本単位 (20 分のモジュール) を設定するなどの方法もある。

基本的に小学校における配慮事項と変わるものではないが、「わかる授業づくり」のポイントを中学校の教科担任制の中ですべての教員が共有し、各々の授業の中で創意工夫を生かすことが大切である。

3. 学級づくりにおける留意点

　中学校では小学校よりも生活域が広がり（学級集団だけでなく部活動や学習塾等を通して横や縦の関係が広がりやすい）、情報量が増大し（携帯端末の利用機会が増えるなど）、そして中学生年齢特有の心の揺れ動きも影響し、独特な集団心理を生み出しやすい。学力、運動神経、容貌、スタイルなど「他と比べる」ことが多くなり、「異なっている」「変わっている」者は敬遠される傾向にある。

　このような年齢集団の中で、自分たちと少し異なっていたり少数派だったりする友人を受け入れ、ともに支えあいながら歩んでいこう、とする理想論を実践に移させることはきわめて難しいだろう。

　「どうすれば学級内の他の生徒に友達の発達障害を理解させられるか」と相談を受けることが多い。しかし、障害の有無ではなく、それらを含むすべての人権感覚を育めるかどうかがむしろ重要なのではないだろうか。ただし、それは現実的には非常に難しい課題であり、残念ながら「これがベストな指導である」と紹介できるものは少ない。

　経験則からいえば、教員自身が社会人の見本として行動するよう心がけ、その生の姿を示してはどうか、と考える。人を分け隔てせず、助けを求めている人々のために努力を惜しまず、日々を前向きに精一杯生きている姿を子どもたちに自らが示していく。

　中学生は他人と自分を比べながら理想と現実のはざまで「何が真実なのか」を追求しようとしている。言葉で方向性を示すより、身近な教員の生き方こそが真実であると伝えていけば、感受性の強い彼らには人生の教材となるかもしれない。困っている友達がいれば手を差し伸べ、自分が困ったら助けを求め、障害の有無だけではなく学力、貧困や病気、あるいは身体的特徴などに悩む友だちを支え、あるいは支えてもらおうとする雰囲気が醸成される。このような心の指導こそが発達障害児等を含む学級づくりのポイントになるのではないかと考えている。

1.「発達障害＝生徒指導上の課題」という誤解

　ここまで述べてきたように、発達障害そのものが生徒指導上の課題を引き起こす要因になっているわけではなく、周囲の不適切な対応が引き起こす二次障害が生徒指導上の課題発生につながっていることを強調したい。

　しかし、逆に生徒指導上の対象となる生徒に発達障害が疑われる可能性はある。もちろん全部が全部ではないが、暴力行為や不登校などがもし二次障害的に発生しているのだとしたら、注意したり何らかの懲戒を与えたり、あるいは家族に協力を要請するような通常の指導では解決に結びつかない場合が多い。生徒指導上の課題を引き起こす背景に隠れている要因が発達障害だとしたら、そこに焦点を当てた指導・支援を進めていかなければ解決が見られない可能性が高い。

2．各地での取り組み

　2010（平成 22）年 3 月、文科省は「生徒指導提要」を発行し、第 6 章「生徒指導の進め方」の中で「発達に関する課題と対応」の項を設け「障害特性によるつまずきや失敗がくり返され、学校生活に対する苦手意識や挫折感が高まると、心のバランスを失い、精神的に不安定になり、様々な身体症状や精神症状が出てしまう等、二次的障害として不適応状態がさらに悪化してしまう場合があります」と述べている。

　これを受け、各地の教育委員会でも地域ごとの独自の情報収集、研究を進めている。栃木県総合教育センターは 2007（平成 19）年にそれまで 2 年間実施した「中学校における発達障害のある生徒の指導の在り方に関する調査研究」の報告書を発行した。同書では二次障害について「（中学校の）発達障害のある生徒への指導の目的は、二次障害の予防・軽減を図ることである」と確定的に述べ、さらに「基本症状によるものと思われる困難に対しては、原則として叱責や強制を行わず、それを補う方策を考えるようにする」とまとめている。

沖縄県教育委員会では中学校対象ではないが「平成25年度県立学校生徒指導の手引き」の中に「発達障害に関する課題と対応」とする項目を設け、適切な対応を促している。また千葉県教育委員会では2013（平成25）年に事例集「中・高等学校における発達障害の可能性のある生徒のための—すべての教員に求められる特別な教育的支援 Q&A」を発行し、具体的な対応について丁寧に説明している。

　ほかにもいくつかの教育委員会がこれに類する資料を作成している。国や地方教育委員会も発達障害と生徒指導課題との因果関係に注目している。ウェブサイトから確認できるものも多いので参考にされたい。

3. 課題発生後の対応

　二次障害の予防や自己肯定感の高め方については前述の資料や専門書で紹介されているが、意外に少ないのは課題が発生した後の対応に関するアドバイスである。発達障害やその傾向がある中学生が生徒指導上の課題を発生した際、多忙であり微妙な年齢集団を預かる学校現場を最も悩ませているのは「では発生時や事後に他の生徒と同じように指導をしてよいのか」といった基本的な疑問である。「生徒指導提要」の他にも、一般的な問題行動等への対応については文科省が2007（平成19）年2月に「問題行動を起こす児童生徒に対する指導について（通知）」を出し、課題が発生した後の対応について出席停止制度の活用や懲戒などの考え方を説明している。それを受けて都道府県教育委員会も事例集やガイドブックを出すなどしている。

　これらを参考にしながら、発達障害がある生徒の問題行動発生後の対応について、特に非行事例に焦点を当て、コーディネーターとして担当したケースや支援した中学校の事例等、実体験をベースにしていくつか留意すべきポイントをまとめてみたい。

（1）生徒のペースに巻き込まれない

　目の前で暴言を吐かれたり威嚇されたりするとつい感情的になってしまうこ

とがある。しかし相手を意図的に怒らせようとしているわけではなく、障害特性により理性を上手にコントロールできないといった背景が想像される。厳しく叱責してもパニック状態になっていれば全く耳に入っていないかもしれない。物理的な制止が必要な場合（他者を攻撃する、器物を破損するなど）には必要な措置をとらなければならないが、できる限りペースに巻き込まれず冷静に対応しなければならない。教員が感情的になってしまうと興奮が興奮を呼び、思いもかけない事故につながってしまう。

（2）課題に対しては個別に話を聞く機会を設ける

集団の中で指導すると注目されようと不適切な行動を生む場合がある。興奮が収まった頃を見計らい、できるだけ静かで落ち着ける場所へ移動させ、少数の教員で冷静に対応する機会を設ける。中学校で面談や生徒指導に利用する個室を訪れると会議室や教師用図書置き場などと兼ねられていることが多いが、余裕教室があるなら環境に配慮したクールダウンの専用室設置を考慮していただきたい。なお、不測の事態を避けるためにも教員と生徒が1対1になる状況にはせず、必ず複数で指導する。

（3）「わかる」ように指導する

発達障害特性があると「聞いて理解する」ことが難しい場合がある。何度指導しても同じ過ちを繰り返す生徒ならばその可能性は高い。目で見てわかる指導方法（筆談する、コミュニケーションカードを使うなど）を検討する。中学生にカードを使うのか、といった質問をよく聞くが、「中学生らしく」といったあいまいな固定観念は捨て、一人一人の特性に応じた最も効果的な方法を考えなければならない。

（4）善悪の判断には毅然とした対応を

法に触れるような行為には毅然とした対応が不可欠だろう。場合によっては地域の学校警察連絡協議会（学警連）等を通じて警察官の説諭を受けるといっ

たことが必要な場合もある。交通安全指導教室で警察官の指導を受けることと同じ発想である。「問題行動を起こす児童生徒に対する指導について」にも「犯罪行為の可能性がある場合には、学校だけで抱え込むことなく、直ちに警察に通報し、その協力を得て対応する」とある。見通しがもちづらい特性がある生徒には社会のルールを中学生のうちに確実に身につけさせたい。

(5) 医療との連携も検討する

　発達障害の場合、周囲の不適切な対応が重なると反抗挑戦性障害や行為障害といった反社会的行動を繰り返す精神的な症状を発症しやすいといわれている。保護者の同意が必要だが、専門家の支援を受け、医療的な対応の検討が必要な場合もある。ただ「学校で問題を起こすから病院へ」などと伝えると、学校の指導放棄と受け取られることがある。本人や保護者が感じている「自分たちでは理由がわからない要因」を共に考え、その要因を焦点化していく作業が必要である。

(6) 見放さないメッセージ「明日もあなたを待っている」

　何があっても「あなたを見放さない」といったメッセージを伝えてほしい。どんなに指導されても懲戒を受けても、教員の「明日も君を待っている」のメッセージは心強く、見捨てられていないと感じることだろう。自閉症スペクトラム障害の場合、気持ちを言葉で上手に表せず、イライラなどを不適切な行動で表現してしまうことがある。そんな時も、適切な指導後に「何があっても見放さない。明日もあなたを待っている」と伝えてほしい。

　ほかにも家庭内暴力、不登校やいじめ（加害者、被害者）、授業妨害、万引きといった課題に直面する発達障害やその傾向がある生徒がいるが、いずれに対してもその特性に応じた指導が必要である。例えば不登校の場合、対人関係の障害が背景にあるとしたら、教員の家庭訪問すら苦痛に感じてしまうことがある。そのような生徒には段階的支援（スモールステップ）の手法で当初は電話だけ、そして手紙、次に1分だけ会う、2分だけ会うという具合に少しずつ対人

関係を開いていく。

　どのような生徒指導上の課題にも、その傾向がある生徒には個々のもつ特性に配慮した対応や事後指導を心がけなければ、課題の改善にはつながらない。

　そして中学校が常に多忙ではあっても、これらは新たな教材や専門性を要するものではない。教員や学校全体の考え方次第である。彼らは「困った生徒」ではなく「困っている生徒」であり、苦しみながら誰かの助けを待っている。できるところから実践してみてはどうか。

第4節　まとめ

　今考えれば学習障害（LD）の傾向があったのか、他教科はそうでもないのに英語だけ著しく成績がよくない女子生徒がいた。そのような生徒にも関心をもってもらおうと四つ切画用紙に英単語を書き、それを屋上にばらまいてグループで獲得枚数を競わせる「英単語カルタゲーム」や関係代名詞を擬人化した４コマ漫画など、アクティブで視覚的な授業の創意工夫を行った。英語が不得意だった彼女から数年後に届いた手紙には「キャビンアテンダントになった」との報告があり、驚いて読み進めると「英語が苦手だったが、中学校の授業で英語を面白く感じた。そこで努力して大学の英文科に進み英語を使う職業を選んだ」とあった。

　また注意欠陥・多動性障害（ADHD）の傾向があったと思われる男子生徒が、毎朝丈の長い学生服を着て登校し、教員と校門でもめることがたびたびあった。卒業式の前日、やはり同じ服装で登校した彼を近くの海岸へ誘い二人きりで話し合ったところ、家庭の複雑さについて初めて吐露し、号泣した。翌日、彼は規定の学生服で式に参加することができた。

　コーディネーターとして支援した女性は、中学校３年間をほとんど不登校で通したが、その後、母親など周囲の献身的な支援を受け徐々に社会性が広がっていった。最近、成人した彼女と数年ぶりに会ったが、笑顔で「こんにちは」と挨拶され、胸がいっぱいになった。そして改めて思った。「人は変われる」と。

学力が向上しない、人間関係でトラブルを起こしやすい、登校できない、生徒指導上の課題を頻発させる。中学校でこのような生徒たちを叱咤激励することも教員の仕事ではあるが、彼らには彼らなりの理由や事情があり、そこに寄り添わない叱咤激励は心に響かない。中学校という多忙な教育現場を顧みればなかなか一人一人に応じた方法を考えるような余裕はないかもしれないが、あきらめないでほしい。今すぐに効果はみえなくても、いつか必ず彼らは変わることができると信じて。

【参考文献・資料】
・福岡県立大学看護学部原田直樹ほか「中学校における発達障害が疑われる生徒に対する生徒指導に関する研究」「福岡県立大学看護学研究紀要 10」(1)、1-12、2012（http://www.fukuoka-pu.ac.jp/academics/nurse/k_journal_10_1.html）
・国立教育政策研究所『発達障害と生徒指導』2012（http://www.nier.go.jp/shido/leaf/）
・国立特別支援教育総合研究所『小中学校等における発達障害のある子どもへの教科教育等の支援に関する研究』2010
・文部科学省『生徒指導提要』2010（http://www.mext.go.jp/b_menu/houdou/22/04/1294538.htm）
・栃木県総合教育センター『中学校における発達障害のある生徒の指導の在り方に関する調査研究』2007（http://www.tochigi-edu.ed.jp/center/sodan/cyosa/cyosa-h18.htm）
・沖縄県教育委員会『平成25年度県立学校生徒指導の手引き』2013（http://www.pref.okinawa.lg.jp/edu/kenritsu/jujitsu/data/setoshido/h25_tebiki.html）
・千葉県教育委員会「中・高等学校における発達障害の可能性のある生徒のための―すべての教員に求められる特別な教育的支援Q&A」2013（https://www.pref.chiba.lg.jp/kyouiku/shien/tokubetsushien/qa-shuu.html）
・文部科学省『「問題行動を起こす児童生徒に対する指導について」2007（http://www.mext.go.jp/a_menu/shotou/seitoshidou/07020609.htm）
・渡辺圭太郎『ケース別　発達障害がある子へのサポート実例集　中学校編』 ナツメ社、2012
・中山清司編『こんなときどうする？発達障害がある子への支援・中学校以降』 ミネルヴァ書房、2009
・月森久江監修『発達障害がある子どもを育てる本　中学生編』講談社、2009

高等学校での支援

　昨今、高校における特別支援教育の動向が注目されている。小中学校等においては試行錯誤をしながらもすべての教員が発達障害がある児童生徒を理解しようとし、支援していこうとする雰囲気が醸成されつつある。しかし高校においては長年培われてきた独特な教育文化や慣習、考え方が邪魔をし、その進展に滞りがみられるところが多いようである。

　本章では、高校における発達障害支援の現状、背景に触れ、その上で挑戦的な実践を積み重ねてきた事例を一部紹介し、国の動きやその背景にある法律、学習指導要領の表現にも触れながら、現実的な支援の在り方について考えていきたい。

第1節　高校での発達障害支援教育

1. 高校における発達障害支援の現状と位置づけ

　2012（平成24）年に文部科学省が実施した「通常の学級に在籍する発達障害の可能性のある特別な教育的支援を必要とする児童生徒に関する調査」では全国の公立小中学校の通常学級に約6.5%の「可能性がある」児童生徒がいるとの結果が出た。ちなみに2003（平成15）年の同調査では約6.3%となっていたので、微増傾向にあるようだ。

　しかし、高等学校ではこの種の全国的な調査は過去に実施されていない。高等学校に「発達障害の可能性がある」生徒はどの程度いるのだろう。小中学校で6.5%なら、当然高校でも6.5%前後は存在するはずである。発達障害傾向の改善・克服は可能だが、是非はともかくとしてそれを完全に「消去」してしま

うことは難しい。

これらの高校生に対して特別支援教育（あるいは「支援教育」）はどの程度実施されているのだろう。高等学校学習指導要領においてはその総則に以下のように記されている。

「障害のある生徒などについては、各教科・科目等の選択、その内容の取扱いなどについて必要な配慮を行うとともに、特別支援学校等の助言又は援助を活用しつつ、例えば指導についての計画又は家庭や医療、福祉、労働等の業務を行う関係機関と連携した支援のための計画を個別に作成することなどにより、個々の生徒の障害の状態等に応じた指導内容や指導方法の工夫を計画的、組織的に行うこと」。

また同総則の解説には次のような記述がある。

「高等学校の通常の学級にも学習障害（LD）、注意欠陥・多動性障害（ADHD）、自閉症などの障害のある生徒が在籍していることがあり、これらの生徒については、障害の状態等に即した適切な指導を行わなければならない」。

「障害のある生徒については、学校教育法施行規則に『児童が心身の状況によって履修することが困難な各教科は、その児童の心身の状況に適合するように課さなければならない。（学校教育法施行規則第104条で高等学校に準用される第54条）と定められている。このため、障害のある生徒などに対しては、生徒の実態に即して、各教科・科目の選択を適切に指導するとともに、その内容の取扱いについては、増加単位（総則第2款の2のただし書き）、必履修教科・科目の単位数の一部減（総則第3款の1のただし書き）、各教科・科目の内容の選択（総則第5款の2の（4））などの方法を活用し生徒の実態に即して適切に指導する必要がある」。

このように学習指導要領上でも、高校にも発達障害がある生徒がいるので適切に対応するようにとの方向性が明確に示されている。高校でも小中学校と同様に、通常学級で発達障害がある生徒に対し適切な支援を行わなければならないことになっている。

2. 発達障害支援の主な課題

文部科学省は 2007（平成 19）年以降、全国でいくつかの高校を「高等学校における特別支援教育研究」実施校や「高等学校等における発達障害のある生徒へのキャリア教育の充実」研究校などに指定し、実際の教育現場におけるモデル事業を進めてきた。

その具体的な成果としては各研究報告に示されているが、明らかになった課題を大まかに類型化するなら「教育相談機能の充実」「関係機関との連携」「学習形態の工夫（グループ学習、チームティーチング、習熟度別学習、個別指導等）」「授業内容の工夫（板書・プリントの工夫、ICT 機器の多用、授業スピードの調整等）」「人材配置（学習支援ボランティアや支援員の導入）」「単位認定の工夫（試験への配慮、口頭表現での評価など）」「進路指導・生徒指導上の工夫（インターンシップなど体験学習機会の設定、ソーシャル・スキル・トレーニング（SST）、金銭管理学習など）」「その他の全校的な取り組み（保護者説明会、医師による研修会、他の生徒を含めた全校集会での説明など）」に分けられるだろう。

これらのモデル事業等が該当する生徒の変容をどの程度導くことができたのかは定かではないが、それまで障害児教育や特別支援教育に対して縁もゆかりもないと感じていた高校教員の意識を確実に変えることができただろうと推測される。

3. 発達障害支援における課題の背景

学校教育法等の改正（特別支援教育関連）以前と比べれば高校での発達障害支援が格段の進展をみせていることは間違いないが、それでもまだ学校間の格差は大きく、すべての教員に理解が浸透しきっていない高校も決して少なくはない。

2013（平成 25）年度に開催された障害学生支援セミナー（主催：日本学生支援機構）で文部科学省特別支援教育調査官の樋口一宗氏は、高校での発達障害支援について全国的には進展しつつあるとしながらも、今後に向けての課題として「高等学校の一部における取組にとどまっている」と語っている。

特別支援教育コーディネーターは全校配置が進み、特別支援教育に関する校内委員会の設置や障害理解等に関する研修会の開催についてはほとんどの高校で取り組まれているようだが、日々の学校生活における具体的で充実した支援策を実施しているところはまだ少数かもしれない。

　高校での発達障害支援を含む特別支援教育の進展を阻害している要因として、京都府立朱雀高校での特別支援教育実践について教員がまとめた『高校の特別支援教育・はじめの一歩』（明治図書出版、2010）では、現場にいる高校教員の立場から次の３つの可能性を指摘している。

　①「障害児教育は障害児学校で行われるべき」という固定観念

　②「入学試験をクリアする生徒に障害はない」という思い込み

　③なじみのない「支援」という用語（高校では「指導」優先）

　法律（学校教育法第81条）で認められてはいるものの、今まで高校で特別支援学級が設置された例はなく、高校の教員が障害がある生徒と触れる機会はきわめて少なかった。昨今では知的障害特別支援学校の児童生徒の増加による教室不足という背景もあり、少子化により余裕教室が増えた高校に特別支援学校の分校や分教室を設置するなどの動きが進んでいる。高校の教員が障害がある生徒を知り、直接触れ合う上でのメリットは大きいだろう。

第2節　高校における発達障害理解

1.「生徒指導上の課題」等との関連

　まだまだ課題は残るものの、先にも触れたように以前に比べれば高校の特別支援教育、特に発達障害の支援教育についての実践研究は、国や自治体の後押しもあり確実に進んできている。それだけ学校現場の危機意識が高まりつつあり、自らが高校の特別支援教育研修会で講師を務める際には、どこでも教員はみな真剣な表情で発達障害を理解しようと必死になっている。

　研修会で強調しているのは、生徒指導上の問題行動と思われていたことや学習不振の背景に発達障害の特性が潜んでいるかもしれない、という新たな視点

を認知してもらうことである。

　障害がある生徒と触れ合う機会が少ない高校では、戦後の新制高校発足から長年培われてきた視点で生徒を理解しようとすることが多いのではないだろうか。特に問題行動については「わざとやっている」「意図的に周囲を困らせようとしている」「愉快犯的である」と理解し、厳しい姿勢で対応することがしばしばである。

　また学習不振にしても「本人の努力不足ではないか」「家庭のしつけのせいではないか」と考えがちである。

　先に紹介した『はじめの一歩』は、朱雀高校が教員側の課題（障害がある生徒への理解がない）をしっかり自覚し、その課題をどう乗り越え、生徒をどのように支援してきたかが克明に描かれた貴重な資料となっている。その中で、当初教員が「発達障害などがあるかもしれない」気になる生徒の課題を次のようにまとめている。

①欠課、欠席、遅刻、早退が多い。

②一人で行動していることが多い。

③HR 活動、部活動等、集団での活動を避ける（苦手）。

④体調不良等での保健室対応が頻回。

⑤提出物が提出できない。

⑥授業中いつも寝ている、伏せっている。

⑦授業中いつも落ち着きがない。

⑧学校生活で支障が起こりそうな問題を家庭に抱えている。

⑨さぼっていないが成績がよくない。

　これらは今までなら「個人の問題」として処理されてきたのかもしれないが、背景に発達上の課題が潜んでいるとすればすべて支援の対象であり、逆にいえば発達障害の支援教育の視点でアプローチしていけば改善できる可能性があるものばかりである。

2. 奇異な行動との関連

　また研修会等で実際に高校の教員から受けた相談例には、生徒指導上の課題というほどでもないが対応に苦慮しているという以下のような内容も多くあった。

①異性との距離感に問題がある（男子生徒が女子生徒の面前に顔を寄せて話をする）。

②場にそぐわない発言をするが周囲の評価が気になっていない。

③「やる気がないのなら荷物をまとめて帰れ！」とつい口走ってしまったら本当に荷物をまとめ帰り支度を始めた。

④好意を持った異性を校内でじっと見つめている。

⑤自分も遅刻や欠席が多いのに他人の遅刻や欠席を激しく叱責する。

⑥思ったことをすぐに言葉にしてしまう（友人がいる前で「ろくでもない生徒ばかりの高校だ」と口走るなど）。

　これらについても理解や知識がなければ単に「奇異な行動」ととられがちだが、発達障害の視点で見ればどれもその行動特性ばかりである。例えば「距離感の問題」は空間認知の弱さ（人との「正しい距離観」を学べていない）からくるものであり「言葉をその文言通りに理解する」行為については「字義通り性」（言葉がもつ裏側の意味や発言の真意を読めないなど）といわれる特性によるものであることが推測される。

　そう考えて専門的な対応を心がければこれらは改善される可能性がある。それはとても簡単な方法であり、決して多忙化を悪化させるようなことにはならない。距離感がつかめないケースについては「本人に5〜60センチ程度の『距離棒』を預け、人と話す時には相手との距離をそれで測る」、字義通り性に対しては「わかりやすく具体的な言葉で指導する」などと教員に助言したところ、後日「改善した」との報告があった。

　生徒指導上の課題、学習不振、一見すれば奇異な行動などの背景に発達障害やその傾向が隠れている場合があり、教員側がその可能性を認識すれば、あとは比較的簡単な方法で改善できる可能性がある。特別な支援は決して現状以上

の負担になる大変なものではなく、むしろ今まで改善が難しく、教員を悩ませていた様々な行動を改善できる新しい教育方法の一つである、と理解した方がよいだろう。

第**3**節　支援体制・支援方法の工夫のポイント

『はじめの一歩』には、高校がゼロの状態から発達障害の支援教育を開始し、それを深めていくプロセスが記されている。2007（平成 19）年、京都府立朱雀高校は文部科学省から「高等学校における発達障害支援モデル事業」の指定を受け、翌年度までの実践について報告書がまとめられたが、その中で支援を深めていくためのポイントが次の 3 点にまとめられている。

①研究チームを中心とした教育相談協議会（校内委員会）、特別支援学校との協同による研究……生徒の事例と合わせ、教科学習・特別活動への適応の様子や進級状況等による検証

②教職員研修会の実施……「当事者の思い」や「保護者の思い」を学ぶ機会を設定、学年別のケーススタディの実施

③「朱雀高校版情報収集（アセスメント）票」、「気付きシート」＝「気になるカード」の活用方法の研究

これに④として「生徒への実際のアプローチ」が含まれることになるだろう。

上記 4 点（校内委員会、教職員研修会、具体的な支援方法、実際のアプローチ）について、朱雀高校の例をあげながら、その他の高校の先例も含め方法論、内容に言及していきたい。

1. 校内委員会の稼働

2007（平成 19）年 4 月に通知された「特別支援教育の推進について」（文部科学省）の「3. 特別支援教育を行うための体制の整備及び必要な取り組み」では校内委員会について「発達障害を含む障害のある幼児児童生徒の実態把握

や支援方策の検討等を行うため、校内に特別支援教育に関する委員会を設置すること」とされている。よく聞かれる校内委員会とはこのような役割をもったものである。小中学校の同委員会と目的は同一である。名称は学校により様々である（「支援委員会」「特別支援委員会」など）。

この通知をもって高校における校内委員会の設置は義務づけられているので、現状ではほとんどの高校に校内委員会がある。しかしその稼働率は低い。「平成25年度特別支援教育体制整備状況調査・調査結果」（文部科学省）によれば、年に3回以上開催した高校は全体の56%を超えてはいるが、2回が22%、1回が17%、さらには全体の3.3%、1,415校が「1回も開催していない」（0回）」と回答している。支援要請のあった高校で校内委員会体制について聞かれた課題としては「何をしてよいかわからない」「時間がない」「専門性がある教員がいないので話し合いが進まない」などであった。

朱雀高校では教育相談協議会と並行して校内委員会を稼働させ、月に1回開催していた。また、個別の支援方法を検討するサポート会議も行っている。モデル事業を進める上で校内委員会を頻繁に行う必要があったのだと考えられるが、生徒指導委員会的な教育相談協議会と並行して実施するのは一つのアイディアである。

高校の特性として生徒指導に関する話し合いの場は比較的多い。しかも前述した通り、生徒指導上の課題の背景に発達障害特性が関与している場合もある。助言を求めてきた高校には、あえて機会を特設して新たに校内委員会の時間を設けずとも、現状の会議時間と並行させたり兼ね合わせたりしながらできる範囲で実施していくよう伝えている。

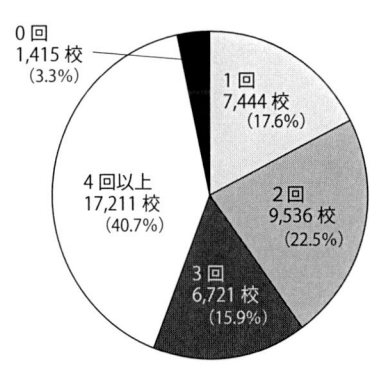

図11-1 「校内委員会」開催回数状況（平成25年度）—全国集計グラフ（国公私立計・幼少中高計）

（出典：「平成25年度特別支援教育体制整備状況調査」文部科学省より作成）

内容については生徒に関する情報共有を主たる目的とするべきだろう。委員会の実施前に毎回すべての教員から情報を集め、「発達障害がある生徒」「診断はないが気になる生徒」「生徒指導上の課題がある生徒」について校内委員会でその様子を報告する。その際、専門家の同席が必要であれば近隣特別支援学校の特別支援教育コーディネーターに同席を求めることは可能である。

特別支援学校の特別支援教育コーディネーターには「（小中学校や高校の）通常の学級に在籍する LD・ADHD 等の児童生徒への指導・配慮についての助言」する役割がある。専門家として校内委員会に参加してもらい、情報の上がった生徒に対して助言をもらうことに何ら問題はない。あるいは市町村の協力が得られるなら、市町村教育委員会が設置している「特別支援教育連携協議会・専門家チーム」の招聘を要請してもよいだろう。

このように、校内委員会の開催、内容等についても決して無理のない範囲で、関係機関の協力を仰ぎながら継続していけばよい。

2. 教職員研修会の考え方

前出の「平成 25 年度特別支援教育体制整備状況調査・調査結果」によれば、当時すでに全国で 73% の教員が、また 85% の管理職が研修を受けているとされている。各自治体の教育委員会等も研修機会の提供に力を入れ、また学校単位で特別支援教育に関する研修会を催すところも多い。中には、必ず年 3 回以上実施するようにと回数の指定をする教員委員会もある。

しかしここで疑問が浮かぶ。2013 年当時のデータで 7 割を超える教員が最低 1 度は研修を受けている中で、なぜ高校での特別支援教育には今も課題が多いとの指摘があるのだろう。それは小中学校等も同様だが、ただ研修機会を設け、受講者を増やすだけでは効果がないということである。

真に効果的な研修とはどのようなものだろう。朱雀高校はモデル事業実施期間の 2 年間で計 10 回の教職員研修会を実施している。その研修会における配慮事項として、まず第一に講師の選び方について『はじめの一歩』では次のように述べられている。

「講師を選ぶ時も、私たちと同じ目線で偉ぶることなく、しかも『明日からの教育活動に一つでもヒントがもらえそうな方を』『私たちの知らない世界も見せてくださる方を』と意識しました」。

「事前に研究チームの一員が講演を聴いていたり出会ったりしていて、『この人なら大丈夫』と推薦できる方に依頼をしてきました」。

これらは自らも研修会講師として常に心がけている点である。多忙化など職務上の課題を抜きにして理想論だけを述べてもその情報は右から左へ流れていってしまうだけである。教育現場が抱える課題を前提として、研修に参加する教員が少しの努力で取り組めるような方法を伝えていかなければならないし、わかりやすい具体例などを用いて理解を広めていくことも重要である。

また、研修の内容についても参加者がただヒアリングに徹するのではなく、グループワークなどの演習的内容を混ぜながら、学んだスキルをすぐに実践できるところまで押し上げていく必要がある。朱雀高校ではケーススタディ（横断的研究・例えば一人の生徒の事例について掘り下げて研究すること）に取り組み、講師指導だけでなく参加者全員が事例にあげられた生徒について侃々諤々と話し合うような研修会も実践している。

研修の成果が実感できない高校については、研修日・時間の工夫（長期休業中の午前中など集中できる時間帯を選ぶなど）、講師の選定（現場目線で具体的な話ができる講師など）、内容の工夫（演習的・実践的内容を取り入れるなど）について再考する必要があるだろう。

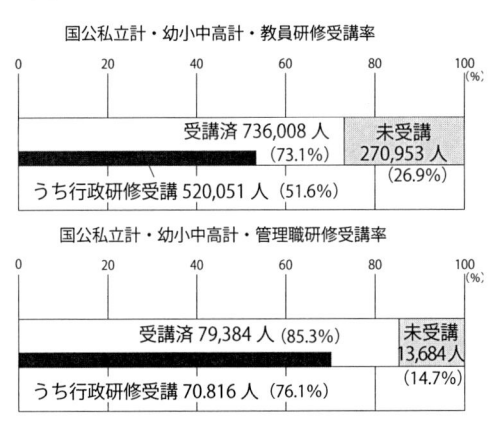

図11-2　特別支援教育に関する教員研修の受講
　　　　── 全国集計グラフ（平成25年度）

（出典：「平成25年度特別支援教育体制整備状況調査」文部科学省より作成）

3. 具体的な支援方法について

　具体的な支援方法は生徒の特色、地域性などによって千差万別だが、小中学校とは異なる高校の特色を前提に考える必要がある。

　以下は朱雀高校の事例等から導いた、支援を考える上での前提条件となる高校教育現場での各課題である。

　①発達障害対応に詳しい知識をもつ教員は少ない（これは小中学校も同様だが……）。

　②個別指導の機会をもちづらい（小中学校と異なり通級指導的な実践がこれまで少なく、生徒も授業中の個別対応は意識してしまう）。

　③介助員、支援員などの人員配置上の課題。

　④「高校生」（15歳以上）であることにこだわり、「幼稚」と思われるような支援方法を教員自身が躊躇してしまう。

　⑤生徒本人の自覚がない場合、特別な支援の機会をもつことが難しい。

　⑥保護者にも子どもの特性への自覚がない場合は協力を受けづらい。

　⑦単位の認定方法に限界がある。

　⑧病院や特別支援学校など関係機関との連携の仕方がわからない。

　これらは教員の努力や創意工夫次第でいずれは解決できるものばかりだが、現段階では高校教員として「そこまでしなくてはいけないのか」と驚いてしまうものばかりかもしれない。

　それぞれについて様々な実践例を参考にしながら、高校の発達障害支援をどう考えていけばよいのかまとめてみたい。

（1）学習指導スタイルについて

　通常学級において課題が著しい生徒については個別指導、別室指導、放課後指導など可能な範囲で様々な方法を検討してよいだろう。聴覚過敏（耳から入る情報の取捨選択が困難など）がある場合、大勢と一緒に授業しても教師の声より雑音の方が優先して聞こえてしまうため、勉強が進まない、というケースがある。そのような悩みがあるなら個別指導等は有効だろう。

予算等に余裕があるのなら、聴覚過敏の場合には、教員の胸にピンマイクを付け、アンプを通じてその生徒がしているヘッドホンに直接声が流れるような手立てを考えればよいが、準備が難しいようであれば指導スタイルの工夫をしていけばよい。インクルーシブ教育（障害のあるなしにかかわらずともに受ける教育）時代が到来し、ユニバーサル教育（すべての子どもに有効な教育方法）といった指導方法に関する研究も進んでいる。高校の授業研究でその方法を追求していくような試みを考えてもよいのではないか。

（2）人材、人員配置について

　人材や人員については人事や予算が絡む問題であり、現場だけでの判断は難しい。しかし、校内委員会の項目でも述べたように、特別支援学校の教員や専門家チームの関係者を招聘しながら、一人一人の生徒に有効な支援方法を専門的な見地から考えていくことは決して難しいことではない。

　文部科学省や都道府県教育委員会は通常学校の現職教員にも特別支援学校教員免許の取得を奨励している。夏季休業中に都道府県教育委員会や地元の大学が主催する「認定講習」の受講により高校教員の特別支援学校教員免許（二種）取得を推進するなどしているし、大学の通信教育を利用する方法もある。また地域の研究センターが主催する教員向けの研修会も数多く開催されている。これらの機会を利用しながら自らが専門性を高めるための取り組みをしてもよいのではないか。特別支援教育士、自閉症スペクトラム支援士、臨床発達心理士など、高校教員も努力をすれば取得することが可能な民間資格も増えている。

　近隣の大学や地域住民のボランティアを要請し、課題がある生徒に寄り添い支援を充実させる方法もある。「できないから無理だ」と考えるのでなく、自分たちでできる範囲の工夫を考えることにより、100% は無理でも 50% の改善には結びつくはずである。

（3）生徒や保護者の自己理解

　診断名はないが発達障害の傾向を有し、その可能性が指摘される生徒は少な

くない。しかし、だからといって自覚がない生徒やその保護者に「医者に行って診断名をもらうよう」と伝えても理解は得られないだろうし、学校への不信感にもつながるだろう（学校の指導力不足を『障害』に責任転嫁しているなど）。また、仮に診断名がついたからといって課題が解決するわけではない。

　障害診断の有無にかかわらず、課題を感じたらその改善を目指すのが教育である。たとえば発達検査の受検を勧める際も「障害の有無」を調べるのではなく、得意分野・不得意分野を自ら理解し進路指導に生かす資料とする、ということであれば生徒も保護者も納得がいくだろう。

　また、高校全体に特別支援教育の雰囲気が全くなく、教員にも生徒にも、また保護者にも「発達障害の支援」といった情報が皆無の中で「あなたにはそのような傾向があります」と伝えても不要な衝撃を与えるだけである。教職員だけでなく生徒や保護者を含めた学校全体が、様々な機会を通じて特別支援教育への意識を向上させ続け、特別支援教育は生徒の未来を拓く重要なツールであることをみなが納得すれば、保護者面談でそのような話題に触れることへの抵抗も少なくなる。

　目の前の一人だけを変えよう、と考えるのでなく、自分を含めたすべての関係者が特別支援教育に前向きな理解をしていけるよう、管理職やすべての教員が一致団結して「生徒の課題に寄り添う学校」に育てていけば、おのずと生徒や保護者の理解も広がっていく。

（4）単位の認定

　小中学校にはない課題である。学習障害（LD）傾向があると英語が極端に理解できなかったり、広汎性発達障害の傾向があると文章の作成や芸術分野での創作活動に支障をきたしたりする場合がある。他の教科は優れていても、必修科目である英語や国語の単位が取れない、となれば卒業できなかったり留年したりといった結果につながることもある。

　文部科学省「高等学校における発達障害モデル事業指定校における取組の概要」には単位認定におけるテストや評価の工夫について、全国の 14 高校が取

り組んだ具体例が紹介されている。その一部を抜粋してみる。

①テストの工夫

（ア）テスト時間内で支援が必要な生徒には、巡回中に問題文の細かな説明をする。 （イ）テスト準備等の配慮 　①テスト対策として小テストの実施、対策プリントの作成や個別指導を行う。 　②問題文の図表は鮮明な印刷を心がけ、（少人数の選択科目では）カラー写真も活用。 　③読み・記入間違いを避けるため問題用紙と解答用紙を一枚に。
ワープロを用いて、見やすい試験問題用紙を作成。定期試験は授業担当者が試験監督をして、質問しやすい環境を整えた。
（ア）問題用紙や問題文の漢字にルビを振ったり、行間を空けたりして見やすくした。 （イ）テスト範囲を少なくし、回数を増やした。
（ア）各考査前の放課後に学習支援員による個別指導を行った。かみくだいた説明と反復演習を行い、内容の理解を深めさせた。 （イ）考査中の指示を行う際には、できるだけ個別に声をかけて理解しているか確認する。

②　評価の工夫

（ア）欠点レポート（欠点追試で合格が困難な場合）：学期毎に実施（短縮期間中） （イ）欠点レポート指導（「発達支援クラス」）：少人数授業、放課後等（短縮期間中）。通常クラスに在籍する対象生徒（Ⅱ類）にも必要に応じて対象を拡大。レポートさえ書けばという安易さを払拭するため、丁寧な取り組みを指導 （ウ）到達度絶対評価（少人数授業のみ）：50％に達するまで繰り返し補講と再試を行い、全員の合格を目指す。競争意欲に欠ける傾向が見られるが、学習以外で意欲的な課題設定を実施。
①障害などによって他の生徒と同じ測定方法では正確な測定ができない場合には、テスト時間の延長などの措置。この取組の延長として、内容理解の測定（追認テストとその評価）において次の方法をとることを可能とする。「補充指導への参加を前提 に、『単元ごとの確認（到達）テスト』と『50分の追認テスト』の総合によって判断することができる。」 ②追認考査の指導において、こうした対応を必要としているか否かの判断は、教科担当者一人に任せず、「複数の眼」で確認することを旨として、教育相談協議会で教科担当者を交えて協議し、判断する。その結果は、職員会議に報告する。
（ア）数週間前から課題の提出状況をクラス掲示して、期限を早めに意識させて取り組ませた。 （イ）提出物の提出期限について、担任からもホームルーム等で定期的に確認した。 （ウ）提出に至らない生徒については指導回数を増やすと同時に、教科担当者・担任・保護者間での連絡・連携を行い指導を徹底した。 （エ）教員間での情報交換を行い、共通認識を持って課題提出・個別指導に当たった。

　2007年から翌年にかけて、特別支援教育体制が始まったばかりの各高校で、試行錯誤しながら何とか生徒に単位を認定させたいとする苦労のあとが滲み出

表 11-1 テスト時の工夫

（障害学生支援セミナー・文部科学省特別支援教育調査官樋口一宗「発達障害のある学生に対する高等学校までの支援の現状と課題」講演資料、2013 年より作成）

		（件）
1	問題文の読み上げ	23
2	問題文のルビ	21
3	解答用紙等の拡大	19
4	別室受験	16
5	時間延長	13
6	口頭での回答	5
7	マーカー等で問題文を色分け、強調	4
8	座席の位置の工夫	4
9	数回に分けて実施する	4
10	問題量を減らす	3
11	升目のついた解答用紙	2
12	ペーパーテストを 1 問ずつ切り離して提示	2
13	フォントの変更	2
14	解答用紙と問題用紙を同一にする	2
15	リコーダーに代えて歌唱で評価する	1

ている。

また前述した 2013（平成 25）年度に開催の障害学生支援セミナーで樋口一宗氏は文部科学省が指定した高校における特別支援教育推進関係の事業報告からのまとめとして、テスト時の工夫について取り組んだ校数をあげ、具体例をまとめた。

テスト時の工夫を大まかに分類すれば「わかりやすいテスト環境づくり（口頭試問、問題用紙の工夫等）」「心理的安定を伴うテスト環境づくり（座席配置、個室受験等）」「得意分野に代えての評価（楽器演奏から歌唱への変更等）」「レポート作成支援等（欠点レポート指導の充実等）」「課題提出の支援等（時間的余裕の提供等）」などになる。

2010（平成 22）年 3 月、中央教育審議会の初等中等教育分科会教育課程部会が報告した「児童生徒の学習評価の在り方について（報告）」には障害がある児童生徒の学習評価の考え方として次のように記されている。

「障害のある児童生徒に係る学習評価の考え方は、障害のない児童生徒に対する学習評価と基本的に変わりがないが、学習評価に当たっては、児童生徒の障害の状態等を十分理解しつつ、様々な方法を用いて、一人一人の学習状況を一層丁寧に把握することが必要」。

「様々な方法を用いて」「一層丁寧に把握することが必要」の文言通り、高校における発達障害がある生徒等の評価に関しては可能な限りの創意工夫をもって、一人一人の学びの定着度を彼らなりに表現できる機会、方法を具体的に考えていく必要がある。

（5）その他の支援教育

　この他にも高校を巡回すると「そういう級友がいることを他の生徒にどう説明すればよいのか」「専門機関とどう連携すればよいのか」「進路をどう考えればよいのか」といった相談を受けることがよくある。

　個人の発達障害等について高校生に意図的に説明し、理解させることの是非論がある。小学生段階であれば保護者や専門家と相談し、本人の了解を得た上で周囲に告知をすることも一つの支援方法になるかもしれないが、高校生という発達段階を考えた時、障害があるから理解して、というよりは「共生社会」（社会には様々な人が共に暮らしている）の重要性について何らかの方法で伝えた方がよいかもしれない。

　発達障害傾向がある生徒からは「小中学校では辛かったが、高校では比較的学校生活が楽だった」という声がよく聞かれる。高校教育は社会に出る最終段階の人間教育が行われる機会である。小中学校よりも自己決定、自己判断、自己責任の機会が重視される。また社会的な視野も広がり、やや奇異にみえる行動をする級友がいてもそれを「いじめ」や仲間外れの理由とするケースは比較的少ないかもしれない。

　ノーマライゼーションの精神を培う意味でも、個人の障害等を特別視させるような指導は必要ないのではないだろうか。確かに「特別な支援が不公平感を生むので周囲にその背景を伝えたい」という考えもあるだろうが、そんな不公平感を払拭する上でもぜひ「共生社会」について教えてもらいたい、と考える。歩ける者が階段を上がり、車いす利用者がエレベーターを使うことが「不公平」なのかどうかを。

　専門機関との連携については、ぜひ近隣の特別支援学校に相談してほしい。特別支援教育コーディネーターが丁寧にノウハウを伝えてくれるだろう。

　進路指導についてはこれも固定的な観念で考えるのでなく、例えば障害者の就労移行支援事業所なども高校が抱える進路先の一つとして考えていく必要がある。

　また、人間関係が構築しづらい特性があるのに「将来は教育、心理、福祉、

医療系の支援者になりたい」と希望する生徒がいる。きっかけの多くは、自ら
が不登校体験などでそれらの支援を受けた経験があり、その時に出会った支援
者にあこがれて、というものである。

　それはそれで素晴らしい理由だが、高校教員としては、単に夢や希望だけで
進路先を考えさせるのでなく、生徒の特性からみてそれが無理のない選択であ
るかどうかをぜひ考えてもらいたい。大学教員からみれば、現実的にどう考え
ても進路指導においてミスリードされた学生と出会うことがたびたびある。そ
してもちろん全員ではないが、「実習」等でつまずいて資格取得をあきらめざ
るを得ないケースが出てきている。

　高校における進路指導では「自己理解」を前提とする必要がある。仕事への
適性検査などを通じ、夢や希望を大切にしながらも、実際にその職を通じて社
会参加していけるかどうか、自らの特性や力量を考慮した上で総合的な判断を
していただきたい。

　また社会参加という観点から考えれば、発達障害等があると日常から自然に
学ぶことが困難なため、意図的にその対策を教えなければ詐欺的な犯罪等に巻
き込まれてしまうことがある。あるいは仕事を解雇された時の対応、生活に困
窮した時の対応など、生きていくための知恵を授けないと、様々な社会問題に
取り込まれてしまう。昨今の傾向からいえば障害等がない生徒にも指導が必要
なスキルではないか。

　障害の有無にかかわらず、高校生に具体的な「生きる力」を授けられるよう
な社会性、人間関係等の学習も充実させることを検討していただきたい。

4. まとめ

　高校における発達障害やその傾向がある生徒に対する支援についてポイント
をまとめてみたい。

①高校にも「障害がある」または「その可能性が疑われる」生徒がいる事実を
　認識する。

②外見と内面が大きく異なるケースもある（学力は高いが奇異な行動をとるな

ど）。

③それらは「わざと」「困らせようと」しているわけではないことを理解する（障害特性によるもの）。

④課題が多い生徒の特性を総合的にアセスメント「分析」していく（障害特性だけではなく生徒指導上、または心理面での課題を抱えている生徒にも）。

⑤アセスメントは「障害名」を明らかにすることが目的ではない。得意、不得意分野を明らかにし、どのような方法であれば学習が定着するのかを知るものである。

⑥支援方法に対し偏見をもたない。「絵カードなど幼すぎる」「高校生ならもっとレベルの高い方法を」ではなく、本人が最も受け入れやすく認識しやすいものであれば幅広く活用していく。

⑦教育は「切り捨てる」ために行うものではなく、「人間を育てる」ために行うものである。評価については検討、工夫を重ね、本人の学習定着度を把握できるよう、具体的な方法を一人一人に応じて考えていく。

⑧「選挙権が認められる」「社会参加する」「成人になる」前に受ける最後の総合的な人間教育を行う場と考える（大学や専門学校は専門教育を行う場である）。社会生活に必要な知識、技術、社会から受ける制約やそれに対する忍耐力なども教える必要がある。

⑨発達障害、特別支援教育といった言葉に惑わされず、課題を抱える生徒がその課題を克服し、改善するために必要な方法を考える、というスタンスで取り組む。

⑩まずは「できることから」でよい。できないこと、わからないことはそのままにしておかず、近隣の特別支援学校に支援を求めるなどする。その上で一つ一つ簡単な事柄から取り組み、定着したら次へ進む程度でよい。

⑪小中学校や高校で「指導力に定評がある教員の授業では発達障害児が目立たない」場面をよく見かける。生徒がわかりやすく、参加しやすく、楽しく受けることができる授業こそがユニバーサル授業なのではないか。自らの指導スキルを高めるため、授業を工夫し、わかりやすい教材を作るだけですべて

の生徒が参加できる授業が完成する。

　個別の支援例までには踏み込めなかったが、上記の心構えをもっていれば、現在、あるいは未来に教室で出会う様々な生徒に対し、安らかな気持ちで心を通わせることができるだろう。高校における支援・指導の基礎・基本編ととらえていただければ幸いである。

【コラム】自己理解を導く支援

　数百人の高校生に直接「共生社会」について講演をすることになりました。その際、事前指導の一環として簡単な意識調査を実施してもらいました。

　最後の設問に「講師に直接聞きたいことがあれば書いてください」といった自由記述欄を入れたところ「つまらなそう」「時間の無駄」など、正直イラッ（！）とくるような回答（？）がたった数枚あるだけで、ほかはほとんどが無記入でした。当日、講演の冒頭で幼児期にあるダウン症のお子さんの動画を流し、その後に話題となっていた「出生前診断」（妊婦の血液検査をすれば胎児に染色体異常の可能性がわかる診断法）に触れ「一人一人で考えてみよう」と投げかけたところ、ざわついていた館内が徐々にしんと静まってきました。「つかみはOK！」。

　実はこの依頼を受けた際、校長先生は「本校には障害等の有無にかかわらず自分に自信がもてず前向きになれない生徒が多い。今回の講演をキャリア教育として位置づけ、彼らが自分の特性を理解した上で適切な進路選択ができるように応援したい」という話をお聞きしていました。

　様々な背景から自己効力感が高まらず、高校での学習に目的が見いだせないでいる生徒が多数いる。教育者であればその事実は多くが認めるところです。校長先生はこの解決の手立ての一つとして今回の講演によりさりげなく「自己理解」を促したい、と考えられたようでした。

　山場に差し掛かり、発達障害の話題から「俳優のトム・クルーズさんは文字の読み書きが苦手で子ども時代苦しんだが持ち前の演技力で世界有数の俳優になった」「エジソンは学校で問題児扱いされたことがきっかけで不登校となったがその後世界の発明王になった」などの事例を紹介しました。自分の得意な分野で社会参加を目指せばよい。あなたが人に誇れるところはどこだろう。そんな命題を与え、講演を終えました。

　事後指導での意識調査には、自由記述欄に「悩んでいた日々を振り返り涙が出た」「こんな自分でも社会参加できるんだと勇気をもてた」など自分の気持ちを赤裸々に書いてくれた生徒が驚くほど多くいました。

　こんな「高校学校での支援」方法もあります！

12 特別支援学校での支援

特別支援教育の推進に伴い、特別な教育的ニーズを有する子どもへの適切な教育が展開される中、特別支援学校においても知的発達に遅れのない発達障害児が知的障害特別支援学校に転入学する例が少なくない。本来対象ではないはずの特別支援学校ではあるが、現状では小学部段階から在籍する児童がいることや、高等部に至っては中学部の5倍にも膨れ上がるといった報告がある（熊地・佐藤・斎藤・武田、2012）。熊地らは（2012）によれば、発達障害のある児童生徒は、学習上の課題のみならず、学校や家庭における不適切なコミュニケーションや対人関係、自己肯定感や自尊感情の低さなどの問題があることを指摘している。

　そこで、本章では、特別支援学校でどのような支援が可能かについて主に移行期の課題をふまえた具体的な支援事例と対人関係の支援を目指した授業実践の事例を紹介する。

第1節　進学進級で配慮される環境

1. 子どもにとっての学部や学年の移行

　発達障害のある子どもにとって、進学や進級は大きな環境の変化である。新学期の学級担任の配置がえなどは子どもにとって期待感よりも不安感を抱いているケースが多い。新しいことにドキドキしたり、ワクワクしたりする感覚は、楽しく充実した活動の経験に基づいて喚起される。一方で、新しいことを苦手とする子どもは、担任や教室環境、指導方針の変化によって不安を抱き、つらいことが起きるのではないかという緊張によって笑顔が消えてしまう。教師にとって、前年度の学級経営や指導の反省を踏まえ、新たなスタート

を切る新学期は、期待に満ちている。複数担任としてチームを組む特別支援学校では、各々の教師の指導方針などにふれながら専門性をいかした学級経営について検討する。そんな時、話題に上がることは、やってみたい指導の数々である。ごく当たり前のことではあるが、子どもの立場からすると、様々な新しい指導の工夫や授業のアイディアは、時には子どもにとって見通しがもちにくく、いつもと違う学習環境を作ることになりかねない。大切なことは、発達障害のある子どもの立場から新学期をみつめ、どのようにして変化を感じさせないリスタートを切ればよいのか、また子どもにとって安心できる期待感をもって進級や進学できる手立てを工夫することが必要である。

2. 個々に必要な学習支援の継続！

　子どもが安心し、期待感をもって学校生活を送れるようにするためには、自信をもって取り組める活動を学校や学部が新しくなった時に設定できるかどうかが大切である。担任は、新しいことを始める前に、まず子どもがこれまでの学校生活をどのようにして過ごしてきたかを理解し、特別支援学校という多様な教育的ニーズのある子ども達の集団の中で、発達障害のある子どもが他者から認められる経験と周囲の友達同士で互いを認め合える関係をつくることを目指したい。

　中学部1年のユウタさんは、小学校で学業不振や対人関係のトラブルから家庭に引きこもり不登校になってしまった生徒である。ユウタさんは、6年生の時に、登校しても保健室で過ごすことが多かったが、全校の出席調べや配布物の分配、シュレッターなどの役割を任されることで教師に褒められることを喜んでいた。通常学級から転入してきた発達障害の子どもの多くは、学校や日常の生活を通してネガティブな評価を受けてきた経験が積み重なり、自己を肯定的に捉える感情が育っていないことが多い。新たなスタートを切った特別支援学校では、自分自身をよりポジティブにとらえることができる経験から前向きに目標へ向かう力が育って欲しいと願っていた。

　ユウタさんの場合、小学校6年生の担任や養護教諭との引き継ぎを丁寧に行

い、小学校で経験した役割を継続して取り組むことで周囲に認められれば自信をもつことができるのではないかと考え、同様の役割設定と本人の頑張りを評価するための学習支援ツールを考えた。ここでは、一つ一つの仕事が終わる度に、シールを与えて評価し、全ての役割が終了する帰りの会には、自分で1日の振り返りシートに貼付して担任に報告するようにした。報告を受けた担任は、ユウタさんのシートに今日の役割のどこが良かったのか、またどこが課題なのかを伝えながらコメント記入し、全員の前で良かったことを褒めた。振り返りシートは毎日家庭に持ち帰り、その日の役割をどのように遂行したかを家庭で報告しながらシートを見せることで両親にもチェックを入れてもらうなどして褒めてもらうように協力を依頼した。その結果、ユウタさんは、毎日必ず教師や友達から認められる経験を積み重ねたことで、暗かった表情も明るくなり、あっという間にクラスのリーダー的存在になっていった。こうしたケースの場合、これまでネガティブな評価ばかり受けてきた子どもは、子ども同士の力関係が逆転したことによって、クラスの友達に対して否定的な態度をとることがあるかもしれない。そうした場合は特別支援学校に在籍する多様な教育的ニーズのある生徒同士で支え合うことができるようになるために、もう一つの手立てが必要である。

3.「振り返り」によって支え合う仲間関係

　学校では、教師のみが子どもの生活や学習を支えているのではない。子ども同士の関係の中で互いに支え合っていることを忘れてはならない。担任が授業の指導計画を立案する際は、子どもの興味・関心や発達段階に応じた題材や目標の設定を行うものである。しかし、活動に向かう子どもの動機は、決して面白い、楽しい、できた、わかった、もっとやりたいというものだけではない。どんな子どもでも、自分が頑張れば誰かが褒めてくれる、私も友達と一緒にやりたいなどといった関係性の中で高められた動機によって周囲の期待に応えたり、支え合ったりするといった互恵性（reciprocity）を育んでいる。

　そこで大切にしたいこととして、様々な授業で学習の振り返りを設定し、丁

寧に一人一人の活動を評価することを行いたい。ここで重要なことは、自分が何を頑張ったかという振り返りだけではなく、今日、一番頑張った友達は誰か、その友達は何を頑張っていたかという振り返りも含めて発表できることを目指すことである。「わたし」と「あなた」という関係の中で「相互評価」を繰り返すことは、発達障害のある子どもであっても他者の行為に注目し、援助したり、応援したりすることは苦手なことではない。遠回りかもしれないが、こうした仲間関係の育ちを支援することが、いつもと変わらない友達の存在によって学校生活が支えられ、スムーズな新学期への移行ができる。そして、その取り組みを継続することが変化への適応が苦手な子どもを教師が支えるのではなく仲間同士で支え合うことを可能にする。

4. 自立活動の視点でとらえる新学期の環境

　特別支援学校学習指導要領における自立活動領域の目標には、「児童生徒の学習上又は生活上の困難を主体的に改善・克服するために必要な知識、技能、態度及び習慣を養い、もって心身の調和的発達の基盤を培う」と示されている。その実現に向けては、ICF（国際生活機能分類：WHO、2001）の理念に基づき、「生活機能の側面と障害による困難の側面とともに、それらと個人因子や環境因子等とのかかわりなども踏まえて、個々の幼児児童生徒の実態を把握することが重要であり、その実態に応じて環境を整えつつ、指導内容・方法の創意工夫をすること」と明記されている。これは、人がもっている様々な生活機能を個体能力のみの問題としてとらえるのではなく、個々の力を発揮できる状況、すなわち環境との相互作用によってとらえるというICFの考え方によるものである。学校生活や家庭生活、さらには地域での生活の中で生じる子どものつまずきや学習上の困難さは、こうした環境との相互作用の中で生じることがあり、新学期という環境そのものが子どもにとってこれまで培ってきた力を発揮する場になっていないことが原因の場合が多い。したがって、新学期には、まず子どもにとって学校生活を送りやすい環境への配慮を検討することが重要である。

　ICFが説明する3つの環境因子の中に「物的環境」、「人的環境」がある。

「物的環境」とは、人が作り上げたあらゆる生産品と用具であり、子どもが扱う教材、教室環境、生活を支える構造物が含まれる。「人的環境」とは、子どもを取り巻く全ての人の存在であり、その人たちが子どもたちにどのようにかかわるかという態度が含まれる。教師の対応や手立て、教員間の共通理解も「人的環境」の一つと考えていいであろう。そこで、新学期に向けて担任教師が考えるべきことは、こうした環境の側面を含めて実態把握し、すべての子どもができる限りの力を発揮できる状況づくりに努めることである。これらの側面から子どもにとって変化の少ない継続した学級経営を検討することである。「物的環境」としての個人が使用する学習支援ツールや「人的環境」としての指導方針も、子どもを取り巻く重要な環境ととらえたい。

　新学期、期待感に満ちている子どもには、さらに自信をもたせ、不安感のある子どもには、すでにできることを踏まえて戸惑いなく学部や学年のリスタートが切れるようにすることを大切にしたい。新しい学級経営や指導は、主体的に活動に取り組む姿や目標に向かってポジティブに活動参加しようとする姿を確認した上で展開してはどうだろうか。

5．学年や学部全体による共通の取り組みの展開

　環境の変化への適応が難しい子どもは、信頼関係が維持された担任の存在によって学校生活が支えられる場合が多い。心理的に不安定になりがちな子どもにとって心の拠り所となる担任の存在は重要であろう。しかし、教育は担任が代わっても同じ質が維持されるような再現性がなくてはならない。そのためには、子どもの主体的な活動を支えるために特定の教師に依存しない指導方法の確立が必要である。

　個別の指導計画は、子どもの発達段階や生活年齢に応じた系統的な目標と個々の障害特性に応じた配慮事項が示されている。指導の履歴が記載された個別の指導計画は学年や学部の移行時にこそいかされるべきである。一方、学級経営は学校運営方針に基づく学部・学年の運営計画によって行われている。子どもにとって質の高い教育を維持するためには、個別の指導計画を有効に運

用するために学部・学年単位の組織的な取り組みが必要である。子ども一人一人に対して有効な指導の手立てを学級の枠をこえて共有することができれば、個々の子どもへのきめ細かな指導や配慮を担任以外の教師も行うことが可能となる。

例えば、学部全体の取り組みとして個々の主体的な活動を支援する評価ツールや仲間関係の促進を支援する評価ツールを活用してはどうだろうか。前者は児童生徒が積極的に係活動や学習に参加する姿がみられた時、教師が「グッドポイント」としてシールを与えるものである。子どもはそのシールを上着の袖に貼って学習に参加し、授業終了後は教室に掲示されたポイントシートに貼っていくという手続きを行う。後者は児童生徒が友達へのあたたかい言葉かけや応援、援助などを行う姿が見られた時、「グリーンポイント」としてシールを与えるものである。その先の手続きは「グッドポイント」と同様に行う。この取り組みは、ポイントがいくつ貯まるかという目標を設定して友達と数を競うものではなく、教師から褒められた数だけポイントシールとして形に残し、授業の振り返りの際、個人の頑張りを教師や友達などの他者に評価してもらうために活用する。こうした友達同士で互いに認め合う経験の積み重ねは、主体的な活動参加や友達へのかかわりの動機を高め、教師に支えられるのではなく友達に支えられることによって参加する共同的な学習を可能にする。

第2節　自立活動による社会性の学習

1. 人間関係の形成の指導

特別支援学校学習指導要領に示される自立活動領域「人間関係の形成」項目には、他者の意図や気持ちの理解を深めることや、自他の理解を通して円滑な人間関係を維持しながら集団参加を目指す内容が明記されている。将来の自立や社会・文化的活動に参加することを目指す特別支援学校では、他者との有意味な関係を築き、その中で互いの欲求や意思などを円滑にまた深く効率的に交わし、伝え合うための性質や能力を育む社会性の学習が重要であり、なかでも

「感情（情動）に対する知」（遠藤、2004）によって他者の心的状態を読み取り
応答するための知識や技能を育むことが重要である。

　知的障害を有する児童生徒の教育では、仲間関係を深めながら、自己を肯定
的にとらえ、自信をもって目標に向かう姿勢を育むことや、他者と認め合いな
がら活動参加する姿勢を育むことは教育の根幹である。これは発達障害のある
児童生徒にとっても同じである。人間関係を育む基礎的なかかわる力を支援す
ることに始まり、相手の気持ちや感情の理解を促しながら自らの行動を調整す
る力の育ちを支える実践は自立活動領域を中心に様々な学習機会が展開されて
いることが望ましい。

　以下では、協同的なゲーム活動を通して、他者への応援や賞賛、励まし等の
あたたかいかかわりと言葉かけを目指した学習の事例を紹介する。

2.　仲間で支え合う全員参加のゲーム活動

　小学校から特別支援学校中学部に入学してきたユウタさんは、毎日学校に通
えるようになり、これまで敬遠していた国語や数学の家庭学習にも積極的に取
り組む様子がみられる一方で、友達への言葉遣いが乱暴になるなど対人関係に
新たな課題がみられるようになってきた。そこで、自立活動の時間の指導とし
て社会性の学習を目的としたグループ学習を設定した。ここでのグループ学習
は、自立活動領域における人間関係の形成の項目を主とした個別の指導計画の
目標に基づいて立案された「他者とのかかわりの基礎」「他者の意図や気持ちの
理解」「自己の理解と行動の調整」「集団への参加の基礎」の内容に関する授業
であり、対象児を含む1〜3年生の小集団で構成されていた。

　ここでは、参加者全員に役割のある簡単なゲームの指導計画を立案した。2
チーム対抗で行い、紐で吊ったボードにペットボトルを載せて運びながら得点
を競うという単純なルールを設定した。空のペットボトルを原則使用したが、
生徒の実態に応じて水を入れ安定させるように配慮した。各チームが個人戦4
回、ペア戦4回行い、その合計点で勝敗を決めた。

　この「ペットボトル運び」ゲームの各人の役割は全体の流れを見て進行す

る「ゲーム進行係」と振り返りの進行を行う「振り返り進行係」、対戦表をめくったり、VOCA を使ってスタート合図をしたりする「スタート係」、スタート係の補助を行う「スタート補助係」、ペットボトルが落ちた位置を確認し得点カードを競技者に手渡す「得点カード係」各チームの得点シートに得点数のシールを貼る「得点表示係」、チームリーダーとしてゲームの進行をリードする「チームリーダー係」の 7 つの係であり、生徒の実態に応じて全員に役割が設定され、協同・協力しながらゲーム進行するよう設定した。また、ゲームの結果とゲーム進行のための役割の 2 つの活動について振り返る機会を設定し、「振り返り」では、自分が頑張ったことを発表する「自己評価」場面と友達の頑張った場面を発表する「相互評価」場面、それらを「振り返りシート」への記入する場面をそれぞれ設定した。

3. 友達へのあたたかいかかわりを目指して

　ユウタさんの個別の指導計画では、集団活動の流れや状況に応じて主体的に活動参加することや授業のリーダー的役割を担うことが目標となっていた。そこで、本授業の事前学習では、ゲーム活動中、友達へどのような言葉かけをすると相手がうれしい気持ちになったり、次頑張ろうという気持ちになったりするかを全員で考えた。その中で、ゲームを頑張っている時には「頑張って！」という応援、高得点をとった時には「やったね！」という言葉かけやハイタッチ、ペットボトルを落としてしまい得点が低かった時には「ドンマイ！」「次、頑張ろう！」という励ましをできることが素敵な中学生であることについて学習してから授業に取り組んだ。

　一方、自分だけが頑張ったことを発表するのではなく、自分のチームの友達やペアでペットボトルを運んだ友達について、頑張った「役割」や「活動」について相互に評価し合う機会を設定した。これによって、ゲーム中に友達の活動への意識が高まることに期待した。

4. 支援手立ての工夫

　日々の学習指導計画を立案する際に重要なことは、目標達成に向けた手立てを明確にすることである。

　ナオキさんの1つ目の目標は、自分と友達の役割を知り、適切なタイミングで友達を賞賛したり励ましたりすることである。これに対しては、導入の中で、「あたたかいかかわりカード」を提示し、友達へのあたたかいかかわりや言葉かけのモデルを確認した。さらにゲーム活動の中では、参加する生徒の積極的な役割の遂行およびゲーム活動への参加に対して「グッドポイント」、友達へのあたたかいかかわりに対して「グリーンポイント」を即時的に与え、表示板に掲示した。この手続きでは、ナオキさん意外の生徒のポジティブな行為を即時的に「他者評価」することで、望ましい行為のモデルとしてナオキさんに示すことをねらった。また、グッドポイントを獲得した生徒の中から、一番ポイントの多かった生徒に「グッドポイント賞」、グリーンポイントを獲得した生徒には全員に「グリーンポイント賞」を与えた。グッドポイントシールは、各自が持つ専用のポイントシートに貼り、グリーンポイントシールも、同様に各自のポイントカードに貯めた。2つ目の目標は、自分と友達が上手くできたこと、難しかったことを振り返り、発表することである。これに対しては、自分だけでなく友達の「役割」と「活動」について毎回発表する機会と「振り返りシート」に同様の内容を記入する機会を設定した。

5. 仲間へのかかわりの変化について

　ゲームを始めた頃、勝敗にこだわっていたユウタさんは、思うように得点が取れないコウセイさんが拗ねてしまいしばしばゲームが滞ってしまうと、強い口調で注意する様子が多々みられた。しかし、その都度「ドンマイ、コウセイさん!」、「大丈夫、次頑張ろう!」と友達のマリさんは、あたたかい言葉かけをしていた。その姿に対して教師からグリーンポイントが与えられる様子を何度も見てきたユウタさんは、友達のかかわり方をモデルに自分も同じようにかかわる様子がみられるようになってきた。

タカトさんは、言葉の表出が難しい自閉症スペクトラム障害を有している。これまで、タカトさんに対しては、積極的にかかわることがなかったユウタさんだったが、マリさんが積極的に「タカトさん、やったね」「グッジョブ！」とサインを送る姿に対して、タカトさんもそれに応えて手をあげながらうなずく様子を見て自分も同じようにかかわるようになった。ゲームを開始した始めの頃、ポイント欲しさにあたたかいかかわりをする場面もあった。徐々にそうした気持ちが少なくなり、仲間とかかわることそのものが心地よく感じているような表情で参加できた。最後は自信をもって応援したり、励ましたりする様子がみられるようになった。

　また、自分のチームの結果にこだわっていたユウタさんは、相手チームで頑張っていたユウカさんに対しても振り返りの場面で「ユウカさんは、ゲームに負けて悔しがっていたけど、頑張っていたと思います」と相手の気持ちに寄り添った感想を発表することができた。こうした他者に対する意識やかかわりの変化によって、ユウタさんが務めたゲームの進行係においても、友達が役割に取り組む様子を見届けながら進行をする姿がみられるようになり、応援や賞賛、励ましも自発的に声かけすることができるようになった。

第3節　最後に

　知的障害特別支援学校に在籍する発達障害児を支援する場合、特別支援学校での生活が子どもにとって有意義な学習の場となるような教育環境を設定することである。知的障害特別支援学校のように障害の種類や程度が幅広く、多様な教育的ニーズを有する児童生徒と共に学ぶ場の中でどう教育課程に発達障害児の教育的ニーズを反映させるかが課題である。そこでは、可能な限り子ども同士で互いを認め合い、尊重し合う関係づくりにつとめ、自尊感情を育てる学習の場を提供することが大切な選択肢のひとつであると考えたい。

【引用文献】
・上田敏『国際生活機能分類 ICF の理解と活用』萌文社、2005
・遠藤利彦「子どもに育てたい社会性とは何か」「児童心理 58」(2)、pp.145-153、2004
・能地需・佐藤圭吾・斎藤孝・武田篤「特別支援学校に在籍する知的発達に遅れのない発達障害児の現状と課題—全国知的障害特別支援学校アンケート調査から」「秋田大学教育文化学部教育実践研究紀要」67、pp.9-22、2012
・筑波大学附属大塚特別支援学校編『特別支援学校におけるとっておき授業レシビ』学研、2015
・文部科学省『特別支援学校学習指導要領解説自立活動編』教育出版、2010

各機関をつなぐ移行支援

入学式、入社式、進級、転入学……。人にとって新しい環境へ移る瞬間は、うれしくもあり、期待もある反面、大きな不安を伴うことになる。しかし、その不安も徐々に軽減され、やがて「住めば都」となっていく。

ただ、対人関係やコミュニケーションが苦手な発達障害があると新たな生活になじむことが難しく、それが「中1ギャップ」「高1クライシス」などと呼ばれる問題につながっているのかもしれない。

本章では発達障害があっても新たな環境へ円滑に適応できる「移行支援」について解説していきたい。

第1節 移行支援とは

1. 環境の変化が与える影響

昨今、高齢者福祉の世界においてトランスファーショック、またはリロケーションダメージという用語を頻繁に聞く。健康状態の悪化等により、長年住み慣れた自宅や地域から特別養護老人ホーム等への入所を余儀なくされ、ある日突然に住環境が変わることにより健康状態がより悪化してしまう、という意味で使われているようだ。

教育の世界でも小1プロブレム、中1ギャップといった言葉が使われる。保育所や幼稚園などで比較的束縛のない自由な生活をしていた子どもたちが、集団生活でのマナーやルールを徹底される小学校で戸惑ってしまう。また学力差をあまり重視されなかった小学校から、定期テストなどで全体順位が明らかにされる中学校で自分の立ち位置に悩み、学校不適応が助長されてしまうといっ

た現象である。

　生活し慣れた環境から別環境に入ることには大きな心理的負担を伴う。これは誰にでも経験があるだろう。就学、進学、転校、就職、転職、転居など。初めての生活環境に慣れ、新しく出会った人々とコミュニケーションし、その環境に応じたルール、マナー、慣習を守る。障害のあるなしにかかわらず慣れるまではつらい毎日を過ごすことになる。

2. 環境の変化に影響を受ける発達障害

　しかし、発達障害があると慣れるまでのプロセスはより過酷なものとなる。通常は新しい環境の中で新しい体験を繰り返し、保有する感覚を総動員しながら新しい生活習慣を確立していくが、発達障害があると「周囲から学ぶ」「自然に学ぶ」「経験から学ぶ」ことが困難な場合があり、周囲が本人の特性を理解しながらある程度意図的に情報を入力していかなければ、いつまで経っても新たな環境になじむことができず、精神面での負担、失敗体験の積み重ねやコミュニケーション不全から不登校などの二次障害に結びついてしまうことがある。

　このダメージを軽減するために重視されているのが移行支援という考え方である。別の環境に進む際、本人の精神的ダメージを極力軽減させ、スムーズに移行できるようにするため、特別支援学校では「移行支援計画」をつくり、意図的に環境の変化を受容しやすくする指導・支援を行うことがある。

3. 特別支援教育における移行支援

　平成17年3月に全国特殊学校長会が出した報告書「盲聾養護学校における『個別の教育支援計画』について」には「個別移行支援計画」について次のように説明されている。

　「卒業後の就労・生活支援への円滑な移行を見通し、在学中から関係機関等と連携して一人一人のニーズに応じた支援をするための計画」

　「卒業後への移行の時期に学校卒業後の企業就労や福祉施設入所等の進路指導全体を視野に入れ、労働、福祉等との連携の下に、本人や保護者の意向を踏

~とぎれない支援のために~

幼稚園・保育園 ➡ 小学校

このシートは、お子さんに必要な支援内容や方法などについて就学先の学校に伝える際に活用するものです。
在籍する幼稚園・保育園の先生に記入してもらい、保護者の方が直接、または幼稚園・保育園の先生を通して就学先へお渡しください。

熊本市教育委員会総合支援課

フリガナ 子どもの名前		性別 （　）	生年月日	平成　　年　　月　　日
保護者名			保護者 連絡先	
住　所	熊本市　　　　区			
在籍園			在籍園 連絡先	
記入者			記入日	平成　　年　　月　　日

図13-1　移行支援シート（幼稚園・保育園から小学校用）

（出典：熊本県教育委員会）

まえて、在学中及び卒業後の支援が適切に行われるよう、生徒一人一人について策定するものである」

これにあるように、元々は特別支援教育における就労支援のためのツールとして登場した「移行支援計画」であり、今も基本的にはこの目的で使われていることが多いようである。ただ、環境の変化は何も就労時のみに起きるわけではなく、学齢期にも就学前にも起こることであり、また就労した後でも異動や転居といった形で環境が変わることはよくある。発達障害やその傾向がある場合、環境の変化への対応はその特性から苦手なものの一つとして、生涯を通じて支援の対象になるべきである。昨今では、保育所・幼稚園から小学校、小学校から中学校、中学校から高校へと就学、進学する際の各場面で移行支援を行う自治体が増えてきている。熊本市では保護者が「移行支援シート」「就学支援シート」を関係者とともに作成し、次の移行機関へ子どもの情報を引き継いでいくという方法がとられている。

4. 様々な移行支援

移行支援は何も発達障害やその傾向を有する子どもだけでなく、環境の変化を柔らげる、という観点からすべての子どもに実施されている場合がある。例えば小学校6年生が中学校に入学する前に「1日体験入学」といった行事で中

学校生活を味わうようなものである。主催者はこれを移行支援という観点でとらえてはいないかもしれないが、子どもたちにとっては安心感を高め、次の生活に見通しをもつことができるきわめて貴重な機会となっている。

　発達障害やその傾向がある子どもにとっての移行支援のメリットは、環境の変化による不安、ストレスを極力軽減できること、その結果、新たな環境での生活が始まる最初から比較的安定した日々を過ごすことが可能になるため他の子どもたちと同時進行で学習や運動に取り組めるようになること、そして新しい環境にいる様々な支援者が早くからその子どもの特性を知り、様々な準備をもって受け入れられることなどである。

　その方法論はもちろん一人一人の状況によって異なり、また保育所・幼稚園、学校等の特性にもよって異なってくる。重要なのは「地域の特性」である。同じ地域にある保育所・幼稚園と学校等が同じスタンスで子どもを理解し支援していけるかどうか。これは地域全体の取り組みを要するため、むしろ教育行政だけではない様々な地域の関係機関が協働して地域の支援力を高めていく前提が必要である。

　また、可能であるなら地域に様々な子どもを支援するセンター的機能を備える専門機関があり、域内に居住する子どもたちの情報を一元化し、一人の子どもをその誕生から成人に至るまで見守り続けることができるようなシステムがあると理想的である。

5. 個人情報としての扱い

　現在も「ライフサポートファイル」（「写真 5-9」p.79 参照）のような名称で、子どもの発達段階に応じた情報を積み重ねた資料を保護者が所有し、関係機関に情報提供しやすくなるような取り組みがある。しかし、資料を作成しようとする保護者の意識が高まらないこと、また保護者が子どもの資料を保管し情報を積み重ねていくことへの負担感の大きさ、それを活用すべき各関係機関の共通理解が進まないことなどから全国的な取り組みにはなりえていない。

　行政機関においては負担軽減の観点から必要以上の個人情報を管理すること

を好まない風潮もあるが、少子化の現代において少なくとも何らかの発達課題、生活課題を抱える子どもたちに対しては地域全体で見守っていくためにも情報の一元化が必要なように感じる。保護者の了解を得ることは大前提だが、個人情報の管理が大変だからといってその管理までを保護者の自己責任にしてしまっては、意欲的な保護者とそうでない保護者の間で、子どもへの公平な支援が行われなくなってしまうだろう。

　関係機関同士で有意義な情報のやり取りが実現していない背景には「個人情報」の扱いに関する理解が統一されていないことも一因となっている。特に発達に課題があるようにみえてもそれが障害名や診断名につながり、さらに保護者が同意していないと、組織の勝手な判断で移行支援に関するやり取りを次の組織と行うことは難しい。

　各保育・教育機関でまずは課題がある子どもの背景要因をしっかりアセスメントし、保護者に納得のいく説明をし、情報共有の了解を得ることが重要だが、その前に地域が「全体で一人の子どもの成長を見守り支えていく」といった理念を共有していくことが重要である。「できない子ども」は「ダメな子ども」ではない。「できない」背景をしっかり探り、合理的配慮をもって「できる」ように支えていく。そのためには地域全体の理解と協力、そして温かい見守りが不可欠である。

6. 地域で取り組む移行支援

　時に人は解決が難しい問題を抱えると、解決を導くための方法論のみに目を向けがちになってしまうが、もっと大きな視点から状況を俯瞰してみると、意外に早い解決を導くことができる場合がある。即効性の頭痛薬では治らないちょっとした不快感が、実は重大な病気による症状の一つであり、病院で検査し適正な治療を受けたら解決した、という話を聞く。小手先の技術論や方法論だけでなく、個人情報のやり取りや情報管理・共有の方法、そして移行支援における課題など、地域という視点から俯瞰しなおし、地域全体で子どもを支えるといった大きなところから地域にあった理想的な手段を検討してほしい。

移行支援を具体化することは課題がある幼児児童生徒の新たな環境への適応においてきわめて効果的であることはわかっているが、前節で述べたような困難もあり、これが全体的な取り組みにはなっていない。

　しかし、課題を克服しながら実際に移行支援を具体化している自治体もある。それぞれの発達段階に応じて効果的な情報共有や移行支援を行っている自治体の取り組みを紹介したい。

第2節　発達段階に応じた移行支援

1. 乳児から保育所・幼稚園へ

（1）子育てサークル

　就学前に利用する保育・教育機関に入園する前に、乳幼児の段階で「子育てサークル」のような集まりに通う母子がいる。出生後の早い時期で障害等の特性が把握できていれば療育機関を利用するケースはあるが、そうでない場合は家庭の事情ですぐに保育所を利用するか、または時期が来るまで在家庭のまま幼稚園への入園準備をするかになる。まれにそのような就学前施設を利用しない、という場合もある。

　保育所や幼稚園デビューの際、泣きながら母親にまとわりつき、離れようとしない光景をよく見かける。トランスファーショックといってもよいだろう。それを防ぐため、保育所や幼稚園が「子育てサークル」的な取り組みを通じて、入園前から移行支援をしているところがある。

　この「子育てサークル」的な現場で発達上の課題を見つけ、積極的に保護者に説明し理解を求めていくといった取り組みをしているところがある。発達障害支援において早期発見、早期対応、早期療育が大変に重要なポイントであることはいうまでもない。

　発達障害傾向はどちらかといえば集団参加がきっかけとなり気づかされる場合が多い。家庭の中だけで、しかも少子化の影響によりその成育を比べられる兄弟姉妹も少ない、公園デビューしても同世代の子どもが少ない、となれば、

「子育てサークル」や保育所、幼稚園など集団の場でないと課題はみつけづらい。1歳半健診や3歳児健診のように保健師などの専門家が直接面談して判断できる場もあるが、集団の中で支援者が最も早い時期に課題をみつけることができるのは「子育て支援サークル」的な集まりかもしれない。

　この時点で何らかの課題を見つけ、保護者がそれを受容でき、その後一貫した必要な支援を地域で受けることができれば、大きな困難もなく子どもは成長していくことができるだろう。保護者の了解があれば「子育てサークル」的集まりから次の保育所、幼稚園に移行支援としての情報の引継ぎが可能であり、トランスファーショックを軽減することができる。

（2）A市の一貫した支援

　首都圏にあるA市は人口7万程度の自治体だが、育児支援に関しては一貫した取り組みが行われている。1歳6ヵ月児健診、3歳児健診の際には保健師だけでなく保健センターに所属する言語聴覚士（ST）なども参加し、早い段階で課題を見つけることができている。またそのSTが就学前の「ことばの教室」を開催し、早期支援にあたっている。

　これらの情報はある程度市が管理するため、就学前健診からその後の学齢期への支援に向けて一人一人の特性に応じた一貫した支援を行うことが可能になっている。担当している言語聴覚士は「A市内に居住するすべての課題がある子どもの情報を把握している。保護者の了解があれば情報を保有している保健センターが中心となり移行支援を進めている」と話す。有意義な移行支援につながらないのは健診に参加しない家庭だけであり、該当児は市全体で数十名しかいない、と語っていた。

　また移行支援時（毎年2月から3月にかけて）には市の教育委員会が主催する「連携協議会」が開かれる。保育所・幼稚園・保健センター・小中学校・高校・特別支援学校の進路・就学担当が参加し、保護者の了解を前提として課題がある幼児児童生徒に関する情報の共有が図られる。

　例えば小学校から中学校に進む児童の情報を、STが幼少期の頃からの支援

状態を中学校に伝えることも可能である。まさに地域における一貫した支援が可能となっている地域である。

　地域の子育て支援施策の中で生まれて間もない乳児の段階から、当事者の了解がある範囲内で情報の共有を目指し、保育所・幼稚園等の就学前施設を利用する段階から移行支援が始まれば、この流れは小学校へ、中学校へ、高校へと引き継がれることになり「地域で支える」仕組みづくりのきっかけとなる可能性がある。地域の実態に応じ、可能な範囲で始められるところから始めていくべきだろう。

2. 保育所・幼稚園から小学校へ

(1) 行動規制が強化される小学校

　小1プロブレムの言葉が示す通り、比較的集団規制が緩やかだった保育所・幼稚園等から義務教育がスタートする小学校1年生への環境変化の影響は子どもたちにとってとてつもなく大きい。

　DSM-IVにおけるADHDの診断基準の一つに「多動性—衝動性または不注意の症状のいくつかが7歳未満に存在し、障害を引き起こしている」という項目がある。7歳未満ということは、小学校入学前後ということであり、保育所・幼稚園等では発達段階からみてもよほど顕著でない限り、多動性や衝動性、不注意の特徴が集団の中で見きわめづらい。

　小学校に入り、45分間の授業に座っていられるか、教師の指示に従えるか、ほかの友達と同じ行動をとることができるか、このような観点から初めて、当該児の多動性や衝動性が強いのではないかとの憶測が可能になる場合がある。

　自由時間には園庭を気ままに走り回り、楽しく歌を歌い、遊びや工作を通じて手指の操作性を高めたり社会のルールを学んだりしていた子どもたちが、4月を境に突然一定時間（合計すれば1日に数時間程度も）は着席したままになることを強制され、必要時以外は勝手に会話することも禁じられ、自由遊びの時間もきわめて短くなる。このような環境の変化についていけず、小1プロブレムといわれる行動をとってしまう子どもたちが現れるのだろう。

（2）小学校への移行支援

　子どもにしろ大人にしろ、環境の変化を受け入れ、なじんでいくには時間がかかる。精神面での負担も大きい。教職員の「心の病」発症のきっかけは異動時が多いとの調査結果もある。大人の場合は移行支援というわけにもいかないが、障害のあるなしにかかわらず、子どもには移行支援の機会が少なからず与えられて然るべきかと考える。

　特に発達障害がある幼児にとって、順調に小学校生活をスタートさせるためには移行支援は不可欠である。そして冒頭にも触れたように何らかの「移行支援計画」等の文書をもって保育所・幼稚園から小学校へ情報の引継ぎをしている自治体は少なくない。あるいは新生活準備のための保護者支援（説明会・個別面談）、また小学校の関係者が保育所・幼稚園を参観し、直接対象児の様子を確認するといった方法も多く取られているようだ。

　しかしどうだろう。子どもの視点に立った移行支援は行われているだろうか。調べた範囲では、障害やその傾向を有する子どものために小学校での生活体験を移行支援として実施している、といった例は見つからなかった。

　新しい環境に不安を感じ、壁にぶつかるのは子ども本人である。子どもにとっての環境への慣れや社会性、ルール、慣習などの学びは関係者間の情報共有などで充実させることは難しい。これは何も移行支援に限った話ではないが、新たなチャレンジをする際に、少しずつ慣れていくといったことは社会生活のいたるところにみられる。

（3）スモールステップ

　スモールステップと呼ばれる考え方がある。通常の学びのスピードをより細分化してゆっくり少しずつ学ぶスタイルが、特に発達に課題がある子どもたちには有効であるといわれている。自動車免許を取得する際、どんなにメカに弱い者でも、おおむね30時間前後の細かなプログラムで順次必要な知識や技術を学んでいくとほとんどが免許を取得でき、自動車を運転できるようになる。その際、車庫入れなどに失敗したら何度もその過程を繰り返し、できるように

なるまでは前に進まない。このように一歩一歩、慣れるまで着実にゆっくり学んでいく方法がスモールステップである。

　この考え方を移行支援に取り入れることはできないだろうか。移行期間の2月から3月にかけて、課題がある子どもについては特別の移行支援プログラムを用意し、初めは保護者や関係者の付き添いの下で週に1日だけ数時間程度新しい集団になじみ、慣れてきたら徐々に時間や日数を増やし、やがては直接的な付き添いなしに集団に参加できるようにする。

　受け入れ側の負担は大きくなるが、課題がある一人の子どもがスムーズに新しい環境に慣れ、小1プロブレムや登校しぶりなどの教育課題につながる可能性が低くなることを考えればこのような努力を検討してもよいのではないかと考える。

(4) スモールステップの具体例

　受け入れ側としては、例えば小学校であれば余裕があるのなら特設された「入学準備教室」などでよいだろうし、余裕がなければ通級指導教室で個別指導を行ったり特別支援学級で技能教科や生活単元学習などの「領域・教科を合わせた指導」に参加させたりしてもよい。受け入れ側の子どもたちにももちろん新たな負担を強いることがないような配慮の中で、できる範囲の移行支援プログラムに取り組んでいくメリットは大きいのではないか。

　この方法は小学校から中学校へ進学する際にも取り入れることは可能である。課業期間が難しければ年度末休業・年度初め休業（一般的には子どもにとっての「春休み」期間）の一部を充ててもよい。学校にとっては1年間でも最も忙しさを伴う時期ではあるが、可能な範囲で試みることを提唱したい。

(5) 進級時の移行支援

　移行支援は何も就学や進学時に限ったことではなく、本来であれば学年が上がる時期にも同様の取り組みがあれば効果的である。特別支援学校等では子どもたちが進級する際「担任が替わるべきか替わらない方がよいのか」といった

議論がしばしばある。自閉症などの発達障害がある子どもにとって、学級担任が替わる、というのは事前の説明や指導がなければそれは「青天の霹靂」でしかない。

　担任が替わっても個別の指導計画や個別の教育支援計画で指導・支援内容の共有化を図りはするが、教員の個性の範囲でどうしてもマイナーチェンジしてしまうことはあり得る。もちろん顔も声も異なる人間から同じ指導を受けたとしても、子どもにとっては全く異なる指導と受け取る可能性はあるだろう。

　しかし、子どもたちにとって様々なタイプの大人、人間と出会い、試行錯誤しながらも経験を広げ、人間関係づくりをする力を獲得していった方がよい、といった考え方もある。新しい学級、新しい担任に1日も早く出会い、移行支援を開始するという前提があれば発達に課題がある子どもたちが経験を広げるために進級時、担任や教室を変更することも可能となろう。学校の慣習から学級担任の変更や新しい教室の配置などは入学式、始業式まではトップシークレットとされていることが多い。もしこの慣習を見直すことができれば、新しい環境に少しずつなじませる進級時の移行支援プログラムは可能になる。

3. 中学校以降の移行支援

（1）小中・中高一貫校の可能性

　2015（平成27）年6月、「学校教育法等の一部を改正する法律案」が参議院本会議において賛成多数で可決、成立した。2016（平成28）年4月より施行され、小中一貫校が「義務教育学校」という名称で正式に制度化される。中高一貫校はすでに「中等教育学校」として法的に認められているが、これらの背景には進学時の急激な変化を緩和することも目的とされているといわれている。

　2012（平成24）年7月、中央教育審議会初等中等教育分科会で配布された資料「小中連携、一貫教育の推進について」には次のように書かれている。

　「小学校から中学校への進学において、新しい環境での学習や生活へ移行する段階で、不登校等の生徒指導上の諸問題につながっていく事態等（いわゆる中1ギャップ）に直面し、小学校から中学校への接続を円滑化する必要性を認

識し、小中連携、一貫教育に取り組み始めたケースが見られる」。

　一貫校への取り組みは今では各地で実践が始まり、特に中高一貫校は決して珍しい存在ではなくなったが、環境の変化を和らげるメリットがある反面、子どもたちの人間関係が固定化されてしまうといったデメリットも指摘されている。ただ移行支援という観点からみれば「学校を変わらないでも済む」ことは環境の変化に弱い子どもたちにとっては大きなメリットであるといえるだろう。

（2）高校、大学への個別移行支援例

　ある学校で教育相談を担当していた８月、不適応のため中学校にほとんど登校できていなかった発達障害がある生徒Ｂとその保護者から高校への入学について相談を受けた。障害特性から人間関係につまずき、本人には理解できない「仲間外れ」が発生した。そのため登校する気力を失い、３年間をほぼ自宅学習で過ごした。相談に来た当時はすでに「ひきこもり」といってもよい状態であった。

　Ｂと面談をしていて場の雰囲気を理解できない、人の気持ちに共感しづらいなどの特性を強く感じ、いずれにせよ社会参加を促していくにはソーシャル・スキル・トレーニング（SST）などを通じて移行支援へのプログラム（むしろひきこもり状態から社会参加のための移行支援かもしれない）が必要と考えた。

　表 13-1 はその際の移行支援を目的とした SST 的プログラムの内容である。

　Ｂは徐々に外出することや進学を希望する高校までバスで通うことが可能となり、無事試験にも合格して、３年間、ほとんど欠席することなく高校に通学できた。その後、Ｂは大学への進学を希望し、推薦入試で早々に合格を決めた。しかし、環境が変わることへの不安を感じ、３年生の２学期、混乱することが多くなった。そこで高校関係者は進学予定の大学に協力を依頼し、少しずつ自力で大学へ通う練習を始め、大学の相談センター担当との人間関係を構築し、翌年４月、無事に入学式を迎え、毎日大学へ通学することが可能となった。何かわからないことや困ったことがあると、すでに人間関係を築いていた相談担当の元へ赴き、面談などを通じて切り抜けた。

表 13-1　生徒Bに対する移行支援的 SST の指導経過

日　程	目的・内容	トレーニング	体　験	振り返り
○月○日	・趣旨説明 ・「対人関係」の理解	・対人関係に関する自己評価 ・「対人関係」に関するソーシャルストーリー(以下 SSと略) ・高校での話し合いの様子を想定した簡易 RPG	・高校の協力を得て実施した特別授業での話し合いに参加	・話し合いの際の自分の様子を客観的に評価
前回より 1 週間後	・「友だち」について	・「友だち」に関する SS ・作業班の友だちとのフリートークについて簡易 RPG	・休み時間からフリートークに参加	・前回と同じ自己評価用紙に記入
前回より 1 週間後	・感情のコントロール	・「怒り」「悲しみ」「不安」等に関する SS ・感情が不安定になった際の簡易 RPG	・休み時間からフリートークに参加	・前回と同じ自己評価用紙に記入
前回より 1 週間後	・会話のルール	・人と話す際のマナー等に関する SS ・中学校の友だちとの会話を想定した簡易 RPG	・高校の協力を得て実施した特別授業での話し合いに参加	・前回と同じ自己評価用紙に記入 ・最初の自己評価と比較し、SST を経て自らの成長を実感する。

(3) まとめ

　中学校から高校、高校から大学へといった移行支援は、両者の理解と協力がなければ困難な場合が多い。しかし (2) のケースは、間に第三者（特別支援学校コーディネーター）が介入し中学校と高校、高校と大学をつなぎ、一人の子どもの移行支援として、出口側と入口側とが連携した理想的なものとなった。

　すべての教育機関でこのような連携が可能な状況ではないかもしれないが、対人関係が苦手な発達障害がある子どもでも、移行支援の結果、見通しのよさと安心感が伴えば困難を極力軽減させながら新しい環境に入りやすくなることが立証できた。

　そもそも移行支援は冒頭に述べたように、特別支援学校高等部から就労その他の社会参加をするに際し必要とされた考え方であるが、実感として雇用者側が積極的にそれらの資料を求めてきている、という雰囲気にはなっていない。さらに発達障害に至っては高校卒業後、あるいは大学・専門学校卒業後に社会参加する際、移行支援計画等による情報提供が行われている例は少ないだろう。

高校や大学で発達障害がある生徒や学生に支援が行き渡っている現状ではないこともあり、移行支援という考え方が定着していない。しかし、彼らが移行支援なしで社会参加していくことには様々な困難がつきまとう。企業等では彼らを取り巻く様々な課題から、職場の人間関係が悪化し、また当事者にとっても居心地の悪い状況が続く場合が多いようである。

　個別移行支援計画が発達障害がある高校生や大学生にも有効なツールとなるよう、今後の研究や実践が待たれる。

　なお、2016 年 5 月、文科省は 2020 年より小中学校や高校に現状の個別の指導計画、教育支援計画、また移行支援計画を包括した「個別カルテ」（仮称）を発達障害や比較的軽い障害がある子どもに対し作成を義務付ける方向性を検討しているとの報道があった。詳細はまだわからないが、報道によればいまだ法的に義務付けられていない通常学校における個別の各計画等の作成率が低く、特に教育支援計画については小中学校で 1 割しか作られていないことが背景にあると思われる。小学校から高校まで、発達障害等がある子どもについて 1 部の「カルテ」が引き継がれていき、その情報を縦に共有していくことになれば、移行支援計画以上に効果的だろう。ただ通常学校の教員が病院の医師並みに障害がある子どもの「カルテ」を作成するだけのスキルをどうやって高めていくのか、また個人情報をどこまで記入していくのかなど、懸念事項は多い。いずれにせよ子どもや保護者、家庭全体の願いに添った、有意義なツールになることを期待している。

【参考文献・資料】
・中央教育審議会『小中連携、一貫教育の推進について』文部科学省、2012（http://www.mext.go.jp/b_menu/shingi/chukyo/chukyo3/siryo/attach/1325898.htm）
・全国特殊学校長会『盲・聾・養護学校における「個別の教育支援計画」―平成 16 年度文部科学省委嘱「盲・聾・養護学校における『個別の教育支援計画』に関する調査研究事業」（報告書）』ジアース教育新社、2005
・熊本市教育委員「移行支援シート・就学支援シート」2014 年（http://www.city.kumamoto.jp/hpkiji/pub/detail.aspx?c_id=5&type=top&id=4807）
・朝日新聞 2016 年 5 月 15 日

14 Chapter

高校（高等部）卒後の進路

　最近は発達障害がある生徒の受け入れを公にする私立高校が少しずつ増え、また公立高校でも特別支援教育体制を充実させようと努力しているところが増えている。

　ただ、発達障害への支援を進めている高校でも、その進路指導・支援に関する取り組みは進んでいない。特性に応じた進路に関する情報が少ないことも要因の一つである。

　本章では、発達障害の傾向がある生徒の進路指導の在り方や具体的な進路先に関する現状について触れ、その課題を明らかにしていきたい。

第1節　大学への進学

　高校（高等部）卒後の進路については大きく三つに分けられるだろう。一つは大学及び専門学校等高等教育機関への進学、一つは企業等への就労、そしてもう一つが福祉施設（就労移行支援事業所を含む）の利用である。

　あまり知られていないようだが、文部科学省は 2005（平成 17）年に「発達障害等がある児童生徒への支援について（通知）」の中で「大学及び高等専門学校における教育上の配慮」として「発達障害のある学生に対し、障害の状態に応じて、例えば、試験を受ける環境等についての配慮や、これらの学生の学生生活や進路等についての相談に適切に対応する等の配慮を行うこと」と努力を求めている。

　これに伴い、大学入試センターが実施しているセンター試験には、発達障害がある生徒の受験に対し特例措置が認められている。診断名がある受験生が希

望すれば、次のような措置が講じられる。「試験時間の延長（1.3倍）」「拡大文字問題冊子の配付」「注意事項等の文書による伝達」「別室受験の設定」「試験室入口までの付添者の同伴」など。

　例えば別室受験の措置は、つい問題や回答を独り言で口にしてしまう特性がある受験生に用いられる。また耳から入る情報の処理に課題がある場合は注意事項等の文書による伝達はありがたい。

　大学入試センターのこのような配慮は、発達障害の有無が合否にかかわらないことを明確にしている。保護者には「障害があると大学へは行けない」との固定観念がある場合が多いようだが、発達障害であろうと知的障害であろうと、障害の有無が合否の判断にされるようであれば、2016（平成28）年施行の「障害者差別解消法」に触れる可能性が高い。法的責任が問われないにしても、大学が社会的な糾弾を受けることはあり得る。あくまでも学力がその大学の入学水準に当てはまるかどうかが合否のポイントになる。

第2節　普通高校の進路指導・支援

　特別支援学校高等部や高等特別支援学校等は、障害がある生徒の進路指導・支援にノウハウがあり、いわゆる「現場実習」（特別支援学校高等部学習指導要領「産業現場等における長期間の実習」）を通じて本人の特性や適性に合った進路先の選択に力を入れている。しかし、公立、私立問わず、普通高校が発達障害児の進路指導・支援にノウハウを活かしているケースは少ない。

　首都圏のある公立高校ではその特性から障害がある高校生が多く入学してきている。特に発達障害がある場合が多く、中学生の頃は学校不適応により不登校だったという生徒も少なくない。同校は現状に合わせるため学校経営上の配慮を進め、集団行事を極力減らす、少人数教育を行うなどの発達障害対応を進めてきた。

　同校は進路指導について、大学進学を希望する場合は、その大学の発達障害学生への支援の有無を担当教員が念入りに調べ、同大学のアドミッションオ

フィスと事前相談を繰り返すなど、生徒の特性に寄り添った主体的な動きを進めてきた。

就労支援についてはできる限り本人や保護者との面談を重ね、自己理解（職業に対する適性理解）を深めさせた。対人関係が苦手な生徒が営業職などを選択しないようにするなど、特性に応じた指導を進めた。また発達障害がある生徒に対しては可能な限り精神保健福祉手帳の取得を働きかけ、障害者枠での雇用を勧めている。特別支援学校の「現場実習」に相当する企業への適性を図るための取り組みを「インターンシップ」として積極的に実施している。教育課程上はそれを特別活動、総合的な学習の時間等に位置づけている。

しかし、普通高校を卒業してそのまま問題なく就職先に長く定着できるケースは少ないようだ。岡山県総合教育センターの指導主事による「特別に支援が必要な生徒への就労継続に関する研究—高等学校卒業生の就労継続のために必要な支援」という論文がある。県内4校における発達に課題を抱えた卒業生の離職について調べたところ、その多くが1年以内に離職の危機を迎え、中には就職後1日でその危機を迎えた例もあった。

危機を迎えた理由としては不注意によるケガやミスの多さ、仕事の遅さ、コミュニケーション不全などが多い。これらに対応するための特別な支援（対人コミュニケーションの授業を行うなど）が高校で充実されていないこともその一因だろう。

第**3**節　就労移行支援事業

民間企業等が経営する障害者の「就労移行支援事業」が卒業後から就労までのトレーニング機関の一つとして注目されている。すぐに社会参加するのでなく、ワンクッションを置いて職場でのマナーや人間関係を学ぶ事業所である。

障害者手帳や診断名があり、居住する自治体での手続きをすれば「障害者総合支援法」による費用負担を受けられ、移行支援事業利用料の1割負担でサービスを受けることが可能である。自治体によっては福祉サービスを利用するた

めの本人負担を総量規制しているところも多く、移行支援事業に毎日通ったとしても月額数千円の本人負担で済む場合がある。

　株式会社リタリコが運営するウイングルという障害者就労移行支援事業所がある。全国で50ヵ所以上を運営しているウイングルでは、カリキュラムの中で本人の適性を探り、現場実習を支え、就職先とのジョブマッチングから定着までのサポートを行っている。このような事業所は他にも増えていてその需要は高まっている。

　いずれにせよ夢や希望だけでなく、自らの特性を確実に理解し、その特性をサポートしながら能力を十分に発揮させてくれる進路先、就労先を選択すると同時に、その選択を支援する高等学校の進路指導・支援が適正に実施される必要がある。

第4節　特別支援学校高等部卒の発達障害児

　特別支援学校高等部や高等特別支援学校等を卒業する発達障害がある生徒については先にも触れたように比較的適正な進路指導・支援が実施されているようである。学校教育法施行令の定義の関係から発達障害がある特別支援学校卒業生の進路先に関するデータはないが、知的障害の有無にかかわらず発達障害の特性に応じた進路指導・支援を各校では進めている。

　進路先としては障害者雇用としての企業就労や就労移行支援事業所などの福祉サービス利用が多いが、これは特別支援学校という特性上、ほとんどの生徒、保護者の障害受容が進んでいて、障害があることを前提とした進路決定が容易であることが背景にある。しかも特別支援学校が長年培ってきた進路のノウハウからミスマッチも少なく、比較的良好な進路選択が可能となっている。

高等教育機関での取り組み

発達障害があっても大学や専門学校に進学している人々が多いことを社会はどの程度認識しているだろう。また大学等の教員でも、大学生活や授業などでどの程度の支援が必要なのかよくわかっていない関係者が多いのではないだろうか。

しかし文部科学省や関係機関では大学等での支援の必要性を認め、すでに様々な施策を立てているし、先行している大学では具体的な支援策を講じている。

本章ではその現状に触れ、先行している大学の実践上の課題を知り、今後ますます増えていくだろう発達障害学生への支援について考えていきたい。

第1節 大学等における支援の現状

大学、短期大学、専門学校等における発達障害学生への支援状況はどのようになっているだろう。実際の授業、友人関係など学校生活に関する課題への対応を含め、様々な実践に目を向けてみたい。

少子化により大学へ入学する学生数は確実に減っている。様々な社会でいわれる「2020年問題」の中には、今より18歳人口が約10万人減少するという現象が含まれている。高卒生徒の大学進学率を現状の50％で計算すれば、新入生が例年500人入る大学100校が入学ゼロになる、という異常事態である。

これは大学に限らず短期大学や専門学校などの高等教育機関に共通する問題であり、経営陣は在学生の不足分を社会人や留学生などの新入生で対応する必要に迫られている。個々の教育機関によって対応は異なるが、すでに多様な入試方法を駆使しながら受験生集めに腐心している大学等では、単に「入りやす

さ」をアピールするだけでなく入学してからの学生支援をより充実させていく方向性も必要だろう。

　一部の国立大学や私立大学では発達障害がある学生への支援に取り組み始めている。早稲田大学「障がい学生支援室」のウェブサイトには発達障害がある学生への支援内容として以下のような項目があげられている。

　①修学支援の相談
　②個別相談、支援内容の立案、アセスメント、支援状況のモニタリング
　③学内の関係箇所への支援に関する依頼・調整・支援会議の招集
　④グループカウンセリングの企画・運営・実施
　⑤発達障がい学生の理解を促進するための啓発活動、教員ガイドの作成
　⑥支援学生の活用及び運営調整
　⑦学外関係機関との連携（医療機関、相談機関、出身高校など）

　また、信州大学や佐賀大学などの国立大学でも同様にウェブサイトで発達障害学生への具体的な支援策を公表している。

　独立行政法人日本学生支援機構（JASSO）が2015（平成27）年に発表した「大学、短期大学及び高等専門学校における障害のある学生の修学支援に関する実態調査」結果では、全国833校に14,127人の障害学生が在籍していることが明らかとなった。そのうち2,722名（19.3%）が発達障害学生である。560校（47.3%）に一人以上が在籍している。

　この560校のほとんどが組織的に発達障害学生への支援を実施している。授業支援では、最も多いのが「注意事項等文書伝達」108校（実施率19.3%）、次いで「休憩室の確保」89校（同15.9%）、「実技・実習配慮」82校（同14.6%）、「教室内座席配慮」76校（同13.6%）の順となっている。また授業以外の支援では、最も多いのが「保護者との連携」、次いで「学習指導（履修方法、学習方法等）」「専門家（臨床心理士等）による心理療法としてのカウンセリング」「社会的スキル指導（対人関係、自己管理等）」「進路・就職指導」などがある。

佐々木正美、梅永雄二監修による『大学生の発達障害』(講談社)という当事者・家族向けのガイドブックがある。そこで触れられている困難例の傾向の主なものをまとめてみる。

・相談の仕方がわからず悩みを抱えて孤立してしまいがちである。
・相談しても悩みの本質を言葉で説明することができない。
・自己理解ができていないので頑張りすぎて心を病む。
・討論・論文中心の授業が負担になる。
・履修登録が理解できない。
・完璧主義のため一度の失敗(欠席、遅刻など)で傷つく。
・ゼミでの意見交換が口論に発展する。
・テストに様々な方法があり戸惑う。
・期日を守った提出が苦手である。
・行事やサークルなど、大学生活でやるべきことが多すぎて混乱してしまう。
・毎日の授業時間が固定されていないので生活が乱れやすい。
・アルバイト先で失敗する。
・訪問販売や勧誘などのトラブルに巻き込まれやすい。
・男女間の距離がつかめない。
・「大学生とは」という固定観念に縛られ不自然な生活を送る。
・会食、飲み会、コンパ、合宿になじめない。
・資格取得が難しい。
・進路について担当課と相談できない。

高校までは登下校時間がほぼ一定していて、固定された居場所として自分の学級があり、担任とも毎日顔を合わせることができるが、大学等では基本的に自分の生活を自分で管理する必要が生じてくる。

入学当初はわからないことばかりで不安を感じるのは障害のあるなしにかかわらず誰もが同じだが、発達障害やその傾向がなければ周囲から学んだり先輩や相談センターに尋ねたりして少しずつ解決していくことができる。しかし障害特性から人に相談したり質問したりすることが苦手だったり自分なりの固定観念（マイルール）だけで解決しようとしたりすると様々な不具合が生じる。その結果、失敗経験が積み重なり、休学や退学へ結びついてしまう例も少なくない。

第3節　高等教育機関に必要な「特別な支援」

JASSO の調査で注目したいのは、授業支援の中に授業方法や内容の工夫に関する取り組みが十分に語られていない点である。

小中学校や高校を巡回すると、通常学級における発達障害児への教育について教員から最も多く質問されるのは授業方法に関するものである。日本の伝統的な教育方法として頭に浮かぶのが「教科書を読む」「板書をノートに写す」「発言する」などであるが、このどれをとってみても発達障害傾向を有する子どもたちには苦手なものばかりである。

そこで教科書にルビを振る、拡大コピーした教科書を使う、黒板への注目をうながすマーキングをする、その他の一人一人に応じた支援内容を伝授している。視覚的な情報入力の強みを活かすため、プレゼンテーションソフトを有効利用したスライド展開の授業についてもアドバイスすることが多い。

小中学校や高校ではすでに「ユニバーサルデザイン教育」の視点で、発達障害児に特化しないすべての児童生徒にわかりやすい授業環境づくりが求められ始めているが、大学のような高等教育機関になってくると資格取得要件などが絡み教育の質を落とすこともできず、多くの教員が「授業内での特別な支援の在り方」について試行錯誤を繰り返している現状にあるといえよう。

昨今の大学では教員の授業力を上げることも 2020 年問題への重要なポイントと考え、小中学校や高校並に授業研究が盛んに行われている。その中で注目

されているのが「アクティブ・ラーニング」という実践的な手法を取り入れた指導方法である。昔ながらに教員が教科書を片手に一方通行のレクチャーを進めるのでなく、学生と対話しながら双方向で、あるいは学生同士のディスカッションで、また演習形式で学生自身がアクティブに授業に参加しながら学びを深める、という手法である。

この手法は一見してレクチャー中心の授業よりは発達障害がある学生が実体験を通じて学びを深めることが可能なように思えるが、自分の考えを言葉にしづらい、または人の意見を聞いて理解することが難しい場合には大きな困難を伴うことになる。

レポート提出を強いられる中でその構成を理解できていなかったり、レポート評価の意味が理解できなかったりするなどの困難もある。点数を上げるための教育、点数によるデジタルな評価に慣れた学生たちが、レポート作成というアナログな作業や、それに対する教員の文章による評価などに慣れず、結局提出を怠って単位を落としてしまうといった例がある。

教育、医療、福祉、看護、心理系の学校では資格取得要件として実習関係の単位履修が不可欠だが新たな環境での人間関係づくりにつまずき、実習の単位を落としてしまうといった例も少なくない。

単位を落とすだけならば再チャレンジのチャンスが残るが、それにより心のバランスを崩し、二次障害に至ってしまうケースもある。発達障害がある学生が大学で頑張りすぎ精神疾患を発症した例をいくつか聞いている。彼らが抱く困難性をいかに軽減し、卒業へ導くことができるか。本人だけでなく保護者、高等教育機関の関係者、またその他関係機関の今後のより一層の取り組みの充実が望まれる。

第4節 支援の具体例

視覚障害や聴覚障害、または車いす利用などの身体障害学生に対する支援はほぼすべての大学等で取り組まれていると考えてよいだろう。精神疾患を発症

した場合についても連携する医療機関を紹介するなどして親身になって学生に対応する大学は増えている。

　しかし発達障害については、診断名が出ていて本人の自覚が伴っていればよいが、その可能性は高いが本人も保護者も自覚していない潜在的なケースへの対応はきわめて難しい。診断名が出て自己理解ができていると、相談センター等の利用から学生生活に関する具体的なアドバイスをもらったり悩みの相談対応をしてもらったりすることが可能だが、そのような気づきがないとトラブルを自分や他人の責任と考え、自らを責めたり他人を責めたりしながら事態を悪化させていくことが多い。

　いくつか大学における支援の具体的な例を紹介したい。

〈ケース１〉

　国立大学に入学した発達障害の診断があるＢは日本史の分析等にはきわめて高い能力を有していたが、行動面での課題が多く、授業中にイライラして備品を友人に投げつけるなどしてしまうことがあった。また対人関係にも課題があり、友人との会食で自分の好きな歴史の話ばかりするので誰も寄り付かず、自分では理由がわからない孤立感に悩むことがあった。Ｂの大学生活への不適応の様子が相談センターに伝わり、職員が対応を協議し、「イライラしたらすぐにセンターに走ること（授業中でも構わない）」「飲酒を伴う会食時に話しかけられたら『とにかく乾杯！』といって場を盛り上げること」など具体的な対応マニュアルを作成して渡した。その後不適応さは影を潜め、新たな課題を感じるとすぐに相談センターに助言を求めに来るなどのスキルも身につき、無事に卒業し就職した。

〈ケース２〉

　国立大学に入学した発達障害の診断があるＣは対人関係の苦手さを自覚し、できるだけ人とかかわらないような毎日を過ごしていたが、行事や合宿への参加、またゼミでの話し合いなどどうしても人とかかわらなければいけない機会に悩んでいた。相談センターではＣの特性を検討し、どこでも使える自己紹介

カードを用意した。そこには「自分には発達障害があり人とかかわることが得意ではない。時に不適切な言葉を話したり人から話しかけられても対応できなかったりすることもあると思う。でもそれは周囲の人と軋轢を起こそうと思って意図的にやっていることではない。そこは理解してほしい」という趣旨のものが書かれていた。人とかかわる必要がある場面でこのカードを読み上げたり渡したりすると、友人は理解を示し、配慮してくれるようになった。

〈ケース3〉

　その私立大学にはまだ発達障害学生を支援する体制は整備されていなかった。しかし、相談センターには対応を求める需要が多く、関係者が協議した結果、人的支援は難しいが発達障害またはその傾向を有する学生のためのクールダウンの部屋を設けることにした。特にパーティションで区切られているようなことはない、ただ机といすが置いてあるだけの部屋だったが、サークルに属しておらず友人も少ない当事者たちにとっての「固定された居場所」となり、ストレスを感じたり一人になりたいと感じたりした時はこの部屋に来て静かに過ごし、また授業に戻っていく学生が増えた。

〈ケース4〉

　私立大学に通うDは診断名はなかったが自分で自分の特性に悩むことが多く、大学での学びを通じて自らに障害傾向があることを理解していた。3年生まではそれでも何とか単位を取り留年することなく進級してきたが、4年生になって資格取得のための実習を迎えることとなった。実習ももちろんだが、4年生になり目指している職業に自分の特性が向いていないことをますます自覚したので、相談センターに助けを求めた。相談センターではDの悩みを聞き、保護者を呼んで面談を行った。保護者はすぐには事実を受容できなかったが、徐々に理解を示すようになった。Dは目標を変更し、人とかかわらないで済む就職先を見つけることができた。資格は取得できなかったが、相談センター職員の尽力もあり、大学は無事に卒業できた。

　以上は筆者が直接介入したり相談を受けたりした事例である。なお、個人が

特定されないように一部を脚色している。

第5節　進路先とのマッチング

　ここまで発達障害やその傾向がある子どもたちが大学等の高等教育機関に進むとどのような課題が発生し、具体的にどのような困難性を伴うのかについて触れてきた。そして、最も重要なのは自らの特性を自己理解できているかどうか、という点であることを強調してきた。高等教育機関に限らないが、障害があるかないかというよりむしろ自分は何が得意で何が苦手なのかを自覚しておくことがきわめて重要である。

　大学をドロップアウトしてしまった若者たちに話を聞くと、多くの者が「幼少期や青年期に課題がある自分を支えてくれた支援者とその職にあこがれ、この道を目指した」と教えてくれる。例えば対人関係が苦手であり、普通高校からやむを得ずマンツーマン対応の通信制高校に転校し、そこで高卒の資格を得た。その過程で心理支援職に出会い、憧憬の念をもった。悩む自分を助けてくれたこの人のように、悩む誰かを助けたいと考える目標は大変に高尚なものであり共感できる。

　しかし、進学先のミスマッチにより自分に無理を強いて頑張りすぎて身体を壊してしまい、最終的に休学、退学を余儀なくされてしまうことがある。夢や希望を追うにはそれなりの準備段階がある。社会経験を重ね、社会で生きる知恵を蓄え、その上でもてる力を発揮できるようにしていかなければならない。大学や専門学校に通うこと自体が夢や目標である場合も多いが、その先の進路も見据えながら何を学ぶのかを自分の特性に応じて考え、さらにその準備が必要だと感じたら、少し卒業後に期間を置いてでもよいので、働き続けられる、学び続けられる進学先を考えてほしい。

就労と社会生活

　適切な支援を受けて成長してきた発達障害がある人々を、企業や行政機関はどのように受け入れ、支えているのだろう。

　特性に応じた「生きる力」を学んできた彼らは、その力を十分に活かそうと努力している。しかし、同僚や上司など企業等の周囲の人間が発達障害を理解していない場合が多い。そのため、ちょっとしたトラブルから離職や退職につながり、その後の社会参加にも影響が出るケースが報告されている。

　本章では就労に至った彼らに発生しやすいトラブルについて触れ、その解決策を共に考えていきたい。

第1節　職場でのトラブル

　ある民間企業の顧問として、障害がある場合を含むコミュニケーションに悩む社員や従業員、あるいはその人を支援する立場にある者（同僚や管理職）をサポートするためのアプリケーション開発に携わった。その前提として全国数千社に対して当事者やその周辺から「コミュニケーション不足から生じた悩み」に関する意識調査を実施した。また関連企業から同様の聞き取り調査を行った。

　その結果、以下のようなトラブルに関する報告があった。

（当事者側）

・職場のルールがわからない。

・複数ある仕事をどれから処理してよいかわからない。

・同僚との付き合い方がわからない。

- ・退勤するタイミングがわからない。
- ・飲み会などの集まりが苦痛で仕方がない。
- ・どこまで自分で判断して仕事を進めてよいのかわからない。

(周辺)

- ・失敗が多いがそれを直接注意してよいかどうか悩んでしまう。
- ・仕事上の付き合いを恋愛感情と勘違いしアプローチされた。
- ・残業で忙しいのに挨拶もなく 17 時になると早々に退勤していく。
- ・飲み会に誘っても参加したがらないので誘わなくなると「仲間外れにされた」と上司に訴えた。
- ・丁寧に教えてもすぐに仕事の内容を忘れ、しつこく確認しに来る。
- ・遠くのデスクで鳴った電話に猛ダッシュで出ようとする。

　学校教育においては、発達障害がある児童生徒の課題解決を目指し関係者が努力を重ねてきた。しかし、課題につながる特性を改善、克服できても、障害傾向そのものが消失することはない。したがって、小中学生に 6.5％存在するなら、成人の中にも 6％前後の発達障害やその傾向を有する者がいてもおかしくはない。2011 年 4 月に出版された『発達障害に気づかない大人たち（職場編）』（星野仁彦著・祥伝社）が 20 万部を超えるベストセラーになった。その帯は「あなたの職場のとなりにいませんか？」と書かれている。また本人に対しては「困った社員になっていませんか？」と訴えかけている。

　見過ごされている発達障害をもった大人たちが、仕事がうまくいかず職場で孤立してしまい、離職からニートやひきこもりの増加につながっている可能性があると指摘している。これは誰にでも心当たりがあり、発達障害の特性を知れば知るほど、身近にいる誰それに似ていると感じたことがあるだろう。

第2節　職場における困難性の具体例

特別支援学校でコーディネーターを担当していた際、また大学の教員になっ

てからも成人期にいる当事者の相談をたびたび受けた。発達障害に関しては小児期の医療相談、発達相談のシステムは地域ごとに充実されてきたものの、成人期に対応できる医療機関、相談機関はあまりにも少ない。そこでやむを得ず特別支援学校の「センター機能」を利用する相談者が多くいた。

　前章同様、個人が特定されないように一部を脚色した上で、いくつか事例を紹介したい。

〈ケース1〉

　Eは国立大学を優秀な成績で卒業後、緊急対応系の公務員に採用された。訓練学校を経て現場に出た際、周囲が予期せぬ様々なトラブルを起こした。発達障害の診断等はなかった。

　災害等の負傷者を看護する際、現場のリーダーから「負傷者をみていろ」と命令されたが、しばらくして負傷者の容体が急変した。リーダーが慌てて救急対応し事なきを得たが、Eを「あれほどみていろといっただろ」と叱責したところ、Eは「私はしっかりみていました」と反論した。リーダーの「看ていろ」という言葉を「見ていろ」と理解し、Eは負傷者をただ「見ていた」だけだった。

　またEは物事を同時に処理することが苦手で、負傷者を搬送する際、搬送車両の扉を開けるために両手を使うことが必要になると、負傷者が乗った担架をもつ両手を離して乱暴に路上に落としてしまうことが多々あり、そのたびに注意を受けた。

　職場の上司から相談を受け、デスクワークへの異動について進言した。

〈ケース2〉

　民間企業に勤めたFは職場の「暗黙のルール」がわからなかった。その職場では新人が毎朝、上司の執務机を拭き、お茶を出すのが慣例となっていた。残念なことにその職場に配置された新人はFだけだった。Fには発達障害の診断はなかった。

　前年度に採用された新人がしばらくの間、掃除やお茶出しを継続していたが、彼はしびれを切らしFに注意した。「新人がやるんだ」と。Fは驚き「なんで言っ

てくれなかったのか？」と反論したが「見ていればわかるだろ」と怒鳴られた。

　Fは掃除やお茶出しをやるようになった。しかし、布巾の搾り方が甘く上司の机を水浸しにしたり、上司が昼から出勤した際、机上のお茶を朝のまま（冷え切っている）にしておいたりするなど、周囲から「気が利かない」と指摘されることが多かった。

　Fからの相談を受け、職場における慣習やルールなどをメモして持ち歩くことと、一度失敗したことは次からどうしたらよいかを同僚に尋ね、その内容も新たにメモに加えることなどをアドバイスした。

〈ケース3〉

　市役所に採用されたGは苦手な窓口業務に回されたが、何とか努力を重ね頑張っていた。しかし、ふとしたことで職場での苦痛を感じるようになった。

　隣席の同僚が机上の整理整頓が苦手で、Gの机上に隣席の備品がはみ出してくるのが嫌だった。Gは身の回りの整理をきっちりやりたい性格で、メモ用紙が斜めに置いてあっても気になった。Gは発達障害の診断を受けていたので、それが自分の特性によるものと割り切っていたので悩みはなかった。しかし、彼の聖域を侵す隣席の「はみ出しモノ」は我慢できず、日々ストレスをためていった。職場では彼に発達障害があることは公になっていない。

　Gから相談を受け、隣席との間に100円ショップ等でそろえた「仕切り板」を設置するように助言した。ただ、何の理由もなく「仕切り板」を設置すると人間関係が気まずくなる可能性があるので、あるスポーツ選手のファンであると公言し、その写真を飾りたいから「仕切り板」を設置すると流布するよう伝えた。

〈ケース4〉

　職員として障害児施設に勤務したHは細かな不注意を連発した。発達障害の診断はなかった。

　階段の踊り場でブレーキをかけずに子どもが乗った車いすを放置してしまったり、障害がある子どもたちの食事の介助をしている際、食べ物を口に詰め込みすぎてのどに詰まらせてしまったりするなど、どれも一歩間違えれば子ども

の大きな事故につながる内容だった。

　Hから相談を受け話を聞いたところ、不注意の傾向は幼少期からあり、心配した保護者に連れられて何度か地域の相談センターに通っていたことを知った。Hの幼少期に発達障害の概念はまだ定着していなかったことから、何らかの課題があるとの指摘は受けなかったらしい。本人の希望もあり、上司を付き添わせて医療機関で診察を受けさせたところ、発達障害と抑うつ傾向との診断を受けた。Hはこの診断結果から、それまでの人生の中で数々あった生きづらさの原因を初めて知ることができほっとしたようだった。

　Hは退職し、今は自分の特性に合った新たな職場で順調に働いている。

　どのケースも教員や保護者に少しの知識があれば、就職する前に、あるいは幼少期のうちにその特性をみつけることができ、早期対応につなげることができたはずである。しかしこの年代の者たちの幼少期には発達障害の概念はまだ教育界には定着しておらず、彼らはかなり辛い子ども時代を過ごしてきたのだろう。今保育所や幼稚園・学校にいる発達障害やその傾向がある子どもたちを支援している関係者であれば、できるだけ早期に適切な対応を進め、本人の特性に応じた教育方法で「生きる力」を育んでもらいたい。

第3節　社会生活上の困難

　成人期の課題は単に職場に関するものばかりではない。単身で暮らしているのなら地域のルールを遵守（ゴミ出しや自治体への協力等）、様々な契約上の手続きが可能か（公共料金の利用・支払い等）、商品取引上のトラブル対応（通信販売の利用過多や詐欺商法での被害等）などが心配される。成人期以降も保護者と共に暮らしているのならこれら生活上の心配事はクリアできるものの、異性関係にトラブルを抱えてしまうなど社会生活上の問題が発生する場合がある。

　学校教育の中でどの程度、人間関係の構築方法やトラブル対応等について学べたかが生活課題を引き起こさないためのカギになるが、そのような学びの経

験をせずに社会に出てから初めて困難に体験し、悩んでしまうことも多い。その際、一人で乗り切ろうとするのでなく、信頼できる身近な者にいち早く相談できる能力が重要になる。学校教育の中で、言葉でも文字でもよいので、自分に起こった出来事を可能な限り正確に表現し、相手に伝える練習をさせてほしい。

　発達障害やその傾向がある成人に対応する医療機関、相談機関は数少ない。できることならあらゆる相談窓口で相談対応に従事している人々に、自分の思いや考えを正確に伝えづらい人々から単発的な情報を引き出し、それをまとめ、何が起きているかを推測できるような力を備えてほしい。自分の気持ちや考えを伝えづらいのは発達障害に限らず、知的障害や精神障害の当事者にも共通する。また昨今は障害とはいえないまでもコミュニケーション能力が不全である若者が増えている、といわれている。学校教育の中で「伝えあう力」をより育もうとする方向性を明確にしてもらいたい。

【コラム】何をどこまで教えるのか？

　発達障害がある成人が予期せぬ犯罪に巻き込まれる例は多い。そこである高校教師がそのような生徒を集め特別授業を行った。

　「駅の上りエスカレータでスマートフォンを操作していたところ、誤ってカメラのシャッターを押してしまった。すると上の段に乗っていた女性が『盗撮された』と訴え警察に拘束された。本人はうまく言葉で行動を説明することができず、やっていない犯罪をつい認めてしまった。しかし、裁判で弁護側が証拠として提出した画像データに盗撮写真は1枚もなかった。その結果、無罪の判決が下った。なぜ彼は何もしていないのに警察に誤って確保されてしまったのだろう」。

　「自分の言葉で正しく状況を説明できなかったから」。それが正解だった。だからコミュニケーションの学びを深めよう、と授業を進めたかった。しかし生徒からは意外な反応があった。「お巡りさんは間違ったことはしない」。「捕まった本人が悪い」。

　警察官は決して過ちは犯さない。それは教師や政治家、その他の信頼が置かれるべきすべての職種に共通する話だが、それが100％万全でないことは世間が承知している通りである。そこをどう生徒に伝えたらよいのか。警察官や教師を疑え、とは決して教えられない。

　あなたならどう教えますか？

支援上の課題と方向性

　「共に暮らす」時代である。障害があるとかないとか、もはやそのような次元でものを考えてはいけない。学校や企業は、障害がある彼らにどう合理的配慮を整え、社会参加できる状況を作り出していけばよいかを考えなければ法律違反になる。同時に、障害があるからといって周囲の支援に甘んじているだけの当事者であってもならない。保育士や教員は、その理念について未来を担う教え子たちにしっかり伝授してもらいたい。そして日本を1日も早く「共に笑顔で暮らしやすい」国にしてもらいたい。

　本章では支援が必要な子どもたちを含む集団を対象とした支援の在り方について考えていきたい。

第1節　相手に伝わる「叱り方」

　前章までは主に発達障害やその傾向がある人々の成人期の支援について具体例をあげながら解説してきた。そしてまた、保育所・幼稚園や学齢期の支援者、またはそれを目指す学生として、成人期以降に本人が社会参加しながら充実した日々を生きていくためには、幼児期から学齢期まで彼らにどのような教育を行えばいいのかという命題に再び戻りつく。

　幼児児童生徒に対する様々な支援方法については語りつくされてきた感がある。小中学校や高校では一昔前に比べれば発達障害児支援のスキルは確実に高くなっている。しかし、学校現場を回ると、教職員の質問に依然として違和感をもつ場合がある。「怒ってはいけないのですよね」。

　発達障害がある幼児児童生徒はほめながら育てる方向性が定着したために発

生する誤解であるが、間違ったことをしても「怒ってはいけない」ことはない。むしろ物事の善悪に関する判断力を早期に身につけさせるためには、確固とした園児児童生徒への指導は不可欠である。

　障害の有無にかかわらず、支援者が感情のままに怒ったり叱ったりすることは不適切である。大切なのは「本人にわかるよう伝える」手段である。おそらくほとんどの大人が子どもに対して「何度言ったらわかるのか」と叱責した経験があるだろう。「何度言ったらわかるのか」ということは、何度「言ってもわからない」証拠であり、口頭での指示理解力に課題があるという証である。100回小言で注意するよりも、視覚から入力できるような方法を考え、文字や絵にして指示を伝えた方が伝わりやすいだろう。

第2節　視覚的効果の再考

　支援者自身が「整理整頓ができない」と嘆くこともあるほど、意外と整理整頓は難しい。保育所・幼稚園や小学校低学年の場合は「片づけ箱」や目印を利用しながら学習道具の仕分けを教えることができるが、小学校高学年や中高生にそんな幼稚なことはさせられない、という指摘がある。本当にそれは幼稚なことなのだろうか。

　日本のものづくりにかかわるほとんどの企業では、製造現場での事故を防止するため、人にとって最もわかりやすいといわれる視覚を最大限に活用して、確実に整理整頓できるような手立てをとっている。工具置き場にスパナなどの写真を掲示したり、スパナを象った木枠に道具をはめ込んだりして片づけられるようにしている。製造現場において工具等の行方不明は大事故につながる可能性があり、最も確実な方法での整理整頓に力を入れている。これは外国人労働者にもわかりやすく、そのような細かな配慮がメイドインジャパンの品質保持にもつながっているのだろう。

　発達段階に応じた整理整頓の手立てがある。小学校高学年や中高生であっても何らかの視覚的な指示がない世界では生活しづらい児童生徒がいるなら、例

えば図画工作や美術の時間に自分のイニシャルからロゴマークをつくらせ、それをシール用紙にプリントアウトして持ち物やロッカー、下足入れに貼るといった取り組みはどうだろう。障害のあるなしにかかわらず全員が楽しんで制作でき、評価も可能である。

特に発達障害やその傾向がある場合、高校生になると教科学習のレベルが高くなり、授業中に評価される機会が減ってしまうが、家庭科などアクティビティが入った技能教科では「できる」経験を実感する。そのため表情豊かに取り組む生徒が多いと聞いている。主要教科の学習にも何らかのアクティビティを加えるような創意工夫はどうだろう。

高校、大学、職場などでも視覚的支援や実際の体験から学べる機会があれば、発達障害やその傾向があっても知識や技術を高めることが可能になるかもしれない。

第3節 「共生社会」への一歩

学校等への巡回指導では「同級生への特別な支援に対し、他の子どもが『ひいき』であると感じるのではないか」との質問が教員から出されることがある。だから全体に彼の障害について伝えた方がよいのではないか、という趣旨の相談である。その教員は「発達障害があるから彼を特別扱いしているのです。だからそれはひいきではないんだよ」と伝えたいのかもしれない。

高齢者や肢体不自由がある障害者が駅でエレベーターを使うことを「ひいき」「不公平」と感じる社会人はいるだろうか。知的障害がある子どもがヘルパーを伴って外出することは「不公平」だろうか。障害があるなしに関係なく、必要な支援を必要に応じて受けることができる社会である。日頃は健康で何の課題も感じず暮らしていても、病気になれば生活規制を受ける。病院へ通ったり薬を飲んだりする支援を受けることになる。

すべての幼児児童生徒が、友達を支える、思いやる教育だけでなく「支援を受ける」「思いやりを受ける」教育を取り入れてみてはどうだろう。学校教育

ではボランティア教育などを通じて「支える」ことの大切さを教える機会は多い。それはとても重要なことだが、意外なことに「支えられる」経験を学ぶ機会は少ない。車いすに乗って介助してもらう経験、目隠しで校内を案内してもらう経験などがあれば、支援される側が支援する側に感じる感謝や不安な気持ちを知ることができ、自分が支援する側に回る際には相手が不快にならないよう配慮しよう、などと心がけることができる。

　子どももやがては高齢者になる。そしてほとんどの人間が一度は介護などの支援を受ける側になる。必ずしも支援する側は強い存在で支援される側が弱い存在であるとは限らない。そういう教育をしてしまうと、支援を受けている人々を見下してしまうことになりかねない。そして「ひいき」だとか「不公平」だとかの感情を抱いてしまうことにもなる。インクルーシブやバリアフリー、ユニバーサルなどの用語を説明したところで実体験がなければ理解しづらいだろう。そしてそれは、自らが支援されて初めてその必要性を痛感するものである。「他の子どもにどう理解させるか」と悩んでいるのなら、すべての幼児児童生徒に支援される体験をさせる「介護教育」「支援体験」をさせてみてほしい。それが未来の支え合う「共生社会」を生み出す第一歩になるかもしれない。

第4節　特別支援教育が生み出す「誤解」

　企業にいる障害者雇用の担当者からよく聞く話である。特別支援学校出身の就職希望者は指導が大変に定着していて挨拶や身だしなみに何の問題もない。言葉遣いも礼儀正しく丁寧である。しかし、なぜかとても「上から目線」であり、自身満々な様子である。

　例えば事業所内部の設備について「自分は車いす利用者だからこのような配慮をしてほしい」と面接の際に語ることがある。障害者雇用を前提としているから当然そのような配慮は考慮済みであり、もちろんさらに要望があれば当然対応するが、少なくともそれは採用面接時に出す言葉ではないだろう。

　また面接時には「あれもできます」「これもできます」と自分をアピールす

るが、できれば「こういうことは苦手ですが教えていただければ練習してできるようにします」といった言葉がほしい。自信満々な人ほど、職場での「できなさ」に直面し精神的なダメージを受けやすい。新人なのだからできないことやわからないことがあって当然である。失敗体験から前向きに学んでいく人を企業は必要としている。逆に何らかの障害があっても学齢期から高等教育機関まで特別支援学校等を利用しなかった就職希望者は、基本的な生活能力といったところで疑問を感じることが少なくないが、社会性は高い場合が多い。いわゆる「圧迫面接」といわれる高圧的な面接などにも動じず、自らを理解してもらえなかった学齢期の経験を語り、打たれ強いことをアピールする。

　特別支援学校の場合、最近の傾向では子どもや保護者にあまり否定的なことを伝えようとはしない。個別の指導計画や個別の教育支援計画、成績表などには「できない」ことには触れず「できる」ことを強調する傾向がある。自己効力感や自己肯定感を高める教育が功を奏し、自分に自信がもてるようになる。権利意識も強くなる。「現場実習」でも受け入れ側の企業はそれが教育活動の一環であることを理解しているので、あまり強い指導は行わない。「できる」仕事が与えられ、よい評価を得る。しかし、そうやって意気揚々と就職しても、実際の労働現場には様々な高い壁があり、そもそも失敗経験が少なかった彼らは壁を乗り越えることができず早期離職に追い込まれてしまう。

　通常教育の中で過ごしてきた障害者は人間関係にもまれ、辛い体験も多い。学齢期の間の体験が辛すぎて不登校や問題行動につながることもある。しかし、徐々に社会への「免疫」が高まり、少しくらいの問題には耐えられるようになる。必ずしも本人の特性に応じた入力（特別支援教育）が行われてこなかったために基本的な生活習慣に課題が残る場合もあるが、人間の中で生きていく力は強く、就職してもこまごまとしたトラブルを経験しながら前向きに働こうとする。

　どちらにもメリット、デメリットがある。この差を縮めるためにもインクルーシブ教育は不可欠であると考えている。それは「何が何でも通常教育」といったものではなく「多様な人々の中で本人に必要な教育を受けながらできる

だけ地域の学校を拠点として学ぶ」方向性である。障害の軽重などには関係なく、例えば特別支援学校と地域の通常学校とを併用するスクールクラスター形式で構わないので、必要に応じて「社会の中で特性に応じた教育」を受けて育ってほしい。それは当事者の社会性の育成にも資するが、障害のない子どもが障害のある子どもとどうコミュニケーションすればよいのか、といった学びにもつながる。この学びがないと、職場で隣席に障害がある同僚がいても、何をどう話してよいかわからず、相互理解不全から両者に精神的なダメージが生じる可能性が生まれる。

　幼児期から学齢期まで、発達障害やその傾向がある子どもたちが、インクルーシブ教育の中で早期から必要な支援を受け、本人の特性に応じた学びを通じて様々な「生きる力」を身につけ、その存在は周囲の子どもたちの学びにもなり、その能力を伸長してくれる適切な進路選択をしながら社会参加を目指していく。本人の障害を、その人生を輝かせ、本当に生まれてきて良かった、と感じられる社会参加を可能にするなら、現状の特別支援教育の課題を再度洗い出し、ユニバーサル時代に適用する新しい支援教育の在り方を検討していかなければならない。

【参考文献・資料】
・文部科学省「発達障害等がある児童生徒への支援について（通知）」2005（http://www.mext.go.jp/b_menu/hakusho/nc/06050815.htm）
・星野仁彦『発達障害に気づかない大人たち〈職場編〉』祥伝社新書、2011
・佐々木正美、梅永雄二監修『大学生の発達障害』講談社、2010
・早稲田大学「障がい学生支援室」2015（http://www.waseda.jp/student/shienshitsu/service/hattatsu/index.html）
・岡山県総合教育センター指導主事・岸本和美「特別に支援が必要な生徒への就労継続に関する研究」2011（http://www.edu-ctr.pref.okayama.jp/chousa/kiyou/h23/11-06.pdf）
・独立行政法人日本学生支援機構「大学、短期大学及び高等専門学校における障害のある学生の修学支援に関する実態調査」2015（http://www.jasso.go.jp/tokubetsu_shien/chosa.html）

あとがき

　本書は臨床の仕事での思いがけない出会いがきっかけで、私もこの本づくりに参画することになり不思議なご縁を感じています。

　当初、この本の企画を始めたばかりの時は「私でお役に立てるのかしら」と不安もありましたが出版社の本書ご担当の木村さん、私を誘ってくださった松浦先生、執筆のご協力を承諾してくださった先生方の温かな繋がりがその不安を取り除いてくれました。そして、結果として多くの現場経験を豊富にされている執筆協力者の方々の多大なご尽力で素晴らしい内容の本に仕上がったと嬉しく思っております。実際の現場からの新鮮な情報や具体的なすぐにでも使えそうな支援方法の紹介など発達支援の最前線で活躍されている読者の皆様にも十分にお役に立てると思います。

　私は20余年、幼稚園教員としてまさに当時、発達支援の最前線で悪戦苦闘の毎日を過ごしておりました。初めて受け持ったクラスの子どもたちは年長組（5歳児）で17名のクラスでした。少人数制で手厚い保育を目指していた幼稚園でしたので新人の私には十分な環境でしたが、その中に自閉症の男児が1名いました。当時は「自閉症」という診断名も一般的ではなく、その解釈も十分ではなく、保育方法も手探りの毎日だったと思います。今思えば、その男児は自閉傾向は有るものの、多動の傾向の方が、問題は大きかったかもしれないと思います。当時の私は新人の保育者で子どもへの理解も保育も不十分だったという心残りがあります。

　その後、多くの発達障害をもつ乳幼児期の子どもたちと出会ってきました。そして、一人一人の子どもたちとの出会いの中で、子どもたちからは勿論、保護者の方々から、さらに、どのような支援ができるのか、その子には必要なのかといったことを考えながら一緒に苦楽を共にした保育の仲間たちから多くのことを学ぶことが出来ました。支援の答えは「現場」にあり、「子ども」の中にあると胸を張って言えるようになりました。

ここで、私の発達障害を持つ子どもたちへの「とらえ方」が大きく変化した事例を1つ紹介しましょう。K君は自閉傾向を持つ4歳児でした。当時、4歳児から入園するのが幼稚園では一般的でした。K君は入園当初から不安な様子が目立ち、着替えや身の回りの始末もほとんど自分ではできませんでした。みんなと一緒の活動（一緒に歌ったり、身体を動かしたりなど）をとても嫌がり、泣いていることがほとんどでした。泣きながら、私の問いかけを「オウム返し」でしか応えることができず、どう接したら心が通じるのか困ってしまう毎日でした。「自閉症」とは人とのかかわりに「心を閉ざしている」状態であると当時の先輩は説明してくださって、自分なりには必死で毎日を過ごしていましたが「心が通じた」という実感は得られないまま1年が経とうとしていました。結婚を機に、その年の3月で退職が決まっていたこともあり心残りの年度末でした。4月の離任式のことです。今でもその光景は目に焼き付いて離れません。離任式の当日は生憎の雨でした。その離任式のお別れの場面で真っ白な地に赤くて華やかな椿の花柄の傘をさし、泣きながら私に近づいてくるK君がいました。そして、驚いたことに「オウム返し」しかしなかったK君が「先生は辞めちゃダメなのよ」を連呼して私から離れようとしませんでした。私はK君に「ごめんね、ごめんね」と何度も謝ることしかできませんでした。この日を境に、「自閉症は心を閉ざす障害なんかじゃない」と確信しました。実践の中にやはり答えがありました。このように、私たち発達支援の最前線で子どもたちと必死になって向き合い毎日を過ごしている臨床家の皆様に少しでも実践の中でお役に立てる本としてお傍にこの本を置いて、ご利用いただけることを願っています。

冨田　久枝

索　引

〈編者紹介〉

冨田久枝（とみた ひさえ）

和泉女子短期大学児童福祉学科卒業、日本女子大学家政学部児童学科卒業
筑波大学教育研究科・カウンセリング専攻・カウンセリングコース修了。筑波大学心理
学研究科博士課程研究生
現職：千葉大学教育学部・幼稚園教員養成課程（学部・大学院）教授
著書：「子どもはせんせい」（単著：北大路書房）、「保育カウンセリングの原理」（編著：
ナカニシヤ出版）、「保育カウンセリングへの招待」（編著：北大路書房）、「保育者の
ためのビデオ自己評価法」（単著：北大路書房）、「事例で見る発達と臨床」（共著：北
大路書房）、「保育者のための教育心理学」（共著：樹村房）、「発達臨床相談マニュアル」
（共著：金子書房）、「カウンセリング心理学事典」（共著：誠信書房）、「保育現場で使
えるカウンセリング・テクニック［全2巻］」（共著：ぎょうせい）等

松浦俊弥（まつうら としや）

桜美林大学文学部英語英米文学科卒業
淑徳大学大学院社会福祉学専攻博士前期課程修了（社会福祉学修士）
現職：淑徳大学総合福祉学部准教授
著書：「病気の子どもの理解のために」（共著：国立特別支援教育総合研究所・全国特別
支援学校病弱教育校長会編）、「自閉症スペクトラム児・者の理解と支援」（共著：教
育出版）、「自閉症スペクトラム辞典」（共著：教育出版）、「生きる力と福祉教育・ボ
ランティア学習」（共著：万葉舎）『エピソードで学ぶ　知的障害教育』（単著：北樹
出版）等

ライフステージの発達障害論——インクルーシブ教育と支援の実際

2016年7月25日　初版第1刷発行

編　者　　冨　田　久　枝
　　　　　松　浦　俊　弥
発行者　　木　村　哲　也

印刷／製本　新灯印刷

発行所　株式会社 北 樹 出 版

http://www.hokuju.jp

〒153-0061　東京都目黒区中目黒1-2-6
TEL：03-3715-1525（代表）　FAX：03-5720-1488

ISBN　978-4-7793-0497-2

（乱丁・落丁の場合はお取り替えします）